Aquisição da Linguagem:
uma abordagem psicolinguística

Alessandra Del Ré

Aquisição da Linguagem:
uma abordagem psicolinguística

Copyright© 2000 dos Autores
Todos os direitos desta edição reservados à
Editora Contexto (Editora Pinsky Ltda.)

Montagem de capa
Gustavo S. Vilas Boas

Diagramação
Veridiana Magalhães

Revisão
Daniela Marini Iwamoto
Dayane Cristina Pal

Dados Internacionais de Catalogação na Publicação (CIP)
(Câmara Brasileira do Livro, SP, Brasil)

Aquisição da linguagem : uma abordagem psicolinguística /
Alessandra Del Ré [org.]. – 2. ed., 3ª reimpressão. – São Paulo :
Contexto, 2023.

Vários autores.
Bibliografia.
ISBN 978-85-7244-337-1

1. Aprendizagem 2. Linguagem – Aquisição
3. Psicolinguística I. Ré, Alessandra Del.

06-5094   CDD-401.9

Índices para catálogo sistemático:
1. Psicolinguística 401.9
2. Psicologia da linguagem 401.9

2023

Editora Contexto
Diretor editorial: *Jaime Pinsky*

Rua Dr. José Elias, 520 – Alto da Lapa
05083-030 – São Paulo – SP
PABX: (11) 3832 5838
contato@editoracontexto.com.br
www.editoracontexto.com.br

Proibida a reprodução total ou parcial.
Os infratores serão processados na forma da lei.

Sumário

Apresentação 9

A pesquisa em Aquisição da Linguagem: teoria e prática 13
Alessandra Del Ré

Um pouco de história 13
O lugar da Aquisição da Linguagem nos
estudos (psico)linguísticos 14
A questão metodológica 16
Principais teorias/abordagens da Aquisição da Linguagem 18
Língua, linguagem ou discurso? 29
Exemplo de pesquisa 31
Considerações finais 40

Argumentação na linguagem infantil: algumas abordagens 45
Selma Leitão e Luci Banks-Leite

O estudo da argumentação na tradição filosófico-retórica 46
Argumentação infantil em
abordagens linguístico-discursivas 51
Comentários finais 57

Distúrbios da linguagem oral e da comunicação na criança 63
Christiane Préneron

Vertente receptiva 65
Vertente expressiva...66
As síndromes ou combinação de sintomas 73

Aquisição de L2: compreender como se aprende para compreender
o desenvolvimento da competência em interagir em L2 85
Marie-Thérèse Vasseur

Os anos estruturalistas e behavioristas:
o condicionamento e a transferência..86
A falha e o erro: a virada para a *interlíngue* e o aprendiz 87
O estudo do objeto *interlíngue* e de seu desenvolvimento...................90
A emergência de um "aprendiz" estrategista 96
A palavra mista como entrada no mundo bi/plurilíngue 101

Aquisição de língua estrangeira numa perspectiva
de estudos aplicados.. 113
Maria Alice Venturi

Perfil de estudos em Linguística Aplicada e
língua estrangeira no Brasil 113
Principais teorias de aquisição de LE...117
Breve panorama do desenvolvimento teórico-linguístico...................120
Semelhanças e diferenças entre aquisição de língua materna e L2........123
Exemplo de pesquisa em aquisição de língua estrangeira....................124

Escrita e interação 135
Mônica de Araújo Fernbach

Aspectos teóricos 136
Análise da dinâmica do diálogo...145
Considerações finais...163

O jogo das representações gráficas.. 169
Sílvia Dinucci Fernandes

A representação escrita da linguagem 171
Desenvolvimento metalinguístico e produção escrita 174

O que nos indica a "linguagem da criança":
algumas considerações sobre a "linguagem".. 183

Frédéric François

Algumas dificuldades iniciais 183
"Língua" e "linguagem" 185
Sentido, corpo e linguagem 188
O desenvolvimento e o uso da linguagem
como junção: uma mudança de paradigma..190
Linguagem, tipos, gêneros e movimentos...194
Observação conclusiva: ciência ou...? 198

A organizadora... 201

Os autores... 203

Apresentação

Nas últimas duas décadas, os estudos sobre aquisição da linguagem têm aumentado consideravelmente. Acreditamos que esse crescente interesse deve-se à convergência de fatores que envolvem: resultados de pesquisas auxiliando nas mais diversas problemáticas (o caráter inato da linguagem, a relação aquisição/aprendizagem, o desenvolvimento cognitivo etc.) e uma necessidade de interdisciplinaridade, de troca entre a Linguística, a Psicologia, as Neurociências, as ciências da Educação...

Diante dessa constatação e do fato de haver uma demanda dos próprios estudantes de Linguística do curso de graduação em Letras, o objetivo deste livro é apresentar, num só volume, a evolução da área por meio de diferentes abordagens, e mostrar algumas possibilidades de pesquisa.

Com base nisso e partindo do pressuposto de que, originalmente, a Aquisição da Linguagem é uma subárea da Psicolinguística, alguns poderiam se perguntar por que organizar um livro que trata "apenas" de aquisição.

Poderíamos dizer, em primeiro lugar, que, dada a relevância e o volume de pesquisas realizadas nesse âmbito, não seria possível expor tantas informações em um capítulo ou dois do livro. É necessária uma obra específica sobre o tema, com exemplos e teorias para orientar o leitor.

Além disso, parece haver certa dificuldade em se encontrar uma bibliografia, especificamente livros em português, a respeito do assunto. Do mesmo modo, a maior parte das publicações que tratam da linguagem da criança pertence à Psicologia, há poucas compilações na área da Linguística propriamente dita. Devemos destacar, aliás, a inexistência de livros introdutórios de Aquisição da Linguagem, em português, que reúnam e apresentem a disciplina de forma unitária e abrangente.

A Aquisição da Linguagem trata de questões fundamentais não apenas para a pesquisa linguística, pois apresenta dados de produção, percepção e compreensão de enunciados linguísticos por parte da criança, mas também para o estudo da cognição humana, considerando que ela pretende explicar de que modo o ser humano vai adquirindo, desde o momento em que nasce, naturalmente, modos de expressão verbal – e não-verbal – e formas de interagir com o outro, dependendo do contexto, da situação de comunicação e dos interlocutores envolvidos nesse processo dialógico.

Nesse sentido, o presente livro destina-se não apenas a alunos de graduação do curso de Letras, mas também aos de pós-graduação e a todos os profissionais que se interessam por essas questões linguístico-cognitivas.

Os capítulos que fazem parte desta obra procuram contemplar as diferentes subáreas da Aquisição da Linguagem: aquisição de língua materna (oral) em crianças sem e com distúrbios de linguagem, aquisição de segunda língua em crianças e em adultos e aquisição da escrita (letramento, alfabetização, relação fala/escrita etc.). Cada uma dessas subáreas será tratada por especialistas, doutores ou titulares em Linguística e/ou Psicologia, e pertencentes a diferentes universidades brasileiras e francesas.

Sendo assim, no capítulo "A pesquisa em Aquisição da Linguagem: teoria e prática", discute-se a aquisição de língua materna (oral), em crianças sem distúrbios, a partir da apresentação das principais teorias que deram origem aos seus estudos e de uma pesquisa realizada na área.

No capítulo "Argumentação na linguagem infantil: algumas abordagens", ainda sob a mesma perspectiva, estuda-se a argumentação infantil com o intuito de examinar as tendências teóricas, bem como os resultados de uma pesquisa empírica, a partir dos quais se torna possível auxiliar o leitor interessado em se aproximar da área.

O capítulo "Distúrbios da linguagem oral e da comunicação na criança" trata, baseado num exame bibliográfico francófono e anglófono e num estudo de caso, dos distúrbios do desenvolvimento "linguageiro" observados em uma criança com ausência de substrato orgânico ou neurológico conhecido. Distinguem-se, assim, os problemas adquiridos de afasia na criança, provocando uma interrupção no desenvolvimento da linguagem.

Em seguida, examinando a aquisição em segunda língua (L2), serão observadas, no capítulo "Aquisição da L2: compreender como se aprende para compreender o desenvolvimento da competência em interagir em L2", a evolução das diferentes abordagens, o desenvolvimento da área a partir das noções de "sistema linguístico" e de "interlíngua", e a construção progressiva da competência do aprendiz com base na interação verbal.

Apresentação   11

O capítulo "Aquisição de língua estrangeira numa perspectiva de estudos aplicados", ainda no mesmo âmbito, é dedicado à trajetória das pesquisas e linhas teóricas que norteiam os estudos sobre a aquisição de língua estrangeira no Brasil. Focaliza-se o *Modelo do Monitor* (1982), exemplificando a hipótese do filtro afetivo na transcrição e análise de trechos da produção oral de alunos de L2, identificando, dessa forma, uma parte do processo de aquisição de língua estrangeira.

No capítulo "Escrita e interação", é a vez da aquisição da escrita, mais especificamente do processo redacional analisado a partir de fragmentos de diálogos entre crianças. Trata-se de verificar os procedimentos utilizados por essas crianças e o raciocínio desenvolvido em diversos momentos de elaboração da narrativa, para construir seus textos no computador – sem o auxílio do papel – partindo de produções orais e, desse modo, das dinâmicas interacionais.

Já o capítulo "O jogo das representações gráficas" pretende analisar a emergência das capacidades metalinguísticas, bem como refletir sobre a estrutura dos mecanismos fundamentais na aquisição da língua escrita. Chama-se a atenção, aqui, para a importância da apropriação da natureza desse processo pela criança. A maior dificuldade das crianças com déficits de aprendizagem (alfabetização inicial) reside exatamente na diferenciação e na articulação das unidades estritamente funcionais. A criança deve apreender o princípio alfabético, ouvindo e pensando a própria linguagem.

O livro se encerra com o capítulo "O que nos indica a 'linguagem da criança': algumas considerações sobre a 'linguagem'", em uma discussão sobre o que seria tratar a linguagem infantil. O autor enfatiza alguns traços da linguagem que aparecem sobretudo na criança e que contrastam com a ideia de um código que seria estritamente comum ao locutor e ao receptor.

No que se refere à organização dos capítulos, vale dizer que, embora eles tenham sido dispostos dessa forma, isso não significa que devam ser lidos nessa ordem. Trata-se apenas de uma opção feita a partir da subdivisão da área proposta anteriormente – o leitor pode iniciar a obra pelo capítulo que mais lhe interessar.

Ainda nesta apresentação, gostaria de agradecer, em primeiro lugar, aos autores que concordaram em colaborar com esta iniciativa, contribuindo, brilhantemente, para um melhor entendimento da aquisição da linguagem e para a sua divulgação.

Não poderia deixar de expressar, aqui, igualmente, meu reconhecimento à professora Lélia Erbolato Melo, que me introduziu nos estudos sobre aquisição da linguagem e contribuiu para a minha formação na área, e em especial à Sílvia Dinucci Fernandes, colega de várias jornadas e amiga, pelas sugestões desde o nascimento da ideia até sua concretização final, pelo seu apoio, incentivo, por sua colaboração na leitura e crítica dos textos.

Por fim, esperamos que este livro possibilite ao leitor refletir sobre a diversidade e a complementaridade de abordagens dos usos infantis e de aquisição da linguagem.

Convidamos a todos não a descobrir uma linguagem que seja específica da criança, mas a perceber que as palavras de seus discursos funcionam de uma maneira diferente das do adulto, que sua subjetividade não se manifesta nos mesmos movimentos discursivos e que "muitas vezes, mas não sempre (isso seria maravilhoso), a criança demonstra não uma ignorância do que ela deverá saber em breve, mas, ao contrário, uma outra maneira de lidar com as palavras, uma 'razão lúdica', uma outra maneira de estar na linguagem" (F. François, *Interprétation et dialogue chez des enfants et quelques autres*, Paris, ENS Éditions, 2005, p. 43, trad. da autora).

Alessandra Del Ré
Organizadora

A pesquisa em Aquisição da Linguagem: teoria e prática

Alessandra Del Ré

> É certo que a criança aparece como manipuladora ativa e regeneradora da linguagem e não como mera imitadora ou absorvente passiva. Nada mais longe da realidade do que a ideia de sua aquisição da linguagem como assimilador passivo.
>
> (R. Titone)

Não é de hoje que a linguagem da criança vem intrigando linguistas e interessados no assunto. Diante disso, este capítulo tem por finalidade, num primeiro momento, submeter à consideração um breve percurso histórico, procurando situar a Psicolinguística e a Aquisição da Linguagem nos estudos linguísticos, de modo a observar seus campos de atuação e discutir as questões metodológicas envolvidas. Em seguida, serão abordadas teorias de Aquisição da Linguagem que deram origem aos estudos atuais; e, finalmente, com base nos conceitos expostos, será apresentada uma pesquisa realizada com crianças pequenas (3-6 anos), cujos resultados trazem à tona questões ligadas à própria área, à Linguística, de um modo geral, e ao âmbito educacional.

Assim, para entender a origem das pesquisas em Aquisição da Linguagem, é necessário, antes de tudo, situá-la no escopo dos estudos (psico)linguísticos.

Um pouco de história...

Um dos primeiros registros que se tem a respeito do interesse pela linguagem infantil pode ser encontrado no século XIX, quando estudiosos elaboravam "diários" da fala espontânea de seus filhos. Vale lembrar que a esse período corresponde a fase da Linguística Histórica ou da Gramática Comparada, quando se aumenta o interesse pelas línguas vivas e suas transformações, pela comparação dos falares por meio de um método histórico. Nessa época, o objeto da Linguística não tinha ainda sido delimitado e não havia, portanto, um método. Estudava-se, por exemplo, a relação entre os textos e a cultura, a mudança de fatos linguísticos isolados, misturava-se som e escrita e não havia ainda uma certa discriminação no que se referia à comunicação linguística dos "não-cultos".

É só no início do século xx, mais especificamente, a partir dos trabalhos de F. de Saussure[1] e L. Bloomfield, que a Linguística consegue sua autonomia e passa a ser reconhecida como um estudo científico: deixa-se de privilegiar a condição histórica e volta-se o olhar para uma perspectiva descritiva; observam-se e descrevem-se os fatos linguísticos com base em determinados pressupostos teóricos. Assim, nas primeiras décadas, "diaristas", linguistas ou filólogos[2] interessados pela linguagem da criança realizavam estudos descritivos, longitudinais[3] e naturalísticos,[4] mas não tinham ainda o objetivo de chegar a uma teoria. Esse tipo de pesquisa opõe-se ao estudo transversal[5] e experimental[6] realizado posteriormente pelas diversas (sub)áreas da Linguística.

Como forma de oposição ao caráter excessivamente formal e distante da realidade social da metodologia estruturalista, surge, então, na segunda metade do século xx, com Chomsky,[7] uma nova proposta de análise linguística menos preocupada com os dados linguísticos e mais interessada pela elaboração de uma teoria que explique não apenas as frases efetivamente realizadas, mas as que poderiam potencialmente ser produzidas pelo falante: a Gramática Gerativa Transformacional. É graças a essa nova proposta que a Linguística, hoje, é descritiva e explicativa. Voltaremos a falar mais sobre ela no decorrer do capítulo.

Tendo como pano de fundo essa nova perspectiva, aparecem, então, as ciências interdisciplinares, entre elas a Sociolinguística e, o que nos interessa especialmente, a Psicolinguística.

O lugar da Aquisição da Linguagem nos estudos (psico)linguísticos

De acordo com Maingueneau,[8] a Psicolinguística poderia ser definida, nos dias de hoje, como a ciência da linguagem que estuda os processos psicológicos implicados na aquisição e no uso da linguagem, mas delimitá-la nem sempre foi uma tarefa simples.

Logo que surgiu,[9] no final dos anos 1950, ela não tinha objeto e método próprios e se viu obrigada a se posicionar com relação à Psicologia e à Linguística: afinal, a quem ela pertencia ou estava ligada? Tinha-se, assim, de um lado, os psicólogos querendo entender o funcionamento da linguagem para compreender a mente humana; de outro, os linguistas discutindo a relação pensamento-linguagem ou ainda a ligação entre a ação de falar e a ação de pensar, se essas ações podiam ser separadas, se a linguagem era necessária ou não ao pensamento. Tal relação ainda é discutida nas duas áreas.

Nos anos 1960, ela foi influenciada pela já mencionada teoria gerativa de Chomsky, a partir da qual se abriu o debate sobre o caráter inato das estruturas gramaticais; na década de 1970, na tentativa de pôr fim às confusões de empréstimos ora da Psicologia, ora da Linguística, a Psicolinguística reclama sua autonomia[10] e propõe[11] que se recue o foco de investigação para a gênese da linguagem, i.e., não apenas para a criança quando começa a falar, mas até mesmo para o recém-nascido. Desse modo, ela passa a recorrer a áreas tais como a Epistemologia Genética, a Etologia e a Psicanálise.

Ainda nos anos 1980, a referida área passa pelo que se chamou de período cognitivo: dominada pelas ciências cognitivas, as estruturas linguísticas[12] continuam a ser importantes, mas não exclusivas; elas são adquiridas juntamente com os conceitos semânticos, com as funções discursivas, mas são sobretudo um produto de princípios cognitivos (descreve-se, explica-se e até simula-se o processo realizado/executado pelo espírito humano).

Apesar das discussões, é nesse "encontro" da Psicologia com a Linguística que se ligam as experiências do indivíduo ao falar, ao escrever, ao ouvir, ao ler. Assim, pode-se estudar aqui o uso da língua na formação de conceitos, no aprendizado, na aquisição da linguagem etc. Segundo Maingueneau,[13] trata-se de uma área de pesquisas variadas, em que o investigador pode optar entre diferentes possibilidades de recorte:

- A *produção de enunciados*, i.e., procura-se compreender, entre outras coisas, de que modo o locutor passa da intenção de sentido à emissão de uma sequência de sons ou de signos escritos.

- A *interpretação de enunciados*, i.e., de que forma o indivíduo realiza o processamento mental dos sinais acústicos da fala para entender o que ouve.

- A *memorização*, i.e., como a memória armazena palavras, frases, textos.

- O *plurilinguismo*, i.e., postula-se, aqui, a existência de uma linguagem que ultrapassa a variedade das línguas particulares e procura entender de que forma o indivíduo estoca diferentes línguas na memória e as coloca em uso no momento em que é solicitado a fazê-lo.

- As *patologias da linguagem*, i.e., estuda-se, aqui, os diferentes problemas no que se refere à faculdade da linguagem: *dislexia* (perturbação na aprendizagem da leitura pela dificuldade de reconhecer correspondência entre símbolos gráficos e fonemas, e reproduzir a linguagem escrita), *problemas decorrentes de uma patologia mental* (autismo, esquizofrenia etc.), *afasias* (enfraquecimento ou perda quase total de capacidades cognitivas decorrentes de lesões cerebrais) etc.

- A *aquisição da linguagem*, i.e., tenta-se explicar, entre outras coisas, o fato de as crianças, por volta dos 3 anos, serem capazes de fazer uso – produtivo – de sua língua.

16 Aquisição da linguagem

É nesse último recorte que nos deteremos a seguir.

Do interesse em saber de que modo a criança aprende tão rapidamente a língua que dominará pouco tempo depois, surge a necessidade de se descobrir se há um período crítico (idade máxima) para essa aquisição; se existe uma relação entre a produção e a percepção da linguagem ou, ainda, entre a aquisição normal e a aquisição por crianças com algum tipo de desvio, e se há algum componente da linguagem (fonologia, morfologia, sintaxe etc.) que é adquirido antes do que outro.

Tais questionamentos acabaram, de certa forma, conduzindo a própria Aquisição da Linguagem a ganhar uma certa autonomia nos últimos anos, originando três subáreas de pesquisa:[14]

- *aquisição de língua materna* dos componentes fonológicos, morfológicos, sintáticos, semânticos, pragmáticos e dos aspectos comunicativos, interativos e discursivos, em crianças *sem desvios*[15] ou *com desvios* (desvios articulatórios, retardos mentais, surdez etc.);[16]

- *aquisição de segunda língua*[17] em crianças e adultos, em situação formal (escola) ou informal (família);

- *aquisição da escrita*,[18] letramento, alfabetização, relação fala/escrita etc.

Foi tão grande o interesse gerado por essas pesquisas que se pode constatar, hoje, que a Aquisição da Linguagem não apenas dá conta dos tópicos centrais da Psicolinguística mas, de um modo geral, ela é de interesse das ciências cognitivas e das teorias linguísticas.

A questão metodológica

Em virtude do caráter interdisciplinar dos estudos que envolvem tanto a Psicolinguística quanto a Aquisição de Linguagem, alguns problemas se apresentam:

- a dificuldade de haver um consenso quanto ao estabelecimento de uma metodologia – definitiva – de investigação que dê conta de todos os estudos nesse âmbito; e, por outro lado,

- a impossibilidade de se iniciar uma pesquisa dessa natureza sem uma metodologia.

De qualquer modo, seja qual for a natureza da pesquisa, devem constar dela as etapas da coleta de dados (longitudinal ou transversal) – trabalho de campo: seleção dos sujeitos, do material etc. – e da análise e/ou interpretação.

Nos estudos recentes de Aquisição da Linguagem, admite-se que a metodologia seja determinada pela teoria eleita pelo investigador. Na verdade, é a postura teórica que vai nortear a metodologia e a seleção dos dados. Embora essa talvez seja a parte mais difícil da pesquisa, ela é sem dúvida essencial, porque dela depende o direcionamento do trabalho. Não é possível começar uma coleta de dados sem ter ao menos um ponto de partida metodológico.

Diante disso, o pesquisador pode optar entre dois caminhos: o dedutivo ou o indutivo. O método *dedutivo* parte de alguns axiomas/hipóteses que se supõe verdadeiros, mas dos quais ainda não se tem provas/dados. A elaboração de conceitos e de fundamentos teóricos baseia-se no raciocínio lógico, e o objetivo, aqui, é explicar os fatos de linguagem. Por um lado, pode ser considerado um método ambicioso e interessante se considerarmos a infinidade de possibilidades (de dedução); por outro, ele pode não dar conta do que efetivamente acontece no mundo real, por se encontrar distante dos dados.

Já o método *indutivo* baseia-se em dados empíricos reais e sua hipótese é construída a partir da intuição provável a respeito de algumas relações. O intuito desse método também é explicar os fatos linguísticos e, embora não permita ao pesquisador ilimitadas possibilidades, tem a vantagem de estar próximo dos dados, do que de fato acontece na língua.

Quando se trata de estudar a linguagem infantil, existem fatos que não podem ser previstos e, por isso, geralmente é preciso adaptar a metodologia inicial a uma nova ou modificada. Essas reformulações podem gerar resultados que, muitas vezes, não vão ao encontro dessas hipóteses iniciais e, nesse momento, deve-se estar bem atento aos dados disponíveis para saber interpretar e levar em consideração o que realmente é evidente, o que se vê, e não o que se pretendia encontrar.

Nesse caso, o ideal é realizar, num primeiro momento, um estudo piloto a fim de confirmar ou não se o caminho escolhido pode trazer alguns resultados e de atestar ou não, por exemplo, a possibilidade de se trabalhar com crianças da idade escolhida, de se realizar determinadas atividades etc., para, só então, realizar a pesquisa de campo propriamente dita. É a partir dela que surgirá a necessidade de se buscar uma ou mais teorias que deem conta de verificar ou não as hipóteses iniciais.

Resta ainda uma última escolha a ser feita no momento de se realizar um trabalho dessa natureza: dados *qualitativos* ou *quantitativos*?

Os primeiros pressupõem uma realidade dinâmica e estão relacionados a um tipo de observação subjetiva, "naturalista" e não-controlável. Aqui o pesquisador está bem próximo dos dados e é orientado em direção ao processo, a uma descoberta exploratória, descritiva e indutiva. Trata-se de dados autênticos, ricos, mas não generalizáveis, podendo até referir-se a casos únicos.

No que se refere aos dados *quantitativos*, pode-se dizer que, por pressupor uma realidade estável, ligam-se a tarefas e medidas objetivas, controláveis. Neste caso, a pesquisa direciona-se para os resultados, para a verificação e confirmação do método hipotético-dedutivo. O pesquisador está distante dos dados: não se aprofunda, mas tem certeza deles e, por estudar vários casos, pode generalizá-los.

Para finalizar, devemos dizer que embora tenham sido apresentadas opções como se elas fossem excludentes – e, em geral, opta-se por uma ou outra – o desafio é buscar um equilíbrio entre elas, de modo a retirar o máximo proveito das vantagens oferecidas por cada uma. No que se refere especificamente à última opção, vale dizer que, durante muito tempo, privilegiou-se na área em questão o primeiro tipo em detrimento do segundo, mas, atualmente, tem-se buscado adicionar dados quantitativos aos qualitativos, a fim de dar maior credibilidade aos resultados obtidos e às conclusões.

Principais teorias/abordagens da Aquisição da Linguagem

Feitas essas considerações históricas e metodológicas, podemos passar a um breve panorama das correntes teóricas "aquisicionistas". Vale ressaltar, contudo, que não se trata de realizar uma descrição detalhada, mas de apresentar uma visão geral das teorias que procuravam – e ainda procuram – explicar fatos linguísticos infantis.

Desse modo, para compreender o aparecimento dessas teorias, é preciso, antes, levar em consideração o contexto em que elas aparecem, i.e., qual o pensamento vigente na época que serviu como pano de fundo para a proposição delas.

1. O empirismo

As duas primeiras teorias em aquisição, a saber, o *behaviorismo* e o *conexionismo*, tiveram como base a proposta *empirista* que não considerava a mente como um componente fundamental para justificar o processo de aquisição. Para ela, importava o fato de o conhecimento humano ser derivado da experiência e de a única capacidade inata que ele possuía ser aquela de formar associações entre estímulos ou entre estímulos e respostas (E-R).

1.1 Por essa razão, a *teoria behaviorista* acredita que a criança é uma "tábula rasa", i.e., ela só desenvolve seu conhecimento linguístico por meio de estímulo-resposta (E-R), imitação e reforço. Para B. F. Skinner,[19] a linguagem também pode:

- ter um reforço positivo, e, nesse caso, o comportamento/linguagem se manteria;
- ter um reforço negativo, eliminando o comportamento;
- ou não ter nenhum tipo de reforço.

A pesquisa em Aquisição da Linguagem   19

Exemplos clássicos desses estímulos são todas as formas de avaliação utilizadas por professores: acerte as respostas e terá uma boa nota (reforço positivo); erre, e obterá um resultado ruim (reforço negativo); tenha boas notas e passará de ano; falhe e repetirá etc.

Mas é só dessa maneira que a criança aprende a falar, memoriza palavras, constrói frases em sua língua? Será que apenas reforçando a criança positivamente ela adquirirá uma língua? E quanto às analogias e construções que ninguém lhe ensinou? E quando ela diz "quebrei o dedei", "fazi" etc., que estímulo explica essa criatividade?

1.2 O *conexionismo* (ou o associacionismo), surgido nos últimos 15 anos e que também reflete o pensamento empirista, tenta dar conta de algumas dessas questões. Embora ainda não considere a mente como participante do processo de aquisição, admite que o cérebro e suas redes neurais sejam responsáveis pelo aprendizado instantâneo, no momento da experiência empírica.

O E-R está na base neural e não no meio externo, como propõem os behavioristas. Assim, analisa-se o que ocorre entre os dados de entrada (*input*) e de saída (*output*), admite-se analogias e generalizações e busca-se a interação entre o organismo (rede neural) e o ambiente.[20]

Vale dizer que, mesmo considerando o elemento criativo como parte integrante do processo de aquisição, a teoria conexionista não fornece explicações suficientes que justifiquem a rapidez com que a criança aprende uma língua, os erros que ela comete, por que razão ela começa a adquirir, nem consegue prever o início desse processo.

2. O racionalismo

O empirismo dá lugar então ao *racionalismo*, não apenas admitindo a existência da mente, mas atribuindo a ela a responsabilidade pela aquisição. Ao estabelecer uma relação entre linguagem e mente, pressupõe-se a existência de uma capacidade inata que subjaz o processo de aquisição.

2.1 Nesse contexto, pesquisas sobre processos psicológicos e mecanismos implicados na aquisição e no uso da linguagem tomam impulso, originando o aparecimento do *inatismo*. Como contraposição ao behaviorismo de Skinner, Chomsky[21] propõe uma teoria que se baseia, entre outras coisas, na rapidez do processo, na criatividade, em regras linguísticas de outra natureza e em afasias em áreas específicas do cérebro.

Tal teoria fundamenta-se na observação de que a criança, simplesmente por viver num meio em que se fala uma determinada língua, começa a produzir sons dessa língua, a desenvolver e a adquiri-la, e aos 3/4 anos já está com sua "gramática" quase completa. Assim, pressupondo que a aquisição de uma língua não se baseia em memorização – porque se assim fosse, então para aprender uma língua bastaria decorar palavras – como se dá essa aquisição?

De acordo com o autor, pelo fato de as propriedades da língua serem tão abstratas e complexas, elas seriam transmitidas geneticamente – daí o termo inato, trata-se de algo biologicamente determinado – e, portanto, as crianças já as conheceriam (competência) antes de terem contato com sua língua.

Contudo, esse conhecimento inato só é ativado no contato com o outro/falante, trabalha a partir de sentenças (*input*) e gera como resultado a gramática da língua à qual a criança estava exposta, por meio de um dispositivo: o DAL.[22] Mas para que o processo se inicie, não basta essa capacidade inata, é preciso que a criança esteja em um determinado meio (social, cultural etc.), em que haja pessoas falando, para que seja estimulada a falar (performance). Chomsky usa a metáfora da fechadura para explicar tal processo: cada criança nasceria com uma fechadura, pronta para receber uma chave; cada chave acionaria a aquisição de uma língua diferente, daí todas nascerem com a mesma capacidade e poderem adquirir as mais diferentes línguas. Mas como isso acontece? Como esse conhecimento linguístico emerge? Se existe então uma capacidade inata, como se chega a isso?

Por meio da análise de diferentes línguas, é possível encontrar pontos em comum, princípios universais que vão ser atualizados no contato com o meio. É a partir desses princípios que será possível criar parâmetros[23] para explicar a organização das línguas, e, assim, uma gramática universal (GU).

Para analisar esses princípios, Chomsky vai se basear na *intuição* do falante: só ela pode medir a "(a)gramaticalidade" de uma frase, só a competência (o conhecimento internalizado) dele é capaz de organizar os elementos linguísticos de uma frase e dizer o que é permitido ou não em sua língua. Assim, "agramatical", nesses termos, não é algo incorreto, mas algo que viola uma "regra"/princípio da "gramática" do falante – que não se confunde com a regra da Gramática Tradicional. Apenas para ilustrar esses dois pontos de vista, podemos considerar a regra "É proibido fumar": trata-se de algo que proíbe o comportamento, é normativa, própria da Gramática Tradicional. Por outro lado, podemos ter a *regra* "Mulheres fumam mais que os homens", que é uma generalização a partir da constatação dos fatos (Chomsky).

Outro exemplo que pode ajudar a entender esse conceito de que um falante possui um conhecimento inato sobre o funcionamento linguístico geral e que faz parte de sua competência linguística saber quais os princípios envolvidos na estruturação de sentenças de sua língua é o fato de até mesmo crianças não cometerem certas violações do tipo "*Casa ir não eu posso para (Eu não posso ir para casa)",[24] ou ainda "*a coisas". Um falante da Língua Portuguesa do Brasil conhece as possibilidades de organização dos itens lexicais em categorias gramaticais na sua língua (nome, verbo, adjetivo etc.), sabe que não se marca o plural apenas no substantivo, mas que é possível, por outro lado, marcar apenas o artigo ("as coisa").

Se isso é verdade, se o falante, desde muito cedo, intuitivamente, sabe medir a agramaticalidade de sua língua, alguns poderiam se perguntar então por que as crianças têm de ir à escola? Porque, apesar dessa competência que lhes permite construir uma frase do tipo "Tinha um leão no zoológico", elas necessitam de um outro conhecimento – adquirido na escola – que lhes possibilite produzir também "Havia um leão no zoológico".

Vejamos mais um exemplo, desta vez um caso que nos foi relatado por uma colega: a mãe (M.), ao chegar em casa, constata que o chão de sua sala está todo riscado de canetas coloridas e pergunta para a criança (C.), que na época tinha entre 2;6^{25} e 3 anos:

> M.: Quem riscou o chão?
> C.: O lápis.

Podemos verificar, nesse fato verídico, que a criança sabe que o verbo "riscar" aceita um objeto – e não apenas uma pessoa – como sujeito da ação. Assim, usando desta competência, ela conseguiu se eximir da "culpa" de ter riscado o chão e, obviamente, da bronca da mãe.

De acordo com o autor, a possibilidade/impossibilidade de algumas construções sintáticas com um mesmo verbo não depende das regras gramaticais aprendidas na escola, mas sim da intuição do falante. Isto porque os verbos não possuem um significado isoladamente, mas em relação semântica com seus argumentos. É preciso estabelecer relações semânticas entre os elementos da frase para explicar, por exemplo, o fato de um verbo transitivo dispensar o sujeito e outro verbo não.

Diante disso, e considerando que a partir de um número limitado de regras é possível *gerar* um número infinito de sentenças – fato este que permite ao falante produzir e compreender infinitas novas frases –, Chomsky propõe a elaboração de uma Gramática *Gerativa* Transformacional.

Assim, a criança, com sua GU, cheia de princípios e parâmetros, ouve uma sentença (*input* da língua à qual ela é exposta) e a partir dela cria parâmetros, faz escolhas, por exemplo, se o verbo vem depois do sujeito ou no início etc.

Mas será que ela sempre tem que ouvir essas sentenças para criar parâmetros ou ela pode criá-los porque, na verdade, embora a sentença exista, ela nunca a ouviu? Essas e outras questões, ainda hoje colocadas pela sintaxe gerativa, abrem a discussão sobre o caráter inato das estruturas gramaticais – biologicamente determinadas, parte da herança genética do homem e indiferente às variações de estimulação ambiental – e suscitam novas pesquisas nessa área.

2.2 Mas ao afirmar que o cérebro contém uma espécie de gramática das estruturas linguísticas e enfatizar o aspecto sintático (de construção de frases) dessa competência,

22 Aquisição da linguagem

Chomsky minimiza o papel do conhecimento adquirido na aprendizagem da língua pela criança e deixa de lado outros elementos que participam desse processo. Para dar conta desses outros elementos, surgem as teorias cognitivista (J. Piaget) e interacionista (L. S. Vygotsky), trazendo à tona a construção do conhecimento, num primeiro momento, a partir da interação da criança com o ambiente (mundo físico) e, em seguida, a partir das trocas comunicativas entre a criança e o adulto. Desse modo, por partirem do mesmo pressuposto – de que as crianças constroem a linguagem – ambas vertentes podem ser identificadas como pertencentes ao *construtivismo*.

2.2.1 O *cognitivismo* vincula a linguagem à cognição, i.e., a aquisição e o desenvolvimento da linguagem são processos derivados do desenvolvimento do raciocínio na criança. Piaget,[26] maior representante dessa concepção – que, assim como Vygotsky, não está interessado na aquisição da linguagem, mas na relação linguagem/ pensamento – propõe que o sujeito constrói estruturas (conhecimento) com base na experiência com o mundo físico, ao interagir e ao reagir biologicamente a ele, no momento dessa interação.

Contudo, de acordo com ele, não basta que a criança esteja apenas "exposta" à interação social, ela deve também estar "pronta", no que se refere à maturação, desenvolver o(s) *estágio(s)* necessário(s) para compreender o que a sociedade tem para lhe transmitir:

- sensório-motor, de 0 a 18/24 meses, que precede a linguagem;
- pré-operatório, de 1;6/2 anos a 7/8 anos, fase das representações, dos símbolos;
- operatório-concreto, de 7/8 a 11/12 anos, estágio da construção da lógica;
- operatório-formal, de 11/12 anos em diante, fase em que a criança raciocina, deduz etc.

Para o autor, são duas as categorias de linguagem: *egocêntrica* e *socializada*. Na primeira, as conversações das crianças são egocêntricas ou centralizadas (ex.: fala consigo mesma), não têm o objetivo de comunicar nem levam em consideração a presença de um interlocutor, quando é o caso, pois, na verdade, não há função social nelas. É só na fase socializada que a criança realmente passa a interagir, por meio de perguntas, respostas, ameaças etc.

Devemos ressaltar, entretanto, que, apesar de mencionar esse aspecto social, Piaget não levou em conta o papel do outro nesse processo de aquisição/desenvolvimento da linguagem infantil, pois para ele a maturação (os estágios) acontece de forma individual.

Desse modo, para dar conta desse "outro" no âmbito social e na tentativa de contrariar a teoria piagetiana de que a criança é egocêntrica e se desenvolve por estágios, surge o *interacionismo*.

2.2.2 Tal teoria baseia-se na interação verbal, no diálogo da criança com o adulto e, nesse sentido, o desenvolvimento da linguagem e do pensamento tem origens sociais, externas, nas trocas comunicativas entre os dois interlocutores. Daí o termo *sociointeracionismo* proposto por Vygotsky,[27] i.e., todo conhecimento se constrói socialmente, pela aprendizagem nas relações com os outros. O adulto tem, aqui, um papel fundamental no processo de aquisição da linguagem, funcionando enquanto *regulador/mediador*[28] de todas as informações que as crianças recebem do meio. Essas informações são sempre intermediadas pelos que as cercam e, uma vez recebidas, são reelaboradas num tipo de linguagem interna, individual.

É desse modo que a criança se desenvolve na interação com o outro e aprende com ele (adulto) aquilo que em breve ela será capaz de fazer sozinha. Contudo, a aquisição de habilidades depende da instrução dada pelo adulto no momento em que a criança se encontra na chamada Zona de Desenvolvimento Proximal (ZDP), i.e., uma fase de transição entre aquilo que ela é capaz de fazer sozinha e o que ainda não é capaz de realizar por si só, mas pode fazê-lo com o auxílio de alguém mais experiente, como a mãe, o professor, outros adultos, colegas mais velhos etc.

Para Vygotsky – assim como para Piaget – a criança também deve passar por um processo de desenvolvimento das operações mentais e, para tanto, ele propõe quatro fases: natural ou primitiva (corresponde à fala pré-intelectual e ao pensamento pré-verbal), psicologia ingênua (inteligência prática), signos exteriores (fala egocêntrica) e crescimento interior (internalização das operações externas).

De acordo com o autor, os primeiros sons do bebê são dissociados do pensamento; essa união só acontece por volta dos dois anos, quando a fala assume uma função simbólica e organizadora do pensamento. É nessa idade também que as estruturas construídas externamente pela criança são *internalizadas*[29] em *representações mentais*. A fala, resultante da internalização da ação e do diálogo, servirá de suporte para que a criança comece a controlar o ambiente e o próprio comportamento.

Há muitos pontos de convergência e divergência entre as teorias de Piaget e Vygotsky e que, portanto, mereceriam ser tratados de forma mais detalhada,[30] no entanto, podemos dizer que ambos insistiram no aspecto cognitivo como fator determinante para o desenvolvimento da linguagem da criança. O que os diferencia é o ponto de vista: se para Piaget tratava-se de um processo individual, ou seja, a criança passaria sozinha pelo processo de internalização, em Vygotsky, a fala (egocêntrica) da criança é essencialmente social, em outras palavras, depende da reação das outras pessoas e tende a se internalizar.

Vale ressaltar a respeito do papel desse outro que, na verdade, Bruner[31] foi um dos pioneiros nos estudos que envolvem a interação entre a criança e seu interlocutor (em geral, a mãe). Para ele, as estruturas da ação e da atenção do homem se refletem nas estruturas linguísticas e, à medida que a criança vai dominando gradualmente essas estruturas, a partir do processo de interação do qual o adulto participa, a linguagem vai sendo adquirida.

Foi ele também que introduziu, com base nas formas de interação, o papel da brincadeira no processo de aprendizagem e de aquisição da linguagem. A partir de 6 meses, criança e adulto brincam com jogos de empilhar blocos, esconder o rosto etc., enfim, brincadeiras que alternam atenção e ação. É a partir dos esquemas interacionais lúdicos que a criança desenvolve funções linguísticas, comunicativas, primeiramente gestuais e depois verbais, e pode experimentar papéis sociais reversíveis (agente/paciente, tomador de turno/interlocutor). Do mesmo modo, é por meio dos esquemas de coorientação visual, considerados por Bruner como formas pré-verbais, que a criança mostra sua capacidade de partilhar com o adulto a atenção sobre determinado objeto ou situação no espaço perceptual imediato.[32]

Ainda quanto ao jogo, Bruner considera seu aspecto dialógico, ressaltando a ligação entre infância (humana ou animal) e espaço de jogo, enquanto lugar de sentido. Esse aspecto dialógico atribuído ao jogo pode também se verificar na relação entre o adulto e a criança, mais especificamente no diálogo que se estabelece entre os dois e no qual o adulto assume o papel de tutor da criança no processo de aprendizagem. Nessa relação de tutela, que na espécie humana é a única a aparecer sob a forma de interação,[33] oferecem-se à criança todas as formas possíveis de ajuda quando esta não for capaz por si só de realizar uma tarefa, i.e., compreender e produzir enunciados.

O tutor deve ter em mente que seu discurso depende da produção da criança e pode ser determinado pelas condutas linguísticas da mesma. Obviamente, o que se espera obter por parte dos interlocutores não são respostas/ações condicionadas, mas sim uma dinâmica dialógica que se manifesta por meio dos gêneros discursivos. Para Bruner, quando uma criança está aprendendo uma língua, ela não está aprendendo apenas o que dizer, mas como, onde, para quem e em que circunstâncias.[34]

O autor diz que a tutela pode contribuir, e muito, para o desenvolvimento da competência da criança, acelerando o ritmo para desempenhar determinada tarefa, algo que ela não teria conseguido por si só, sem ajuda. Acrescenta, porém, que um iniciante nessa tutela não pode se beneficiar de tal ajuda, notadamente quando se trata de aquisição da linguagem, se não for capaz de reconhecer uma solução de uma determinada classe de problemas. Em outras palavras, a criança deve compreender a solução antes de realizar os procedimentos que a conduzem à resolução desse problema: é preciso conhecer os meios e as finalidades para que se possa aproveitar o conhecimento dos resultados.

De acordo com Bruner, a eficácia da tutela depende, sobretudo, da atenção do tutor para dois modelos teóricos: um é a teoria da tarefa ou do problema e a maneira para melhor conduzi-lo; o outro se baseia nas características da performance da criança.

Sem eles e, é claro, sem interação, o tutor não consegue criar um *feedback* e, portanto, não pode inventar situações que se adaptem à criança.

Mas levar em consideração a interação com o adulto e a tutela dele ainda não é suficiente para explicar o processo de aquisição: será que só o adulto pode exercer a função de mediador? A própria criança, que passa por essa fase de aquisição, não pode também participar desse processo?

3. O interacionismo social

Inspirando-se em Vygotsky, mas indo além dele, o interacionismo social propõe, então, que a criança não seja apenas um aprendiz, passivo, mas um sujeito que constrói seu conhecimento (mundo e linguagem) pela mediação do outro.

A base para o desenvolvimento linguístico infantil está na associação entre a interação social e a troca comunicativa com um outro, que pode ser não apenas um adulto, mas também uma criança.

Pesquisas com dados naturalísticos da fala adulta dirigida à criança, realizadas nas décadas de 1970 e 1980 como oposição às frases agramaticais de Chomsky, apontam modificações na fala adulta: trata-se do "manhês", i.e., a fala que a mãe utiliza com a criança, valendo-se de uma entonação exagerada, reduplicações de sílabas (ex.: "au-au", "papai"), frases mais curtas etc. Desse modo, a criança é inserida num universo em que todas as emissões vocais são interpretadas pela mãe, ganham significação e, nesse sentido, ela passa a ser afetada pela fala dirigida a ela. Atribuir significado às emissões vocais, choro etc. do bebê é tratá-lo como autor, como destinatário, como um *parceiro conversacional*.[35]

Uma das vertentes desse interacionismo social é o *sociointeracionismo*,[36] em que os papéis no diálogo e as categorias linguísticas se instauram por meio da interação dialógica (criança-interlocutor). Dessa interação tem-se como resultado:

- a criança e o interlocutor que se tornam sujeitos do diálogo;
- a segmentação da ação e dos objetos do mundo físico;
- a criança que também opera sobre a construção de sua língua.

Não há construção unilateral, separadamente, da criança e do outro. Trata-se de um processo que envolve as duas partes, concomitantemente. É a partir de esquemas interacionais que as crianças incorporam, durante a trajetória da aquisição da linguagem, segmentos da fala adulta. Observando uma situação de interação, podemos mesmo notar uma certa dependência da criança em relação ao enunciado anterior do adulto para que ela contribua com a sintaxe dialógica. À medida que ela desenvolve a capacidade de representar as intenções, a atenção e o conhecimento daquele com quem ela interage, é que ela vai tornando-se independente do enunciado do outro, combinando por si só vocábulos e fragmentos de discurso.[37]

26 Aquisição da linguagem

Diante disso, podemos dizer que o sociointeracionismo caracteriza-se pelo estudo do processo dialógico instaurado entre a mãe e a criança, no qual a primeira, sujeito constitutivo da fala infantil, desempenharia o papel de mediadora entre a criança e os objetos. Aliás, o que a criança exercita nesse processo dialógico, nas primeiras fases, são os procedimentos comunicativos e cognitivos justapostos, que podem vir a ser coordenados somente, segundo Lemos,[38] à medida que eles se tornam mais eficazes na ação sobre seu interlocutor, o que permite à criança relacioná-los e construir subsistemas.

Recentemente, a autora[39] fez uma revisão dessa teoria e passou a denominar apenas *interacionismo* o modo como a criança, por meio do adulto, chega à língua. O termo interação corresponde, aqui, à situação de comunicação "natural" em que a linguagem aparece para a criança.[40] Na verdade, a linguagem é atividade constitutiva do conhecimento do mundo pela criança, é onde ela se constrói como sujeito e por meio da qual ela segmenta e incorpora o conhecimento do mundo e do outro. Desse modo, linguagem e conhecimento do mundo estão intimamente relacionados e os dois passam pela mediação do outro.[41]

Ao retomar o linguista Saussure e o psicanalista Lacan, Lemos[42] coloca-se contra a aquisição de linguagem enquanto construção do conhecimento ("desenvolvimento linguístico") porque, assim como o adulto, a criança se move na mesma estrutura da língua. Trata-se, portanto, de mudanças na posição da criança diante de sua língua, que podem ser reconhecidas em três diferentes momentos dessa relação:

1ª posição: a criança (falante) aqui é dependente da fala/interpretação do outro. A aparente correção que caracteriza esse primeiro período aparece sob a forma de incorporação, por parte da criança, de fragmentos de expressões com as quais o adulto interpreta suas ações. Existe uma dominância do pólo do outro, ou ainda, segundo a psicanálise, uma alienação na fala do outro. Embora dependente (ou alienada), há uma separação entre as duas falas, uma não-coincidência que revela algo mais que uma mera dependência: é a escuta da fala da mãe na fala da criança. A criança recorta a fala da mãe a seu modo, fazendo emergir um sujeito da relação que se estabelece entre significantes (que têm referência interna e que também apontam para um funcionamento linguístico). A fala da criança, nessa posição, parece-nos correta, uma vez que nela não encontramos erros (M. = mãe; P. = pai):

(...)

1. M.: A., você vai se machucar com esse garfo.

2. A.: **Ga :afu:u**

3. M.: Dá o garfo...dá, dá, dá...você vai se machucar, filho. Não pode, não pode.

4. P.: Pega uma colher. Vou pegar uma colher pro A. Colher é bom, né ,filho?

5. M.: Cuidado que você pode se machucar.

6. A.: **A co:er...a coo:er**...

7. P.: A colher, é. Tó a colher...

8. A.: ((*segura a colher e a bate na mesa, e logo depois a joga na mesa de jantar*))

A.: **Cuendu a coe:er**

9. P.: É? Ê, laiá.Ê laiá.Ê laiá...

((*o pai levanta para pegar a colher na chão*))

(...)

Nesse episódio,[43] em que o diálogo se desenvolve em meio a uma atividade rotineira (hora do jantar), temos, inicialmente, nos turnos 2 e 6 uma alienação da criança (A.: 1;8 ano) na fala do pai e, em seguida, um enunciado que permite ir além da semelhança, dessa dominância do pólo do outro: a criança diz "*cuendo a cuer*" (comendo com a colher). Essa produção aponta para uma não-coincidência entre a fala da mãe/pai e da criança, uma vez que não foi localizado, ao longo da sequência, esse verbo no gerúndio na fala produzida pelos pais – houve apenas três ocorrências de "comeu" e duas de "comer". Tem-se, assim, um sujeito (criança) emergindo de uma relação entre significantes: "comeu/comer" e "comendo".

2ª posição: esta posição caracteriza-se pela maior extensão e complexidade dos fragmentos que migram da fala da mãe para a fala da criança. A criança aceita as intervenções da mãe, recorre a ela quando quer saber algo e governa, ao menos em parte, a progressão do diálogo, o que a torna menos submetida à fala imediata da mãe, mas ainda não autônoma.

O erro (erro *versus* acerto) é outra característica fundamental dessa posição e, segundo Lemos,[44] é a partir dele que a autora elaborou sua proposta a respeito das três posições, visto que, entre outros fatores, ele permite uma maior "visibilidade" dos dados. As leituras de Jakobson e Lacan permitiram à autora enxergar o *"erro" como indício de ressignificação pela criança dos fragmentos incorporados da fala do outro* – processos metafóricos e metonímicos (operação da linguagem sobre a linguagem; a criança deixa de ser interpretada para ser intérprete).

Abaixo, um exemplo de "erro" da criança (C. = 2;1 anos; B. = babá):[45]

(...)

1. C.: (...) cenola pá eu comê (...) o:lha:: *((olhando para o prato))* éba éba

2. M.: Que papazão quero ver se/ tó quero ver se o G. vai comer tudo... o rabanete que ele gosta

3. C.: Eu gosto

4. M.: Minha mãe tempera com limão o rabanete

5. B.: É mais gostoso?

6. M.: Ele adora... nã:o... come direitinho... tá quente ainda... tá quente filho... tó

((oferecendo a colher))

7. C.: Eu comei

8. M.: *((rindo))* Tá quente é?

9. C.: Tá quente *((olhando para a câmera))*... tá quente ó... *((olhando para a câmera))*

(...)

Nesse fragmento, não temos mais a escuta da mãe na fala da criança, tampouco podemos dizer que a criança reconhece a diferença entre sua fala ("comei") e a fala do outro ("comi"), uma vez que o termo produzido não parece incomodá-la. Temos, assim, uma substituição ("-i" por "-ei") que aponta para relações paradigmáticas entre elementos linguísticos e, assim, para uma ressignificação da fala do outro.

3ª posição: a criança (sujeito) se divide entre aquele que fala e aquele que escuta a própria fala. É capaz de retomá-la, reformulá-la e reconhecer a diferença entre a sua fala e a do outro. Essa posição corresponde à possibilidade de autocorreção, de interpretação da própria fala. Aqui, a criança tende a recusar a ajuda da mãe, sobretudo no momento da narração.

Temos, a seguir, um exemplo em que a criança (G. = 3;11 anos) reconhece o efeito irônico de sua produção:

1. ((G tenta manipular a filmadora que a mãe emprestara da faculdade...))

2. M: não mexe nisso que não é meu

3. G: Não é seu?

4. M: Não

5. G: É do papai?

6. M: Não

7. G: Então não é de ninguém? ((risos))

G. sabe que, se a filmadora não pertence a seus pais, deve ser propriedade de outra pessoa, mas o fato de sua mãe não querer revelar o proprietário – numa espécie de jogo de poder em que ela detém uma informação que a criança não tem – impulsiona-o a uma atitude desafiadora em que o adulto passa a ser objeto de gozação.

Ainda a respeito dessas posições, parece não haver uma ordem para elas, embora estejam aparentemente ordenadas; elas representam apenas diferentes relações e podem estar subordinadas umas às outras em diferentes momentos do processo. Trata-se, assim, de uma mudança estrutural, na qual não há superação de

> [...] nenhuma das 3 posições, mas uma relação que se manifesta, na primeira posição, pela dominância da fala do outro, na segunda posição, pela dominância do funcionamento da língua e, na terceira posição, pela dominância da relação do sujeito com sua própria fala.[46]

Lemos defende ainda a ideia de que a criança poderia passar da posição de interpretada a intérprete, a partir da relação que ela tivesse com a língua, assumindo sua própria fala – e não ser mais uma incorporação da fala do outro – e tendo controle de sua atividade linguística. Nesse momento, então, poder-se-ia dizer que se trata de um falante.

Com relação a essa mudança de posição, sobretudo a partir da terceira, poder-se-ia pensar em uma "autonomização linguageira",[47] enquanto conjunto de ações e atividades linguísticas que contribuem efetivamente para tornar a criança capaz de construir seu próprio discurso.

Ainda no que concerne às pesquisas desenvolvidas por Lemos, vale dizer que, a partir delas, passou-se a investigar os processos dialógicos que envolvem a criança e o outro – adulto/mãe e/ou criança – e, mais recentemente, busca-se respostas na relação que o sujeito estabelece com a língua e com o discurso:

> [...] o compromisso com a fala da criança exige dos estudiosos da aquisição de linguagem que o assumem uma séria reflexão sobre o custo teórico de excluir as questões textuais e discursivas de sua investigação sobre a língua. Maior é esse custo quando a essa exclusão se alia uma noção de desenvolvimento que coloca a criança como um sujeito diante da língua como objeto, impedindo a apreensão do processo de aquisição de linguagem como um processo de subjetivação, ainda que voltado à heterogeneidade e à diversão.[48]

Língua, linguagem ou discurso?

Considerando, como afirma Benveniste,[49] que a língua tem dois domínios, um do sistema (signos) e outro do discurso (instrumento de comunicação), é possível separar o que é de ordem linguística do que é de ordem discursiva?

Desde que a oposição língua/fala, que impôs uma linguística da língua, começou a ser questionada, procurou-se compreender o fenômeno da linguagem num nível que extrapolasse essa dicotomia e que não tivesse apenas a língua como centro das atenções: o nível do discurso. É somente nessa instância que se torna possível operar a ligação entre os níveis linguístico e extralinguístico.

O discurso, enquanto modo de apreensão da linguagem que diz respeito a uma atividade de sujeitos inscritos em contextos determinados, supõe a articulação da linguagem a parâmetros de ordem não-linguística – a dimensão ideológica, por exemplo, que permite discutir a diversidade cultural e a variedade linguística –, por isso não pode ser estudado apenas por meio de uma abordagem dos elementos verbais. Quando se fala de discurso, articula-se o enunciado a uma situação de enunciação[50] singular, i.e., ligam-se as realizações linguageiras concretas ao ato de produção dos mesmos.

A partir dessa nova perspectiva, muitas teorias passaram a tomar como seu objeto o domínio do discurso, desenvolvendo propostas para descrever esse processo linguístico. Entre elas podemos pensar na Análise do Discurso,[51] na Semiótica da Escola de Paris,[52] por exemplo, e em outras áreas como a própria Aquisição da Linguagem, considerando que esta última pode estudar o processo de aquisição do discurso infantil.

As nossas palavras baseiam-se na "palavra do outro"[53] e é, desse modo, que as crianças se apropriam das primeiras palavras ensinadas pelos pais: elas se transformam dialogicamente para tornarem-se "palavra pessoal-estrangeira", com a ajuda de outras palavras do outro, e depois palavra pessoal.

Essa palavra, quando enunciada, dependendo da ênfase que se dá a ela em uma determinada situação, assume um sentido (circulação discursiva). Os diversos modos de emprego da linguagem são resultado dos diferentes lugares sociais do sujeito e, portanto, das modificações a que foram submetidos na circulação.

De qualquer modo, todas as abordagens discursivas têm como ponto central o fato de observarem a língua a partir do discurso, tendo em vista um homem social, ao passo que a Linguística Formal tem em vista o homem biológico. Como diz Lemos, "[...] ao buscar-se o que é da língua, não se escapa do que é do discurso".[54]

Assim, o que deve ser levado em consideração nos estudos atuais de aquisição de linguagem pela criança é *o conjunto de seu desenvolvimento*, o que acontece desde o momento em que ela nasce até o domínio da língua propriamente dita, tanto no que se refere à linguagem verbal quanto à não-verbal.[55]

Diante disso e observando os dados infantis que revelam que um modelo sintático-frásico é insuficiente para justificar o processo de aquisição, faz-se necessário desvendar os processos que fazem a criança passar da palavra-frase ao enunciado – algo que, segundo Ducrot,[56] ainda não foi feito.

Bronckart,[57] por sua vez, aponta a necessidade de se desenvolver no campo da aquisição de linguagem uma teoria do discurso como produção semiótica articulada à ação com sentido. Trata-se de considerar a atividade discursiva – as *práticas verbais* materializadas sob as formas de discursos e signos e articuladas a diversas formas de ação humana – como objeto de estudo ao qual se aplica um procedimento de interpretação de suas formas de organização e de suas condições de funcionamento. Nas palavras do autor:

> [...] a atividade discursiva aparece em primeiro lugar como a materialização de um 'fazer comunicativo', i.e., de um processo cuja finalidade é estabelecer um acordo mínimo entre os membros de um grupo, na base do qual o acontecimento-ação se transforma em uma ação com sentido.[58]

Nesse sentido, levando-se em conta a dimensão ideológica, sócio-histórica e dialógica – *interação socioverbal*,[59] para usar os termos de Bakhtin[60] –, seria possível pensar num estudo da "aquisição do discurso".

Exemplo de pesquisa

Assim, com base no que expusemos até o presente momento, acreditamos que seja interessante para o leitor verificar alguns desses conceitos (teorias, metodologia etc.) em uma pesquisa realizada no âmbito da Aquisição de Linguagem,[61] em que se privilegiou uma abordagem discursiva. Vale ressaltar que, pela restrição de espaço, realizamos um recorte no trabalho original.

O estudo transversal empreendido com 9 crianças brasileiras, entre 3 e 6 anos, em situação de interação com outras crianças (grupos de 3 crianças da mesma idade) ou individualmente (com o pesquisador), partiu da hipótese de que o humor pode ser encontrado precocemente no discurso infantil.[62]

O método adotado foi, portanto, primordialmente, o indutivo, visto que tem como ponto de partida dados empíricos e qualitativos, considerando que, apesar de apresentar resultados que apontem caminhos para o humor infantil, eles não são passíveis de generalizações, estão ligados a uma observação naturalista e não-controlável.

A pesquisa tinha como finalidade verificar a maneira pela qual a criança é levada a produzir os enunciados que provocam o seu próprio riso ou o de seu interlocutor e, a partir dessas produções, vislumbrar os caminhos para os quais apontam o humor infantil.

Pela dificuldade de se delimitar suas fronteiras – com o riso, o cômico, a piada, os jogos etc. –, o trabalho transcorre como se fizesse referência, indistintamente, ao universo do humor. Humor é aquilo que é risível – aquilo de que se ri, no âmbito discursivo –, o que é cômico para a criança e/ou adulto, esse "algo a mais", misterioso, que não se sabe bem ao certo o que é, mas que exerce um fascínio sobre aquele que o ouve e, sobretudo, sobre aquele que o produz. Desse modo, privilegiamos o que é desencadeado por diferentes condutas de linguagem (a piada, os jogos de palavras etc.) dependendo do(s) interlocutor(es) e do contexto (sócio-histórico e político) no qual eles se inserem.

Tanto para a pesquisa individual quanto para aquela em grupo foram elaboradas duas situações diferentes, totalizando assim quatro situações, em que as crianças: a) falassem de palhaços, de circo, de coisas que as fizessem rir, a partir de um livro no qual elas deveriam preencher os rostos de palhaços com adesivos em forma de boca, olhos etc. (atividade em grupo); b) brincassem com marionetes (atividade em grupo); c) contassem uma história a partir de um livro de imagens, cujo tema era a mágica (bruxa), e nomeassem alguns monstrinhos que apareciam em outro livro (atividade individual); e, finalmente, d) definissem alguns elementos presentes em duas imagens que lhes foram mostradas (atividade individual).

A coleta dos dados, na Creche Oeste da Universidade de São Paulo, compreendeu 24 sessões – entre 15 e 30 minutos cada uma –, registradas em áudio e vídeo. Feitas as transcrições desses dados, procuramos identificar os enunciados humorísticos a partir de índices:

32 Aquisição da linguagem

- *não-verbais*, i.e., os risos e os sorrisos da criança e/ou do adulto diante de um enunciado humorístico (riso antes, riso depois, qual(is) a(s) atitude(s) antes e depois), sejam eles locutores ou interlocutores, para, só então, encontrar os elementos;
- *verbais* (as marcas linguísticas), ou seja, aquilo sobre o que repousa o humor e leva a criança e/ou adulto a rir/sorrir: o *nonsense*, os jogos de linguagem, as piadas, as adivinhas, os enunciados metalinguísticos etc.

Quaisquer que sejam as condutas linguageiras utilizadas pela criança para conseguir o efeito de humor em seus enunciados, o acesso a elas parece se dar, em geral, pela relação dialógica que ela estabelece com o outro (a tutela da criança ou do adulto) e pelos movimentos discursivos que dela se originam.

Mas para observar o funcionamento desses diálogos é preciso atentar para a dinâmica que os constrói através dos encadeamentos, isto é, das relações entre dois ou mais enunciados diferentes separados por intervalos de tempo. Esses encadeamentos ressaltam não apenas a ligação explícita que existe entre os discursos (convergência, continuidade), mas também o implícito compartilhado, a diferença entre eles, e, sobretudo, aquilo que é objeto de divergência, descontinuidade, desacordo e conflito.

São esses encadeamentos discursivos, a continuidade (a conivência entre os interlocutores,[63] as condutas explicativas[64] etc.) e a descontinuidade deles (irrupções,[65] as rupturas[66] etc.), que contribuirão para a produção de enunciados humorísticos. Do mesmo modo, a situação ou o contexto em que eles se inscrevem são imprescindíveis para seu aparecimento no discurso.

Partindo do pressuposto de que os modos de encadeamento discursivos só se constroem nas trocas verbais, nas situações de interação, consideramos a convergência dialógica o "engajamento" entre os interlocutores que partilham do mesmo objetivo: a construção – em conjunto – do discurso. Trata-se de sujeitos que, com suas diferenças, estão presentes no diálogo, alternam turnos, encadeiam enunciados e constroem referências, produzindo algo que é comum a eles. Para tanto, há um ajuste das perspectivas, a construção de um objeto do discurso, a concordância com relação ao tema, coincidência quanto à finalidade da atividade que está sendo desenvolvida.

Insistindo sobre o caráter central do movimento discursivo, valorizamos, aqui, a dinâmica do trabalho *linguageiro* de cada criança, i.e., os movimentos do sujeito na construção de seu próprio discurso. Nesse sentido, a interpretação de fatos linguísticos, em discursos produzidos em um determinado contexto, pode contribuir efetivamente para um melhor entendimento do funcionamento da linguagem.

De acordo com Meyer,[67] para a linguagem natural, o sentido está no contexto de uso e deve surgir do explícito (sintaxe) do qual ele é o sentido. Falar em contexto é falar no *outro*, num *eu* que capta a posição que esse outro adota a seu respeito e, consequentemente, no locutor. É pensando nesta pragmática e, mais particularmente, no humor e nos jogos com o implícito, entre outros, que se torna impossível separar os três níveis de linguagem – a sintaxe (gramática), a semântica (ontologia) e a pragmática (uso).[68]

Acreditamos que é graças à interação com o outro que a construção da pessoa[69] torna-se possível. E muito cedo a criança se vê nessa rede de relações e reações (gestos, postura, voz etc.) que servirão de base para as relações interindividuais.

Assim, analisando os dados de um modo geral – e não apenas os que serão apresentados aqui –, levantamos um total de 360 enunciados e os identificamos da seguinte maneira:

1) *Humor nonsense*: é o humor que se baseia ou beira o *nonsense*, i.e., o *continuum* entre algo que tem um sentido banal e algo que é verdadeiramente incoerente para o interlocutor.

2) *Humor lúdico*: baseia-se em brincadeiras com a) a sonoridade das palavras (jogos de linguagem), b) os nomes (nomeação) e c) os palavrões.

3) *Humor temático*: baseia-se em deslocamentos de tema para o a) cotidiano (experiências vividas) e para o b) imaginário (o "fazer de conta").

4) *Humor anedótico*: é o humor que se baseia em a) piadas e b) adivinhas.

5) *Humor ingênuo*: é o humor que se baseia no discurso espontâneo da criança, a) no seu conhecimento (infantilizado) do mundo, b) na sua sinceridade, c) no seu erro involuntário, d) na sua "autopromoção" (a criança se vangloria de algo que ela fez ou disse) e e) no seu desconhecimento das coisas.

6) *Humor metalinguístico*: é o humor que se baseia nas a) correções (autocorreções) e nas b) transgressões da língua.

7) *Humor "anômalo"*: baseia-se naquilo que é improvável, naquilo que foge da "normalidade" das coisas e dos fatos. São anormalidades/anomalias[70] que se referem aos aspectos a) físico, b) não-habitual, i.e., as condutas que rompem com o que a criança conhece do mundo, como a troca de papéis etc.; c) não-convencional, i.e., a infração às normas sociais, como atravessar o semáforo quando ele está vermelho etc. e d) insólito gestual, ou os gestos e posturas cômicas.

8) *Humor zombador*: é o humor que se baseia na zombaria, na gozação do outro.

A partir das categorias anteriormente propostas e com base nas noções apresentadas até o momento, observaremos em exemplos extraídos do *corpus* da tese alguns dos

34 Aquisição da linguagem

enunciados humorísticos anteriormente descritos – seus efeitos – que foram produzidos em situações de interação da criança com o adulto e/ou com outra(s) criança(s).

Exemplo 1 – Humor metalinguístico

Desta sessão participou F. (4;5 anos)

Situação: Figuras

> (...)
> 37. P. ah:: e o que que é um pato?
> 38. F. pato é ele voa ((bate os braços como asas))
> 39. P: pato ele voa?
> 40. F: não voa não
> 41. P: eu não sei eu não conheço pato
> 42. F: eu vou fazer uma dica pra você
> 43. P: uhn:: dá uma dica pra mim
> 44. F: voa mas ((coloca a mão na boca ao perceber que errara)) ...tem asa mas não voa
> 45. P: ahn ((risos))
> 46. F: adivinha
> 47. P: tem asa mas não voa...passarinho?
> 48. F: voa
> 49. P: passarinho voa... uhn::: galinha?
> 50. F: ((sinaliza com a cabeça que não))
> (...)

O que está em questão aqui é a descrição do signo "pato": é possível para a criança dizer que ele voa – embora não seja um animal que se caracteriza pelo voo – porque trata-se de um momento no discurso em que é F. quem está em evidência, é ele que detém o "saber" – ou pensa deter –, quem explica do que se trata, o que acontece etc.

Diante disso, a criança propõe a adivinha e se autocorrige durante a formulação. Tal correção indica uma certa atenção da criança em relação à sua língua, ela sabe que há algo de errado e por isso reformula seu enunciado. O resultado desta produção da criança é o riso do adulto (turno 45). Mas a criança insiste, ela quer jogar e convida mais uma vez o adulto a fazer parte de seu jogo (turno 46). Ele aceita e responde. E o que se vê, no turno seguinte é, novamente, a criança mostrando ao outro que possui uma informação que o adulto desconhece, razão pela qual ela pode se colocar, mais uma vez, numa posição "superior".

Exemplo 2 – Humor lúdico

Desta sessão participaram S. (3;7 anos), V. (3;4 anos) e M. (3;2 anos)

Situação: Fantoches

> 101 . V.: Eu vou falar do tatu
> 102 .P.: O que que você vai falar do tatu?
> 103 .M.: Jacaré
> 104 .P.: O que que você vai falar dele?
> 105 .S.: O tatu pic/ o tatu picou o pé do Pica-pau
> 106 .P.: O tatu picou o pé do pica-pau? *(rindo)*)
> 107 .M.: *((risos))*
> 108 .V.: Eu sou o tatu
> 109 .S.: Não o tatu taí? Não é a mesma coisa que "tatutano" *(?)*
> 110 .P.: *((risos))*
> 111 .S.: Então canta
> 129. P.: Vamo vê vamo ouvi *((P. liga o gravador para que as crianças ouçam suas vozes))*... fala... agora pode falá ... não assim de por a boca não *((S. coloca o gravador na boca; P. ri))*... O que que o S. falou? O Pica-pau como é que é?

130. S.: O Pica/ o Pica-pau picou o pé do Pikachu *((fala bem perto do gravador))*
131. P.: Vai M... que que o M. vai falar? De coisa engraçada?
132. M.: O Pica-pau pegou o pé do jacaré *((gritando))*
133. P.: O Pica-pau pegou o pé do jacaré?
(...)
138. P.: Pera aí deixa o V. falar ((no gravador)
139. V.: O tatu tá aí? O tatu taí?
140. P., S. e M.: Nã:::o
141. P.: Ele não tá qui::
(..)
((as crianças se divertem ouvindo suas vozes no gravador e riem muito))
146. P.: Que que cê vai falar?
147. M.: O Pokemón pegou o pé do xi/ do Ash *((nome de mais um personagem do desenho Pokemón, como Pikachu))*
148. P.: Como é que é? Repete
149. M.: Não... o o Pokemón pegou o pé do *(Ash)*
150. P.: O Pica-pau ou o Pokemón?
151. M.: Não não é ele que picou
152. P.: Como que ele chama?
153. M.: Arara
154. P.: Arara? O que que a arara fez?
155. V.: Tem uma caneta?
(...)
210. V.: O tatu taí? Não é mesma coisa que o "tatuti"
211. P.: O que que você falou o "tatutilo"?
212. M.: *((rindo))* Ele falou o "tatutilo"
213. P.: Ele falou? *(rindo))*
214. M.: Agora é eu *((gritando))*
215. P.: Fala você
216. M.: Tatu tatutilo *((fala bem perto do gravador; as crianças riem))*
217. P.: O que que é "tatu tatutilo"?
((M. não responde; V. mexe novamente nas coisas de P))
(...)

Tem-se, assim, a fala de V. anunciando a palavra "tatu" e, em seguida, uma "retomada-modificação" por parte de S., originando o jogo (aliteração) – turno 105. Tal brincadeira ocasiona uma descontinuidade (irrupção) no diálogo, provocando o riso do adulto (pesquisador).

S. retoma o próprio enunciado e o modifica mais duas vezes (turnos 109 e 130), e, dessa vez, estimulado pela brincadeira, M. retoma parte do enunciado de S. e parte de seu próprio enunciado – "jacaré" – criando um novo enunciado (turno 132).

O jogo agora saiu do nível sintagmático/sintático e entrou no campo dos fonemas (repetição do som de "t" em diferentes "palavras"/sintagmas) – turnos 139, 210, 213 e 216. Trata-se de distorções de articulações ou ainda do humor fonológico, de acordo com a classificação de Shultz & Robillard.[71] São jogos de linguagem que rimam ou que alteram os sons ou as entonações. O tom de humor, nesse caso, pode ser criado pela utilização sistemática de uma regra de produção de fonemas.

O que se evidencia a partir dessas retomadas e jogos é a forte influência da tutela das crianças, umas em relação às outras, auxiliando o seu desenvolvimento linguístico.

No caso das produções das três crianças aqui analisadas é isso o que vemos o tempo todo. Uma série de retomadas e jogos desencadeados não apenas pelos enunciados em si, como também pelo riso produzido a partir das brincadeiras. Mais uma vez o **riso**, enquanto elemento não-verbal, se mostra um importante sinal no reconhecimento da consciência que a criança tem da língua e de seus efeitos.

36 Aquisição da linguagem

No que se refere à conduta metalinguística dessas crianças e, mais especificamente, à posição que elas ocupam em relação à aquisição da língua, podemos dizer que elas foram capazes de retomar e reformular a fala do outro (crianças), reconhecendo a diferença entre a sua fala e a desse outro.[72] Com relação ao humor, parece que o único objetivo delas é brincar, jogar com as palavras (humor lúdico), e mesmo que, inicialmente, não parecesse haver intenção de produzir humor, provocando o riso, diante do primeiro efeito engraçado, prazeroso, surtido, elas procuraram provocar novamente esse efeito.

Se a percepção dessa graça é posterior ao dito e depende da reação do(s) interlocutor(es) diante do que ele ouviu, isso apenas reforça a ideia de que, se a fala da criança nos leva ao riso, essa graça é espontânea e resultado de uma condição que o falante (criança) experimenta na sua relação com a língua no processo de aquisição.

Aqui, fica clara a ideia de que aquilo que faz a criança rir não faz rir o adulto e vice-versa, e mesmo o que faz rir um grupo de crianças não faz o outro etc.

Exemplo 3 – Humor anômalo, ingênuo e temático

Desta sessão participou a criança S. (3;8 anos)

Situação: livros

> (...)
> 310 P.: Quem é esse? *((perguntando sobre o livro do castor que S. pegou no carrinho de livros))* Eu não conheço esse bicho?
> 311. S.: É o tatu
> 312. P.: Tatu? e que faz o tatu?
> 313. S.: Ele ele pega terra
> 314. P.: Ahn
> 315. S.: Areia
> 316. P.: Ah:::
> 317. S.: Ele tá pegando terra aqui oh
> 318. P.: Que legal::...e pra que que ele pega terra?
> 319. S.: Ele pega terra pá pá pá comê
> 320. P.: Ah:: *((se assusta))* Ele come terra?
> *321. S.: ((sinaliza que sim com a cabeça))*
> 322. P.: Tadi:::nho
> 323. S.: Ele não morre
> 324. P.: Não morre? Ele gosta de comer terra?
> 325. S.: *((ininteligível))*
> 326. P.: É pra você desenhá:: o que você quer desenhar aqui?
> 327. S.: É o cavalo
> 328. P.: O cavalo então desenha o cavalo
> 329. S.: Dá a folha
> *((ininteligível))*
> 330. S.: Não não *((gritando; P. tentava escrever o nome do desenho antes de S. desenhá-lo))*
> 331. P.: Só no final?
> 332. S.: Não só no final
> 333. P.: Tá bom
> 334. P.: Quer dizer que então...o tatu come terra...e você come terra?
> 335. S.: Eu?
> 336. P.: É
> 337. S.: Eu eu co/ eu como pedra
> 338. P.: Pe:dra? Ah:: *((assustada e ao mesmo tempo rindo))*...duvido que você coma pedra
> 339. S.: Eu como pedra de pe/ pequinininha
> 340. P.: Ah:: *((assustada e rindo))* pedra pequenininha? e ela é gostosa?
> 341. S.: *((sinaliza que sim com a cabeça))*
> 342. P.: É::? Tem sabor do quê?
> 343. S.: De lalanja
> 344. P.: De lalanja? *((rindo))* Ah::...e a e a terra que o tatu come tem gosto do quê?

A pesquisa em Aquisição da Linguagem   37

345. S.: De de de de de de água de sabor de de de de do rabo *((aponta para um dos monstrinhos do livro))*
346. P.: Sabor de rabo? *((rindo))* Como que é sabor de rabo? Deve ser ruim
347. S.: E a mão? E a língua? *((muda de assunto))*
348. P.: Olha é cê viu que legal? Ele coloca a mão pra cima e mostra a língua o sapinho... num é um sapinho ele?
349. S.: Esse?
350. P.: É... esse aqui é o sapo pererê ((ri))

Nessa sequência, desencadeada pelo tema "pegar/comer terra", há uma série de elementos que podem ser analisados. O primeiro deles, o enunciado da criança "ele não morre", por exemplo, parece deixar implícito que não há consequência negativa no fato de o tatu se alimentar de terra. Trata-se de uma argumentação cujo objetivo é propor uma oposição em relação à interpretação do adulto. Situamo-nos aqui em um universo sintático-semântico: o tatu come alguma coisa e aí reside o problema, não se sabe o que é, mas não é terra.

Em seguida, a criança utiliza um novo argumento, desta vez, desencadeado pela questão do adulto (turnos 334 e 337). Aqui, a anormalidade (o não-habitual) e a surpresa (o inesperado) é que são a causa do riso do adulto – turno 338. P. não esperava que a criança dissesse algo do gênero da terra, pedra, já que na pergunta há um deslocamento de mundo, do real (em que os tatus comem terra) para o imaginário (em que as crianças comem pedra).

No turno 339, S., ainda no imaginário, produz algo no âmbito do anormal (do não-habitual) e é nesse momento em que a conivência parece se confirmar e continua assim até o fim da sessão. Na verdade, essa atmosfera propícia para a brincadeira no discurso é possível graças a um encadeamento que vai sendo negociado desde o início do fragmento, mas que só se concretiza no turno 339 (momento de negociação).

No turno 343, o riso é causado pela troca – ingênua – que a criança faz de "r" por "l" (humor ingênuo – erro); de qualquer modo há um novo deslocamento, desta vez do imaginário (em que as crianças comem pedra) para o real (em que o sabor é de laranja), resultando em uma produção que se baseia na anomalia do fato (no não-habitual).

O tom de brincadeira está também no jogo de conhecimento de mundo que se traduz em enunciados estranhos como *"eu como pedra"* (turno 337) e *"a terra tem sabor de rabo"* (turno 345). É o prazer de brincar com os sabores mais inusitados: água, rabo (e aqui novamente um deslocamento do real – laranja, água – para o imaginário – sabor de rabo).

Trata-se de produções que vão contra toda expectativa do ponto de vista da banalidade do nosso conhecimento; é um efeito-choque, é fazer alguma coisa que os pais proíbem a criança de fazer.

Nesses deslocamentos realizados pela criança em que mudar o tema é mudar o objeto, evidencia-se o lúdico da situação, o prazer da criança que se diverte com os movimentos possíveis da língua (turnos 337 a 345).

Considerando a classificação de humor proposta e o total de enunciados humorísticos identificados na pesquisa – não apenas os apresentados aqui –, verificamos que os "ingênuos" foram os mais produzidos pelas crianças (95 ocorrências de um total de 360 enunciados), seguidos imediatamente pelo tipo anômalo (84 ocorrências), lúdico (75 ocorrências), temático (60 ocorrências), zombador (15 ocorrências), metalinguístico (14 ocorrências), *nonsense* (11 ocorrências) e, por fim, anedótico (6 ocorrências).

Assim, se por um lado é possível concluir que, na maior parte das vezes, os enunciados são engraçados porque nós os denominamos enquanto tais, ou seja, não se tratou de uma "estratégia" da criança para fazer o outro ou ela própria rir, por outro lado, isso não nega a evidência de que os enunciados das crianças são passíveis de causar o riso em seu interlocutor.

Tais constatações trazem à tona, por sua vez, outras questões a serem discutidas:

- A impossibilidade de se analisar os dados infantis com conceitos "adultos", uma vez que a relação que a criança tem com o mundo e com a linguagem, enquanto modo de decodificação da experiência, de representações, não tem a mesma exigência e os mesmos critérios de significação se comparados ao adulto. A criança sabe de algum modo, ainda que desconheça as razões, que algumas coisas que ela diz divertem o adulto. Aos poucos, a partir das reações-respostas dos adultos que orientam suas interpretações, ela começa a guardar informações que a ajudarão a compor um saber-fazer-rir.

- Das razões expostas decorre, igualmente, a impossibilidade de se atribuir o mesmo valor humorístico aos enunciados infantis e adultos, i.e., a noção de humor e do que se considera engraçado também é discutível.

- A impossibilidade de esses dados serem considerados representativos em termos quantitativos (estatísticos), uma vez que não houve a preocupação de nossa parte nesse sentido. Eles nos permitem apenas apontar uma possível tendência para o humor produzido por crianças pequenas.

- A necessidade de se interpretar os enunciados humorísticos enquanto resultado da união de dois ou mais tipos desses enunciados que causam o riso no locutor e/ou no interlocutor.

- O fato de o acesso ao discurso humorístico, seja para sua produção, seja para sua compreensão, só ser possível graças a um conjunto de fatores que, reunidos, permitirão à criança pequena fazer uso dele: os risos e os sorrisos, o *nonsense*, os jogos de linguagem, as anomalias, os enunciados metalinguísticos, os movimentos discursivos (a conivência, as condutas explicativas, as irrupções) e o contexto em que ele se produz.

Além disso, de um modo geral, com relação a esse humor que permeia as produções linguísticas, é interessante notar que as crianças pequenas que ainda não foram marcadas pela escola e pela sociedade entram com mais facilidade nesse "espírito", às vezes até melhor e com mais rapidez do que o fariam alguns anos depois, mesmo sem terem sido preparadas previamente – obviamente, não estamos pensando nas crianças cujo meio sociocultural favorece a produção de humor e, portanto, se beneficiarão dele.

Encobrir a criança cedo com seriedade é como colocar uma venda em seus olhos; é lamentável, considerando que a criança, quando incentivada a ler obras que a conduzem a ver e pensar o mundo de um outro ponto de vista, torna-se mais ativa e sobretudo mais criativa, capaz de manipulação e reutilização pessoal de humor cotidiano. Tal comportamento e, portanto, a distância que se cria, evitarão que a criança seja presa fácil e crédula a certos condicionamentos e superstições, defendendo-se diante do mundo que a cerca (tendo uma atitude crítica). Porque mais que informação científica ou moralizante, o humor lhe dá armas, torna-a menos vulnerável e pode ser também fonte de reflexão para ela, o que auxilia não só sua formação intelectual como também humana.

Apesar de evidente a contribuição que um trabalho com os jogos de linguagem e com o humor, de uma maneira geral, poderia trazer para o ensino, a escola, considerada uma instituição, uma forma de socialização ou de aquisição e aprendizagem, parece ainda não se ter dado conta disso. Não se trata de transformar as aulas numa grande brincadeira, mas de fornecer um elemento "mediador" ou "facilitador" – em termos de tutela – ao processo de aprendizagem, voltado em geral para o sério e para as normas. É confrontando diferenças que se fazem novas descobertas.

Desse modo, o humor poderia não só permear as situações interativas na escola, seja na relação professor-aluno e mesmo na aluno-aluno, e, nesse caso, ele funcionaria como um elemento de motivação – instaurando um clima de prazer em aprender, de bom humor –, como também poderia auxiliar na aquisição da língua falada, no estímulo do imaginário, no desenvolvimento do senso crítico nos alunos – através das histórias em quadrinhos, por exemplo, cujo alvo são os políticos, o mundo dos negócios etc.

Segundo Feuerhahn,[73] a aquisição do cômico e do humor não pode ser transmitida por meio de princípios didáticos clássicos que valorizam o registro sério. Só é possível transmitir atitudes que permitem um jogo que desafia as representações sociais e culturais de uma maneira indireta; elas só podem ser apreendidas através dos funcionamentos explícito e implícito da sociedade.

Considerações finais

Esperamos ter conseguido demonstrar o quanto é fascinante e complexo o mundo da linguagem infantil, embora tenhamos consciência das limitações que a confecção de um texto desta natureza impõe.

O objetivo, aqui, foi apresentar a área da Aquisição da Linguagem por meio das diferentes abordagens/teorias, levantando seus obstáculos e suas questões, citando alguns exemplos. Não existem correntes teóricas melhores ou piores, há, sim, aquelas que parecem explicar melhor os processos linguísticos que chamam nossa atenção. Como já dizia o próprio Saussure, é o ponto de vista que determina o objeto, assim, são as nossas indagações que nos conduzirão em direção a uma ou outra maneira de conceber a linguagem, por meio de uma teoria.

Infelizmente, não foi possível tratar exaustivamente de todos os aspectos mencionados, mas acreditamos que a partir das referências dadas seja possível se aprofundar em cada um deles. Aliás, este é o nosso intuito: despertar o interesse para as questões linguísticas relacionadas à criança e suscitar o desenvolvimento de novas pesquisas, afinal, há muito ainda para se desvendar e explicar nesse vasto universo linguageiro infantil.

Notas

[1] Saussure, 1916. Trata-se de uma obra póstuma, publicada pelos alunos de Saussure, Charles Bally e Albert Sechehaye.

[2] W. F. Leopold, Speech Development of a Bilingual Child: a Linguist's Record, Evanston, Northwestern University Press, 1939; M. Lewis, Infant speech. A Study of the Beginnings of Language, London, Kegan Paul, Trench, Trubner & Co. Ltd., 1936.

[3] Denomina-se longitudinal o registro realizado periodicamente, num período de tempo em que é possível analisar o desenvolvimento da linguagem da criança. No caso, esse tempo tende a variar entre 1 e 2 anos. Em geral, trabalha-se com um sujeito, no máximo dois, e são feitos registros mensais durante um ano.

[4] Realizado em ambiente natural em que acontecem as atividades cotidianas. Esse tipo de estudo, em geral longitudinal, está voltado para a produção linguística dos locutores.

[5] Os estudos dessa natureza são geralmente experimentais, realizados num curto período de tempo – algumas sessões – e com um número de informantes que pode variar entre três e dez.

[6] Nesse tipo de pesquisa, fatores e variáveis são isolados, controlados e testados com o objetivo de analisar a compreensão e o processamento da linguagem da criança.

[7] Chomsky, 1965.

[8] Maingueneau, 1996.

[9] A "Psicolinguística" surgiu a partir da publicação Psycholinguistics: a Survey of Theory and Research Problems (C. E. Osgood, T. E. Sebeok et al., 1954), cujo interesse voltava-se, nesse momento, para a descrição da produção (output) dos usuários da linguagem.

[10] Slama-Cazacu, 1973.

[11] Maia, 1985.

[12] Chomsky, op. cit.

[13] Maingueneau, op. cit.

[14] Scarpa, 2003.

A pesquisa em Aquisição da Linguagem   41

[15] Embora a autora tenha utilizado o termo "normais" para se referir a essas crianças, preferimos adotar essa expressão que, do nosso ponto de vista, não traz um sentido pejorativo. Sobre este tema ver também o capítulo "Argumentação na linguagem infantil: algumas abordagens", neste volume.

[16] Ver, igualmente, o capítulo "Uma introdução aos distúrbios de linguagem oral e de comunicação na criança", neste volume.

[17] Sobre a aquisição de L2, ver os capítulos "Aquisição da L2: compreender como se aprende para compreender o desenvolvimento da competência em interagir em L2" e "Aquisição de língua estrangeira numa perspectiva de estudos aplicados", neste volume.

[18] Ver os capítulos "Escrita e interação" e "O jogo das representações gráficas", neste volume.

[19] Skinner, 1957.

[20] Plunkett, 2000.

[21] Chomsky, op. cit.

[22] Dispositvo de Aquisição da Linguagem.

[23] Esses princípios e parâmetros são geralmente estudados no curso de Sintaxe Gerativa.

[24] O asterisco no início da frase marca a "agramaticalidade".

[25] Convencionou-se expressar a idade das crianças, nesta área, por meio de ponto e vírgula, separando número de anos, número de meses – e às vezes também número de dias.

[26] Piaget, 1961.

[27] *Thought and Language*, de L. S. Vygotsky, obra escrita em 1934, proibida em 1936 e reeditada apenas em 1956. Suas ideias encontraram ecos no Brasil, sobretudo, entre psicólogos e educadores.

[28] Essa noção de mediação será recuperada, mais tarde, por Bruner, sob o nome de "tutela".

[29] Internalização: reconstrução interna de uma operação externa; seu sucesso depende do *outro* (= mediador).

[30] Sugere-se a leitura de L. B. Leite, "As dimensões interacionistas e construtivistas em Vygotsky e Piaget", em *Pensamento e linguagem: estudos na perspectiva da psicologia soviética*, Cadernos Cedes, 24, 1991, pp. 25-31; L. B. Leite, "Considerações sobre as perspectivas construtivistas e interacionistas em psicologia: o papel do professor", em *Alfabetização: passado, presente, futuro*. Série Ideias, 19, 1993, pp. 57-65.

[31] Bruner, 1991.

[32] Lemos, 1982, p. 102.

[33] Bruner, op. cit.

[34] Bruner, 1997, p. 67.

[35] Ochs e Schieffelin, 1995.

[36] Lemos, op. cit.

[37] Idem, p. 110

[38] Lemos, op. cit.

[39] Lemos, 1992.

[40] Lemos, 1996, p. 233.

[41] Embora Scarpa (2003) chame a atenção para a instauração de uma polêmica e para a existência de exemplos controversos, propõe, com base no (socio)interacionismo, o que poderia representar estágios para o desenvolvimento da linguagem da criança. Ao nascer, o bebê já é interpretado pela fala do outro, que por sua vez imprime significado a suas emissões vocais. Com algumas semanas de vida, o bebê já reconhece sons da fala e, a partir de 3 ou 4 meses, ele entra na fase do balbucio de sequência de sons – que são mais ou menos universais, até mesmo entre crianças surdas. Aos 10 meses, tem-se um balbucio mais padronizado, com ritmo, entonação e sílabas mais estruturados: a criança já estabelece uma distinção entre consoantes e vogais e os elementos prosódicos passam a assumir um papel fundamental. Ainda nessa fase de balbucio, segundo alguns autores, já é possível identificar processos dialógicos se instaurando: a criança gesticula e vocaliza, o adulto gesticula e verbaliza; o adulto interpreta e a criança se vê interpretada por ele. Passada essa fase, a criança parte para a produção das primeiras palavras e frases, que podem apresentar características tais como: variação fonética, incorporação de frases inteiras de adultos, da sequência fônica e do contexto, superextensão do campo semântico – como, por exemplo, todos os animais de quatro patas, bichos de pelúcia são chamados de "au-au", entre outras. Posteriormente, as formas incorporadas podem desaparecer e reaparecer mais tarde, ou as formas variáveis podem durar vários meses. Em seguida, identifica-se um estágio de duas palavras ("papai bola") e, a partir dos 3 anos, há a produção de frases plenas.

[42] Lemos, 1999.

[43] Esses dados fazem parte de uma pesquisa que vem sendo realizada desde julho de 2004 pelo grupo de estudos intitulado *Diversité de la socialisation langagière selon les cultures: place et rôle de l'explication*. Trata-se de um projeto de cooperação entre França-Brasil para refletir sobre a diversidade da socialização linguageira segundo as culturas francesa e brasileira.

[44] Lemos, op. cit, p. 18.

[45] Esses dados foram igualmente retirados da pesquisa que vem sendo empreendida pelo referido grupo de estudos sobre socialização e cultura.

[46] Lemos, op. cit., p. 26.

[47] Este tema vem sendo investigado pelo referido grupo de estudos sobre socialização e cultura.

[48] Lemos, 1995, p. 26-7.

[49] Benveniste, 1988.

[50] Benveniste (1988) define a enunciação como a colocação em funcionamento da língua; Maingueneau (2000, pp. 53-4) diz que ela constitui "[...] o pivô da relação entre a língua e o mundo: ela permite representar no enunciado os fatos, mas ela constitui em si um fato, um acontecimento único, definido no tempo e no espaço."

[51] A Análise do Discurso é definida por Maingueneau (2000, p. 13) como a disciplina que "[...] visa a articular sua enunciação sobre um certo lugar social. Ela está, portanto, em relação como os gêneros do discurso trabalhados nos setores do espaço social (um café, uma escola, uma loja...) ou nos campos discursivos (político, científico...)."

[52] Seu objeto de análise é o *sentido* (o que o texto diz), em todas as formas de manifestação discursiva (como esse texto faz para dizer o que diz, qual é o processo de produção desse sentido).

[53] Bakhtin, 1998.

[54] Lemos, 1995, p. 9.

[55] Maingueneau, op. cit.

[56] Ducrot, 1984.

[57] Bronckart, 1992.

[58] Idem, p. 38.

[59] Como o leitor já deve ter percebido, o termo "interação" assume diferentes nuances no decorrer das diversas abordagens: Piaget fala em "interação ambiente-meio" para explicar a gênese e o desenvolvimento das estruturas da inteligência e, portanto, da linguagem; em Vygotsky (Bruner e Lemos), trata-se de uma "interação dialógica", comunicativa, construção conjunta e inseparável da linguagem e do diálogo, de onde surge o termo "sociointeracionismo"; em seguida, partindo da relação sujeito-língua, Lemos fala em "interacionismo" (relação sujeito-língua); e, finalmente, temos, em Bakhtin, a concepção de "interação socioverbal" que envolve os aspectos ideológico, dialógico e sócio-histórico.

[60] Bakhtin, 1988.

[61] Del Ré, 2003.

[62] Bariaud, 1983; Aimard, 1988.

[63] Deve-se entender o conceito de convivência, aqui, enquanto um conjunto de elementos verbais e não-verbais (como os risos, os sorrisos etc.) dos locutores e dos receptores que coexistem e marcam o implícito, a partilha de saberes, a convergência, o consenso, o alinhamento, a proximidade e o humor. Para mais detalhes, consultar artigo: A. Del Ré, "Convivência e humor nas interações criança-adulto e criança-criança", em *Afinal, já sabemos para que serve a Linguística?* IV Enapol (Encontro de Alunos da Pós-graduação em Linguística da Universidade de São Paulo), São Paulo: SDI/FFLCH/USP, 2002, pp. 177-88.

[64] Os pedidos de explicação e as explicações fornecidas, observadas nas trocas/interação adulto-criança e criança-criança, aparecem, muitas vezes, desencadeando o riso na própria criança e/ou em seu interlocutor. Essa questão encontra-se discutida em A. Del Ré, "Explicação e humor na linguagem da criança", em Silvia Dinucci Fernandes (org.), *Conceito, definição e explicação na linguagem da criança*, v. 4., Série Trilhas Linguísticas, Programa de Pós-graduação em Linguística e Língua Portuguesa – FCL/Unesp – Araraquara, 2003, pp.163-88.

[65] Irrupções são os deslocamentos que se associam ao que acaba de ser mencionado ao acaso e que, portanto, não foi pré-programado (por exemplo, uma metáfora, uma brincadeira, uma piada), e que, em geral, levam ao riso (François, 1993).

[66] Rupturas são deslocamentos em que não se identifica a ligação com o seu precedente (ex.: deslocamentos de tema) (François, 1993).

[67] Meyer, s. d.

[68] Segundo Meyer (s. d.), Morris e Carnap trataram os três níveis da linguagem como se fossem níveis independentes, e Chomsky, inicialmente, também apostou no isolamento desses níveis.

[69] Wallon, 1989.
[70] Emelina, 1996.
[71] Shultz e Robillard, 1980.
[72] Lemos, 1996.
[73] Feuerhahn, s. d.

Bibliografia

AIMARD, P. *Les bébés de l'humour*. Liège-Bruxelles: Pierre Mardaga, 1988.

BALIEIRO JR, A. P. Psicoliguística. In: MUSSALIM. F.; BENTES, A. C. (orgs.). *Introdução à linguística 2*: domínios e fronteiras. São Paulo: Cortez, 2003.

BAKHTIN, M. (Voloshinov). *Marxismo e filosofia da linguagem*. Trad. M. Lahud e Y. F. Vieira. São Paulo: Hucitec, 1988.

BARIAUD, F. *La Genèse de l'humour chez l'enfant*. Paris: PUF, 1983.

BENVENISTE, É. *Problemas de linguística geral I*. Campinas: Pontes, 1988.

BRONCKART, J. P. El discurso como acción: por un nuevo paradigma psicolingüístico. *Anuario de Psicología*, n. 54, 1992.

BRUNER, J. *Le Développement de l'enfant*: savoir faire, savoir dire. 3. ed. Paris: PUF, 1991.

_____. *Atos de significação*. Trad. Sandra Costa. Porto Alegre: Artes Médicas, 1997.

CHOMSKY, N. A Review of B. F. Skinner's Verbal Behavior. *Language*, 35, n. 1, 1959.

_____. *Aspects of Theory of Syntax*. 1. ed. Cambridge: MIT Press, 1965.

CORREA, L. M. S. Aquisição da linguagem: uma retrospectiva dos últimos trinta anos. *D. E. L. T. A.*, São Paulo, v. 15, 1999.

DEL RÉ, A. Discurso da oralidade: da teoria à prática. In: MELO, L. E. (org.). *Tópicos de Psicolinguística Aplicada*. São Paulo: Humanitas, 1999, pp. 55-74.

_____. *A criança e a magia da linguagem*: um estudo sobre o discurso humorístico. São Paulo, 2003. Tese (Doutorado em Linguística) – Faculdade de Filosofia, Letras e Ciências Humanas, Universidade de São Paulo.

DUCROT, O. Enunciação. *Enciclopédia Einaudi*. Lisboa: Imprensa Nacional/Casa da Moeda, 1984, v. 2, pp. 368-93.

ELLIOT, A. J. *A linguagem da criança*. Rio de Janeiro: Zahar, 1982.

EMELINA, J. *Le Comique*: essai d'interprétation générale. Paris: SEDES, 1996.

FERNANDES, S. D. (org.). *Aquisição da linguagem*: conceito, definição e explicação na criança. Araraquara: Cultura Acadêmica – FCL/Unesp, 2003, n. 4 (Série trilhas linguísticas).

FEUERHAHN, N. *Le comique et l'enfance*. Paris: Presse Universitaires de France, s. d.

FRANÇOIS, F. *Pratiques de l'oral*. Paris: Nathan, 1993.

KRISTEVA, J. *História da linguagem*. Lisboa: Portugal, 1969.

LEMOS, C. Sobre aquisição de linguagem e seu dilema (pecado) original. *ABRALIN*, boletim 3, pp. 97-126, 1982.

_____. Interacionismo e aquisição de linguagem. *D. E. L. T. A.*, v. 2, n. 2, pp. 231-48 1986.

_____. Los procesos metafóricos y metonímicos como mecanismo de cambio. *Substractum*, 1992, v. 1, n.1, pp. 120-30.

_____. Língua e discurso na teorização sobre aquisição de linguagem. *Letras de hoje*. Porto Alegre: EDIPUCRS, v. 30, n. 4, 1995.

_____. *Native Speaker's Intuitions and Metalinguistic Abilities*: what do they have in common from the point of view of language acquisition?, 1996 (mimeo.).

44 Aquisição da linguagem

_____. *Em busca de uma alternativa à noção de desenvolvimento na interpretação do processo de aquisição da linguagem*: parte II. Relatório científico, 1999 (mimeo.).

MAIA, E. A. *No reino da fala*: a linguagem e seus sons. São Paulo: Ática, 1985.

MAINGUENEAU, D. *Aborder la linguistique*. Paris: Seuil, 1996.

_____. *Termos-chave da análise do discurso*. Belo Horizonte: UFMG, 2000.

MEYER, M. Sintaxe, Semântica, Pragmática e os fundamentos da argumentação. *Lógica, Linguagem e Argumentação*. Lisboa: Teorema, s. d., cap.V, pp. 110-28.

NEGRÃO, E. V. Competência linguística. In: FIORIN, J. L. (org.). *Introdução à Linguística I*: objetos teóricos. São Paulo: Contexto, 2002, pp.95-119.

OCHS, E.; SCHIEFFELIN, B. The Impact of Language Socialisatoin on Grammatical. In: FLETCHER, P.; MACWHINNEY, B. *The Handbook of Child Language*. Oxford: Blackwell Publisher, 1995, pp. 73-95.

PERRONI, M. C. Sobre o conceito de estágio em aquisição da linguagem. *Cadernos de Estudos Linguísticos*. Campinas, Unicamp – IEL, 1994, n. 26.

PIAGET, J. *A linguagem e o pensamento da criança*. Trad. Manoel de Campos. Rio de Janeiro: Fundo de Cultura, 1961.

_____. *Estudos sociológicos*. Rio de Janeiro: Forense, 1973.

_____. *Problemas de psicologia genética*. Rio de Janeiro: Abril, s. d., pp. 339-53. (Os pensadores.)

PLUNKETT, K. Abordagens conexionistas da aquisição da linguagem. In: FLETCHER, P.; MACWHINNEY, B. (orgs.). *Compêndio da linguagem da criança*. Porto Alegre: Artes Médicas, 1997.

_____. O conexionismo hoje. *Letras de hoje*. Porto Alegre: EDIPUCRS, 2000, n.4, v. 35.

SANTOS, R. Aquisição da linguagem. In: FIORIN, J. L. (org.). *Introdução à Linguística I*: objetos teóricos. São Paulo: Contexto, 2002, pp. 211-26.

SAUSSURE, F. *Curso de Linguística geral*. São Paulo: Cultrix, 1969 (1. ed. 1916).

SCARPA, E. M. Aquisição da linguagem. In: MUSSALIM, F.; BENTES, A. C. (orgs.) *Introdução à Linguística II*: domínios e fronteiras. São Paulo: Cortez, 2003, pp. 203-32.

SCLIAR-CABRAL, L. *Introdução à Psicolinguística*. São Paulo: Ática, 1991.

SHULTZ, T. R.; ROBILLARD, J. The Development of Linguistic Humor in Children: Incongruity through Rule Violation. In: MCGHEE, P.; CHAPMAN, A.J. (eds.). *Children's Humor*. New York: Wiley, 1980.

SKINNER, B. F. *Verbal Behavior*. New York: Appleton-Century-Crofts, 1957.

SLAMA-CAZACU, T. *Introduction to psycholingustics*. The Hague: Mouton, 1973.

SLOBIN, D. I. *Psicolinguística*. São Paulo: Nacional, 1980.

VYGOTSKY, L. S. *Pensamento e linguagem*. São Paulo: Martins Fontes, 1979.

_____. *A formação social da mente*: o desenvolvimento dos processos psicológicos superiores. São Paulo: Martins Fontes, 1984.

WALLON, H. *Les Origines de la pensée chez l'enfant*. Paris: PUF, 1989.

Argumentação na linguagem infantil: algumas abordagens

Selma Leitão e *Luci Banks-Leite*

> Se procurar bem, você acaba encontrando
> não a explicação (duvidosa) da vida
> mas a poesia (inexplicável) da vida
> (Carlos Drummond de Andrade)

Este capítulo focaliza a argumentação infantil tal como ela tem sido abordada em estudos contemporâneos realizados nos âmbitos da Psicologia do Desenvolvimento e da Psicolinguística. Um primeiro aspecto que se destaca quando se examina a literatura sobre o tema é a falta de convergência em relação à maneira como aí são descritas as possibilidades argumentativas da criança. Enquanto o perfil que emerge de alguns estudos é o de uma criança que, desde muito cedo, se engaja eficientemente em situações argumentativas cotidianas, em outros a argumentação é descrita como uma aquisição tardia no desenvolvimento ontogenético dos indivíduos. Tratar a argumentação como possibilidade precoce ou tardia parece depender, em grande parte, das concepções de argumentação em que se ancoram os estudos, da maneira como, implícita ou explicitamente, são definidas as relações entre as dimensões cognitiva e discursiva da argumentação, bem como de opções metodológicas adotadas na investigação empírica da argumentação infantil. Sem pretensão de um levantamento exaustivo da literatura na área, o presente capítulo examina as principais perspectivas teóricas nas quais se têm ancorado os estudos atuais da argumentação infantil, bem como resultados que ilustram o produto da pesquisa conduzida a partir dessas perspectivas. O objetivo é esboçar um quadro de referência que auxilie o leitor interessado no tema a uma primeira aproximação com a pesquisa nessa área.

46 Aquisição da linguagem

O estudo da argumentação na tradição filosófico-retórica

Breve referência histórica

O interesse pela argumentação como objeto de investigação tem uma longa história no pensamento ocidental.[1] Seu início remonta às formulações dos sofistas e contribuições dos antigos filósofos gregos à lógica (ênfase nas formas de raciocínio que permitem a passagem de premissas dadas a conclusões incontestáveis), à retórica (ênfase nos meios e princípios que favorecem a adesão de um auditório a argumentos apresentados) e à dialética (ênfase nos procedimentos de exame de argumentos pela exposição a críticas e questionamentos). Considera-se, geralmente, que o impulso para a retomada contemporânea do interesse pelo estudo da argumentação tenha sido dado pela publicação, em 1958, de dois livros independentemente produzidos: *The Uses of Argument*, escrito pelo filósofo inglês S. E. Toulmin, e *Traité de l'argumentation – la nouvelle rhétorique*, de autoria de Ch. Perelman e L. Olbrechts-Tyteca. A despeito das críticas, avaliações e propostas de superação de que têm sido alvo desde então, as concepções que ambos os livros apresentam sobre a natureza e o funcionamento da argumentação produzida em linguagem natural permanecem, até hoje, como importantes referências no estudo da argumentação.

Respeitadas suas especificidades, dois pontos de convergência entre essas concepções merecem destaque devido ao impacto exercido sobre teorias e estudos contemporâneos de argumentação: [1] a forte crítica à adoção da lógica formal como modelo básico para o estudo da argumentação produzida em linguagem natural, aliada à tentativa de elaboração de um quadro teórico alternativo que pudesse, mais adequadamente, servir a tal propósito, e [2] a concepção de argumentação como uma espécie de diálogo entre papéis argumentativos opostos (não necessariamente entre diferentes indivíduos). Aqui, a argumentação jurídica é o modelo tomado como referência para o estudo da argumentação – em contraste com o modelo do argumento lógico, prevalente até então.

O modelo de Toulmin

Dois aspectos da teoria de Toulmin exercem, até hoje, um particular impacto sobre o que se entende por argumentação e sobre procedimentos analíticos adotados em seu estudo. O primeiro é a ideia de que a avaliação da qualidade dos argumentos produzidos em linguagem natural dependerá sempre de critérios estabelecidos pelos campos e domínios específicos em que a argumentação é produzida. Essa formulação remete a uma concepção da argumentação como atividade situada, sensível, portanto, a características dos contextos em que é produzida. Embora amplamente incorporada à teoria da argumentação contemporânea, o construto da "dependência de campo" é um aspecto da teoria de Toulmin que permanece praticamente ausente da pesquisa psicológica sobre a argumentação infantil, razão pela qual não receberá aqui maior atenção. O aspecto do pensamento de Toulmin que tem exercido considerável impacto sobre estudos empíricos da argumentação é o modelo por ele proposto para descrição e análise das funções dos vários elementos (ou "passos") que constituem a argumentação. Embora a ênfase sobre componentes da argumentação sugira uma preocupação maior com a estrutura dos argumentos do que com sua dimensão interativa, essa última se preserva, uma vez que os vários componentes são concebidos como respostas a questões e desafios que poderiam ser levantados por um interlocutor.

No modelo de Toulmin, o primeiro passo para o estabelecimento de argumentação é a formulação de um ponto de vista (ex.: "o preço do gás de cozinha vai subir"). Para defendê-lo, cabe ao argumentador indicar os fatos sobre os quais baseia seu ponto de vista (segundo passo), ou seja, apontar os dados de que dispõe ("o preço do petróleo subiu"). Da necessidade de indicar de que maneira os dados apresentados dão sustentação ao ponto de vista surge o terceiro passo – a produção de uma justificativa ("aumento no preço da matéria-prima geralmente produz aumento no preço de derivados"). Essa justificativa é entendida aqui como uma "licença para inferência", uma estratégia ou regra de raciocínio que autoriza a passagem dos dados para o ponto de vista.[2] Caso a justificativa não se mostre de imediato aceitável, cabe ao argumentador prover novas informações que sirvam de apoio para a mesma ("pesquisas e observações confirmam a existência de relação entre aumento nos preços da matéria-prima, aumento no preço de derivados"). O quinto passo crítico para a construção de um argumento é a consideração de exceções que poderiam limitar o escopo da justificativa e, portanto, do argumento proposto ("pode existir algum acontecimento que impeça o aumento no preço dos derivados, por exemplo, uma intervenção estatal"). Nesse caso, um qualificador – um elemento cujo efeito sobre o argumento é o de restringir a força do ponto de vista – deveria ser adicionado ao ponto de vista ("o preço do gás de cozinha provavelmente vai subir").[3]

A Nova Retórica de Perelman e Olbrecht-Tyteca

Aceita-se, geralmente, que uma das contribuições mais expressivas da *Nova Retórica* ao estudo contemporâneo da argumentação é a ênfase que nela se dá ao papel do auditório (indivíduos a quem o argumentador deseja influenciar) e ao contexto de controvérsia dentro do qual o argumentador a ele se dirige (dimensão dialética da argumentação). O conceito de auditório é definido aqui tanto num sentido particular (pessoa ou grupo específico) como num sentido universal (o conjunto dos seres humanos considerados racionais, tal como o argumentador os imagina). A consideração das características e peculiaridades do auditório (psicológicas, sociológicas, ideológicas) é fator essencial ao funcionamento da argumentação. Ela interfere na organização do discurso (escolha de técnicas e recursos que possam tornar efetiva a argumentação) sendo, portanto, em última instância, decisiva para a consecução do objetivo persuasivo, ou de convencimento, da argumentação.[4]

Três esquemas argumentativos dão sustentação a técnicas argumentativas efetivas. Os "argumentos quase-lógicos", como o próprio nome sugere, ganham força a partir de uma espécie de *ilusão* que se cria de que o elo que permite a passagem das premissas para o ponto de vista que se deseja estabelecer seja de natureza similar ao que liga premissas e conclusão no argumento lógico (em vista das características formais das premissas apresentadas, a conclusão de um argumento lógico se impõe como necessária). "Argumentos baseados na estrutura do real", por outro lado, apoiam-se em crenças e concepções do auditório a respeito do real, ou seja, naquilo que o auditório toma por fato, verdade ou no que acredita ser a realidade. O apelo às crenças do auditório confere aceitabilidade aos pontos de vista do argumentador, uma vez que esse os faz derivar de concepções aceitas pelo auditório. Finalmente, "argumentos que fundam a estrutura do real" operam por uma espécie de processo indutivo. Com base em exemplos, ilustrações, casos particulares, extraem-se generalizações, regularidades e modelos que estruturam a realidade de uma dada forma.

Tomadas em conjunto, considera-se que as ideias propostas por Toulmin e por Perelman e Olbrechts-Tyteca tenham se constituído num primeiro passo em direção a uma concepção da argumentação como uma atividade eminentemente discursiva, por conseguinte, interativa e sensível às características da situação em que surge. Suas concepções abrem caminho para a instauração, no estudo da argumentação, de um "turno discursivo" que se distancia do formalismo característico dos estudos realizados sob a perspectiva da lógica formal. Reconhecer esse mérito não impede, entretanto, que se indague sobre o estatuto que, de fato, é dado às questões linguístico-discursivas nas duas teorias. Em nenhum dos casos a inserção da argumentação no âmbito dos fenômenos discursivos enseja um enfrentamento específico de questões relativas ao funcionamento discursivo e às implicações metodológicas que daí advêm. A falta de um tratamento específico dessas questões constitui-se num dos principais limites das perspectivas consideradas[5] – um limite que, se poderia acrescentar, tem deixado suas marcas na pesquisa psicológica da argumentação infantil.

Na seção seguinte, um conjunto de estudos empíricos é brevemente referido, tomando-se como critério de agrupamento o fato de que em todos eles se pode detectar uma concepção de argumentação que se aproxima das ideias focalizadas anteriormente. Embora nem sempre tais estudos explicitem afiliações teóricas específicas a qualquer das perspectivas anteriores (ou mesmo definam claramente a concepção de argumentação adotada), observa-se ou infere-se neles a presença de elementos comumente considerados parte da concepção de argumentação que se inicia com aquelas perspectivas. Tais elementos são identificáveis: [1] na definição de argumentação como uma atividade de natureza discursiva, [2] na ênfase dada à natureza situada e interativa da argumentação, [3] no destaque ao papel do interlocutor (sua função de oponente e a forma como percepções e expectativas que dele tem o argumentador influenciam a organização do discurso) e [4] na definição de justificação e manejo do desacordo como operações centrais, constitutivas da argumentação. Na seleção dos estudos citados, priorizou-se a variedade dos aspectos da argumentação infantil focalizados.

Estudos da argumentação infantil na perspectiva filosófico-retórica

Uma questão que tem recebido considerável atenção na pesquisa da argumentação infantil é desde quando crianças se mostram capazes de justificar posições e considerar perspectivas alternativas. Pesquisas que tentam responder a essa pergunta são relativamente frequentes na literatura produzida a partir dos anos 1980. O interesse por esse tema é, em grande parte, suscitado por questões levantadas acerca de resultados de investigações conduzidas a partir do quadro proposto pela teoria piagetiana do desenvolvimento cognitivo. O perfil que emerge dessas investigações – comumente realizadas em situações de reflexão sobre problemas envolvendo dilemas morais – é o de uma criança que não se engaja completamente em argumentação antes que seja capaz de entender o pensamento operacional formal, o que, nesse quadro teórico, ocorreria por volta dos 10 ou 11 anos.[6]

Partindo de concepções que não subordinam a argumentação ao desenvolvimento cognitivo geral da criança, estudos sucessivos têm sido produzidos com o intuito de investigar as condutas argumentativas precoces da criança. Os procedimentos adotados nesses estudos focalizam tanto a argumentação produzida em situações naturais do cotidiano da criança como a gerada em resposta a questões e problemas propostos para fins específicos de pesquisa. Resultados descritos na literatura corrente mostram que crianças com idade de 2 anos e meio oferecem justificativas para metas que desejam atingir e são capazes de defender escolhas diante de um oponente.[7] Esses resultados confirmam os anteriormente descritos por Eisenberg e Garvey com base em estudo realizado com crianças de 3 a 6 anos, até hoje considerado uma das mais completas descrições da argumentação infantil disponíveis na literatura psicológica.[8] Os autores mostram que as crianças não só são capazes de justificar posições desde muito cedo, como também esperam o mesmo da parte de outros e sabem que justificativas são elementos decisivos para que se possa "vencer" uma argumentação.

De forma semelhante, estudos conduzidos por Pontecorvo e seus colaboradores mostraram que crianças entre 3 e 6 anos produziam argumentos em relação a um tópico previamente introduzido por um participante mais experiente e que todas eram capazes de justificar suas posições quando desafiadas.[9] Por volta dos 4 anos, crianças justificavam posições sob diferentes bases (regras, palavra de autoridade, evidências circunstanciais e testemunhos, motivos, causas e consequências etc.) e, apelando para diferentes conteúdos, antecipavam pedidos de justificativa da parte do interlocutor e entendiam o significado pragmático de justificativas, ou seja, em que situações discursivas a produção de justificativas seria pertinente.[10] Aos 5 anos, observadas em discussões aluno-professor em situação escolar, crianças produziam justificativas que consistiam em explicações causais sobre tópicos curriculares.[11]

Um segundo aspecto da argumentação infantil que tem também sido alvo frequente de investigações é o manejo da oposição na fala da criança. As perguntas-chave aqui são *se* e *como* a criança [1] reage à oposição recebida da parte de outros, [2] refuta e se opõe a afirmações e demandas que lhe são feitas e [3] considera fragilidades nas posições que defende. Análises de situações de oposição surgidas em interações criança-criança e adulto-criança têm permitido observar a presença de estratégias complexas de manejo de oposição na fala de crianças já a partir dos 3 anos. Pirchio e Pontecorvo, por exemplo, observaram uma alta frequência de condutas opositivas em conversações de crianças de 3 a 5 anos em interação com os pais à mesa de jantar.[12] As crianças mostraram-se capazes de utilizar complexas estratégias conversacionais de oposição e recusa, bem como recursos de intensificação e atenuação da oposição, sendo ainda capazes de gerar explicações e justificativas para suas discordâncias em relação a afirmativas de outros. Na discussão dos resultados, as autoras chamam a atenção para a estreita relação entre as intervenções dos diversos interlocutores, o contexto de disputa criado na situação e as estratégias argumentativas utilizadas pelas crianças. Esses resultados corroboram os apresentados no estudo de Eisenberg e Garvey,[13] já referido, no qual uma variedade de respostas contendo refutação, desacordo, negação e objeção foram registradas nas falas produzidas por crianças de 3 anos durante episódios de conflito.

Uma outra dimensão das condutas opositivas das crianças foi a descrita por Stein e Bernas com base na observação da argumentação de crianças de 4 anos.[14] A conclusão dos autores é que crianças dessa faixa de idade não apenas são capazes de antecipar justificativas para pontos de vista opostos aos seus, mas também de perceber problemas inerentes às posições que elas mesmas defendem. Essa última dimensão do manejo infantil da oposição foi especificamente investigada por Ferreira num estudo recente com crianças de 2 anos e 7meses a 4 anos de idade, observadas em interação com os pais durante a hora do almoço.[15] Embora escassos nos transcritos das videogravações analisadas, foram registrados nesse estudo episódios em que as crianças incorporavam às suas falas objeções a seus próprios pontos de vista, objeções essas que teriam provavelmente sido levantadas por outros em interações prévias e em situações semelhantes. Essa incorporação foi interpretada pela autora como um possível precursor de condutas discursivas que permitem ao indivíduo antecipar possíveis objeções a um ponto de vista.

Dados igualmente interessantes foram produzidos na investigação de Garvey sobre conversações de crianças observadas durante brincadeiras em contexto de faz de conta.[16] Utilizando-se dos procedimentos típicos da análise conversacional, a autora constata a presença de variado repertório de recursos de manejo e mitigação de oposição nas falas de crianças entre 2 anos e meio e 5 anos e meio. Concordância parcial em resposta à oposição (introduzidos por expressões do tipo "sim, mas..."), emprego de expressões que solicitam acordo ("certo?", "ok?") e de modais de necessidade e obrigação ("ter que", "dever", "ser preciso"), produção de justificativas para respostas de rejeição, negação, recusa, desafio, desacordo etc. foram alguns dos recursos linguístico-pragmáticos observados recorrentemente nas falas das crianças. A produção de discordâncias justificadas foi igualmente observada por Orsolini e Pontecorvo em interações verbais entre crianças de idade média de 5 anos em ambiente instrucional.[17] Ainda em contexto de brincadeira de faz de conta, crianças de 3 a 4 anos não só assumiam posições de oposição em relação a pontos de vista de outras como também se mostravam capazes de negociar desacordos retirando posições inicialmente defendidas, modificando-as ou – menos frequentemente – adotando soluções de compromisso.[18]

A variabilidade de resultados a que crianças podem chegar na argumentação e fatores que a influenciam foram sistematicamente investigados por Stein e colaboradores. Num dos estudos conduzidos, Stein e Bernas propuseram a duplas de meninos de 4 anos, grandes amigos, que repartissem entre eles um conjunto de brinquedos.[19] A discussão entre as crianças termina quando um dos meninos conclui não ser possível dividir os brinquedos de forma igualitária, propondo então ao segundo que fique com todos eles – ressalvando, porém, que ele (o "perdedor") seria o "vencedor" numa próxima disputa. Na discussão desses resultados, os autores sugerem que a necessidade de preservar a relação de igualdade entre os participantes exerce um impacto decisivo sobre o resultado a que as crianças chegam na argumentação. A uma conclusão semelhante chegaram Stein e Albro estudando o desenvolvimento da argumentação nas relações de família.[20] A expectativa da criança (4 anos) de que a forma como a argumentação termina possa influenciar suas futuras relações com o interlocutor contribui de modo decisivo sobre as decisões que ela toma no curso da argumentação.

Argumentação infantil em abordagens linguístico-discursivas

Outras duas linhas de estudos que dão subsídios às pesquisas sobre argumentação em uma perspectiva genética ou desenvolvimentista, empreendidas, em sua maioria, em países de língua francesa, merecem ser destacadas: a da Lógica Natural – projeto iniciado por Jean-Blaise Grize nos anos 1960 e do qual participaram Apothéloz, Borel, Mièville, entre outros – e a da área de Semântica das Línguas Naturais, conhecida no Brasil como Semântica Argumentativa,[21] proposta defendida por Anscombre e Ducrot.[22]

Grize e a Lógica Natural

Em relação à primeira, é importante lembrar que Grize, especialista em Lógica que trabalhou com Piaget, assumiu uma posição crítica em relação à perspectiva lógica adotada pelo mestre genebrino, qual seja, a dos modelos lógico-matemáticos.[23] Segundo Grize, se é bem verdade que, em alguns momentos e algumas situações, raciocinamos de acordo com tais modelos, empregamos, em nossa vida cotidiana, raciocínios que obedecem a "outras lógicas". Em sua Lógica Natural, o autor constitui um quadro teórico no qual considera a argumentação de forma mais ampla, definindo-a como "uma atividade que visa a intervir sobre as ideias, as opiniões, as atitudes ou os comportamentos de alguém ou de um grupo de pessoas".[24] Nessa perspectiva que enfatiza o emprego das línguas naturais (diferentemente dos modelos que elaboram e empregam linguagens artificiais), argumentar é considerada uma das facetas do raciocínio, ao lado de provar e calcular,[25] sendo que, ao argumentar, produz-se uma esquematização – conceito-chave desse referencial – que seria a construção de uma representação discursiva e, mais precisamente, "a elaboração por meio de uma língua de um microuniverso que A apresenta a B com o intuito de obter um certo efeito sobre ele".[26] A esquematização remete tanto ao processo de produção de uma atividade discursiva como ao resultado desse processo – um esquema a partir do qual se pode extrair as operações de pensamento do locutor. Em suma, mantendo uma preocupação de estudo de natureza lógica, ainda que uma lógica mais ampla e mais "frouxa", esse referencial busca também, ao estudar a argumentação, levar em conta o papel ativo do interlocutor e distinguir formas de atividade tais como receber (estar disposto a reconstruir a esquematização), concordar (não ter objeções a apresentar, é da ordem da convicção) e aderir (tornar sua, própria, a esquematização, estaria ligada à persuasão).

Além da referência ao quadro conceitual de Grize, os trabalhos de algumas correntes de psicólogos da linguagem se baseiam também na abordagem teórico-metodológica de Bronckart.[27] Tais trabalhos, portanto, consideram o discurso argumentativo como uma esquematização que visa a modificar a representação de um interlocutor sobre um objeto ou assunto determinado, como uma conduta linguística típica que deve ser estudada, levando-se em consideração um conjunto de parâmetros extralinguísticos da situação em que essa tal atividade tem lugar. De fato, bastante próximo às ideias de Culioli,[28] Bronckart considera os textos orais e escritos manifestações da atividade linguística nos quais se encontram certas unidades a serem consideradas como traços de operações; estas podem ser estudadas em condições experimentais precisas, controlando-se os parâmetros extralinguísticos tomados como variáveis independentes e os textos como variáveis dependentes.

Dentre os vários grupos de psicólogos da linguagem que têm empregado elementos desse quadro conceitual na realização de suas pesquisas sobre argumentação infantil, destacam-se os membros do Laboratoire de Psychologie du Langage na Universidade de Poitiers, França, e os pesquisadores da seção de Ciências da Educação da Universidade de Genebra que tratam de questões didáticas.[29] O grupo de Poitiers efetuou ao longo dos anos 1980 e 1990 uma série de estudos na tentativa de verificar como variáveis (independentes), tais como idade, presença ou não de interlocutores, tipo de interlocutor (adulto ou criança), tipo de tarefa proposta, interferem em operações envolvidas na argumentação (variáveis dependentes). Os estudos se desenvolvem a partir da escolha de certos indicadores linguísticos, definidos, *a priori*, como traços objetivos de operações argumentativas, a saber: [1] "sustentação ou apoio" (*étayage*), [2] construção e interpretação do referente, ou seja, dos objetos dos quais trata o discurso, [3] implicação do locutor nos seus enunciados (as marcas linguísticas seriam "eu penso", "eu creio", "eu prefiro" etc.), entre outras.

Como exemplo de pesquisa do grupo, destacamos um estudo[30] no qual se propunha aos alunos um debate sobre uma questão controvertida no meio escolar francês: "É melhor vir à escola na quarta-feira de manhã (e, nesse caso, o sábado seria livre) ou no sábado de manhã (e, assim, o descanso recairia na quarta-feira)?" Procurou-se controlar duas variáveis: a idade dos locutores – de 10 a 16 anos – e o tipo de interlocutores – adulto ou criança/adolescente. Além de se estudar as operações acima mencionadas, levou-se também em conta a "aceitabilidade" dos argumentos, uma vez que os argumentos que se referem a um ponto de vista egocêntrico (como, por exemplo, uma experiência pessoal – "prefiro vir à escola às quartas-feiras porque eu quero praticar esportes no final de semana") são uma forma menos aceitável quando comparados a argumentos em que aspectos menos centrados no próprio argumentador são considerados (..."porque nós, crianças, podemos praticar esportes"). A partir dos resultados, a pesquisadora caracterizou dois grupos de operações: as de justificações das posições tomadas – sustentação e aceitabilidade – e as associadas à negociação interlocutória – *prise en charge*, axiologização e modalização. Na análise dos diálogos, há indicações de que os traços das operações mencionadas aumentam com a idade, sem que se tenha observado uma diferença significativa entre os dois tipos de situação – diálogos entre crianças/adolescentes ou entre elas e adultos.

Nesse e em outros trabalhos realizados no referido laboratório, seja sobre a argumentação oral ou escrita, há uma tendência a se classificar as condutas encontradas em estágios bem definidos, levando-se em conta, para tanto, a capacidade (ou não) de construção de um discurso ou texto em que uma conclusão se apoie em enunciados argumentativos; evidencia-se, via de regra, que, com a idade, há um aumento de tal capacidade.[31] Além dessa, as seguintes tendências podem ser observadas: [1] na maior parte dos estudos, crianças pequenas (de 4 a 5 anos) são raramente incorporadas e, quando isso acontece, considera-se que elas apresentam uma argumentação rudimentar ou que se situam em um estágio pré-argumentativo.[32] [2] Nas análises das condutas linguísticas da criança, as "competências" argumentativas são tratadas como subordinadas às capacidades cognitivas – descentração, relativização de crenças etc. [3] A incorporação de conceitos importantes da Lógica Natural não leva em conta que Grize partiu de uma crítica aos modelos lógico-matemáticos adotados por Piaget, modelos esses que definem as estruturas lógicas características dos bem conhecidos estágios cognitivos. Por se negligenciar tal posição, as condutas argumentativas classificadas em estágios acabam coincidindo com estágios piagetianos: o pré-argumentativo antes dos 6-7 anos (equivalente ao pré-operatório), o de uma argumentação mínima a partir dos 7 anos (operações concretas) e, por fim, o estágio de uma argumentação elaborada na adolescência (operações abstratas). Em suma, nessa corrente de trabalhos, acaba-se por concluir que a criança pequena, sobretudo aquela que ainda não possui um certo domínio linguístico-cognitivo sobre uma (sua) língua, não argumenta.

Os estudos linguísticos de Anscombre–Ducrot: a Teoria da Argumentação na/dentro da língua (ADL)

Essa abordagem remete a uma discussão de ordem essencialmente semântica – envolvendo, portanto, conceitos de significado e sentido –, na qual se procura elaborar concepções "alternativas", diferentes das tradicionais, geralmente de cunho vericondicionais, atreladas ao tratamento de tais conceitos. Nessa perspectiva, a argumentação é tratada como uma questão de sentidos na linguagem e não como um elemento retórico, extra ou pós-linguístico derivado de um valor "informativo".[33] A elaboração desse referencial teórico passou por diferentes etapas[34] e a mais conhecida é inaugurada pela obra *L 'Argumentation dans la langue* (*A argumentação na língua*) de Anscombre e Ducrot.[35] É a partir desse momento que se introduz um componente argumentativo dentro da língua e se tenta descrever as frases da língua por suas possibilidades de encadeamentos com outras frases e, mais precisamente, por seus encadeamentos argumentativos. Essa teoria não se (pre)ocupa com mecanismos lógico-psicológicos da argumentação, mas, antes, procura descrever "os discursos argumentativos e, particularmente, os encadeamentos de dois segmentos, A e C, em que um é apresentado como argumento justificando o outro dado como conclusão".[36] Nessa fase de elaboração da teoria, além de introduzirem um terceiro elemento intermediário que permite a passagem Argumento-Conclusão, ou seja, um *topos*, houve um grande esforço em se descrever o funcionamento de frases que comportam operadores como "mesmo", "pouco/um pouco", "quase" e conectores como "mas", "portanto", "então", "entretanto", pois a essas palavras é atribuído um valor semântico intrinsecamente argumentativo. Às descrições dos morfemas da língua francesa, seguiram-se trabalhos que procuraram apreender as especificidades de seus equivalentes em outras línguas.

Uma corrente de estudos sobre argumentação, realizados por psicolinguistas na França em situações experimentais bem controladas, leva em conta as descrições desses morfemas para realizar seus trabalhos. Entre os mais conhecidos, encontram-se os que dizem respeito à compreensão do *"même"* e do *"mais"*. Para a ADL, o termo *"même"*, traduzido em português por "até", "mesmo" ou "até mesmo", é caracterizado como um operador de coorientação, ou seja, o primeiro segmento A é orientado para uma determinada conclusão, e o segundo B corrobora ou enfatiza essa orientação, levando a uma mesma conclusão C.[37] Por exemplo: "No aniversário de Maria estavam presentes José, Pedro e Afonso (A). E até mesmo João esteve lá (B). A festa foi um sucesso (C)". Em contrapartida, *"mais"* ("mas") é descrito como um conector de contraorientação, ou seja, um segmento A é orientado para uma conclusão C, enquanto o segundo, B, leva a uma conclusão oposta. No exemplo "Pedro é inteligente (A), mas preguiçoso (B)", o primeiro segmento seria um argumento, estaria orientado para a conclusão C – "queremos trabalhar com Pedro", enquanto o segundo estaria orientado para uma conclusão oposta – "não queremos trabalhar com Pedro".

Os estudos dos psicolinguistas preocupados em abordar o funcionamento e o desenvolvimento da capacidade argumentativa e, mais particularmente, a compreensão desses morfemas, tomaram como sujeitos crianças a partir de 6 anos, às quais propunham tarefas de complementação de enunciados, apresentando algumas alternativas e solicitando que escolhessem as mais adequadas para dar continuidade ao enunciado contendo o morfema estudado.[38] Embora os autores ressaltem que crianças pequenas observadas em situações naturais utilizam conectores em sua linguagem espontânea, fato que é confirmado por outros estudos psicolinguísticos,[39] as análises dos resultados dessas tarefas em condições experimentais indicaram uma compreensão tardia dos mesmos: aos 8 anos, 80% dos sujeitos compreendem o valor e funcionamento de *"même"*, e aos 10 anos, 80% a 95% entendem o valor de *"mais"*. De fato, esses e outros pesquisadores[40] que adotam um procedimento semelhante no estudo desses morfemas admitem que o "baixo desempenho" dessas crianças se relaciona ao viés experimental, pois as situações escolhidas "solicitam atividades metalinguísticas que, como se sabe, implicam operações psicolinguísticas de outra natureza que as decisões tomadas pela criança em suas condutas linguajeiras habituais".[41] Essas conclusões não parecem ser muito diferentes das encontradas por Piaget, que, em um de seus primeiros trabalhos, propôs tarefas de complementação de frases às crianças com o fim de estudar a compreensão dos concessivos por ele denominados de conjunções "discordantes", inspirando-se no linguista suíço Charles Bally.[42] Já então ele assinalara o caráter tardio dessa compreensão,[43] problema esse que foi retomado e discutido por Vygotsky em *Pensamento e Linguagem*.

Dessa forma, apesar da referência constante aos trabalhos empreendidos pela ADL, as tarefas propostas pelos pesquisadores, em situações bem estruturadas, acabam exigindo para sua solução a intervenção de componentes lógico-inferenciais ou de "competências cognitivas", e por isso mesmo perde-se a ênfase no tratamento de aspectos propriamente linguísticos.

Entre nós, a partir de uma análise longitudinal de um *corpus* de duas crianças brasileiras abrangendo o período de 2 anos e 7 meses a 5 anos, aproximadamente, Castro estudou "a construção de justificativas, inferências e pedidos de justificativas em enunciados com Por que? no desenvolvimento linguístico".[44] O estudo que leva em conta algumas descrições semânticas de linguistas que trabalham na perspectiva da ADL[45] explora situações de diálogos entre adulto-criança e evidencia, além do "por que?/porque", o uso de outros morfemas como "senão", "então" e "se/então". São analisados assim alguns indícios da argumentação infantil já no início da aquisição da linguagem.

Em trabalho realizado na perspectiva da ADL, Banks-Leite levantou a hipótese de que a argumentação, tal como definida por Anscombre e Ducrot, deveria existir desde cedo, considerando-se que a argumentação "está na/dentro da língua".[46] Partindo dessa ideia, procurou analisar relações argumentativas, ou seja, a relação A (argumento) – C (conclusão), presentes em diálogos criança-criança e adulto-criança, em situações de sala de aula de uma pré-escola pública – estabelecimento situado em Barão Geraldo, distrito de Campinas, São Paulo, bem como os *topoï* convocados para o estabelecimento dessas relações. Veja-se, à guisa de ilustração, dois breves exemplos de duas crianças de 5 anos:

> Raq.: Uma vez eu comi chicletes na hora de vir para escola
>
> Fer.: Ai! chiclete (A)... estraga os dentes (C)

No enunciado de Raq. existe um aspecto valorativo "comer chiclete é bom, agradável" e na retomada de Fer. "ai! chiclete... estraga os dentes", "ai!" já indica um aspecto "ruim" ou desfavorável. Considera-se que há aqui uma relação argumentativa na qual o primeiro segmento "Ai! [comer] chiclete" é um argumento para "estraga os dentes", a conclusão. O *topos*, ou seja, o lugar-comum que é convocado para estabelecer essa relação é "comer doces contribui para o mau estado dos dentes". No mesmo episódio, mais adiante, os papéis se invertem:

> Fer.: Sabe, meu pai disse... ele vende um montão de sorvete
>
> Raq.: E se comer sorvete (A), você fica res... friado (C). Não come mais!

Nota-se, no enunciado de Raq., uma relação A–C (relação, aliás, de tipo "se/então") em que o primeiro segmento – "se comer sorvete" – é um argumento para "[então] você fica res... friado". O *topos* convocado é "ingerir alimentos gelados faz mal à saúde".

Esses e outros exemplos típicos das trocas verbais das jovens crianças constituem indícios de uma argumentação bem elaborada, na medida em que apresentam encadeamentos entre enunciados do tipo argumento/conclusão, frequentemente efetuados com o emprego de conectores como "mas", "então", "por isso", "porque" e operadores como "quase", "pouco", "um pouco", relações essas apoiadas em *topoï* convocados pelos locutores. Dentro da abordagem de Anscombre-Ducrot pode-se, portanto, afirmar que, desde que a linguagem aparece, há argumentação. Em uma observação de um garoto de língua francesa – Mat., de 2 anos 8 meses –, dá-se o seguinte diálogo no momento em que um adulto lhe oferece um novo brinquedo como presente:

> Ad.: É um jogo que você não conhece, eu vou te ensinar
>
> *(C'est un jeu que tu ne connais pas... je vais t'apprendre)*
>
> Mat.: eu conheço... não, eu não o conheço mas quando eu for grande, então eu conhece... rá. Quando eu for grande (A), então eu conhece... rá (C).
>
> *(Je le connais... oh, non, je le connais pas mais quand je serai grand... je le connai... tra. Quand je serai grand, alors je... connai... tra)*

Um belo exemplo que pode evidentemente ser analisado sob diferentes perspectivas, mas que pode ilustrar uma relação A–C. A notar também a utilização de conectores *"mais"* e *"alors"*.

Comentários finais

À guisa de conclusão, seria pertinente indagar que contribuições os estudos conduzidos nessas diferentes perspectivas oferecem à compreensão da argumentação infantil e, por outro lado, quais os limites dessas mesmas contribuições. Os estudos da argumentação infantil realizados na tradição filosófico-retórica certamente têm contribuído na montagem de um perfil que dê conta das possibilidades argumentativas da criança. Essa contribuição se materializa particularmente na descrição do "perfil de argumentador" de crianças em diferentes faixas etárias – tanto em relação à crescente capacidade das crianças no manejo dos constituintes básicos da argumentação como em relação ao seu domínio das dimensões pragmática e interativa da argumentação.

Nas pesquisas que levam em conta conceitos da Lógica Natural e da abordagem linguística de Bronckart, é digno de nota que se procure caracterizar as condutas linguajeiras envolvidas na argumentação das crianças e adolescentes. Mas, como assinalado anteriormente, o viés experimental adotado na maior parte dessas pesquisas

58   Aquisição da linguagem

e a análise dos resultados em termos de estágios baseados nas operações em jogo encerram a ideia de uma progressão linear – indo do menos ao mais complexo – típica dos estudos baseados na perspectiva lógico-matemática que Grize tanto criticou. Um problema metodológico semelhante é encontrado em inúmeros estudos empreendidos pelos psicolinguistas que se fundamentam nas descrições de morfemas da língua tal como elaboradas pela ADL – o que dá lugar a resultados que vão nesse mesmo sentido, qual seja, a ideia de que a argumentação é uma aquisição tardia.

E ainda que alguns estudos elaborados nessas diferentes perspectivas realizem um levantamento precioso sobre as possibilidades argumentativas da criança, eles não têm contribuído de forma mais expressiva para o entendimento dos processos e mecanismos que engendram as possibilidades argumentativas descritas. Além disso, tais estudos não têm, em geral, feito jus ao fato de que a argumentação infantil é um fenômeno que se insere no âmbito geral da aquisição de linguagem pela criança. Estudá-la requer, portanto, uma explicitação [1] da concepção de linguagem em que se ancoram as investigações, [2] das posições que (a partir da concepção de linguagem adotada) se assume a respeito das relações entre a linguagem e os aspectos cognitivos da argumentação e [3] de uma teoria de aquisição da língua(gem).

Notas

[1] As sínteses teóricas apresentadas nessa seção foram adaptadas de Van Eemeren e Grootendorst, 1999; Van Eemeren et al., 1997; Van Eemeren et al., 1996.

[2] Van Eemeren et al., 1997, p. 216.

[3] No original, *claim* (ponto de vista), *data* (dados), *warrant* (justificativa), *backing* (apoio), *rebuttal* (exceção) e *qualifier* (qualificador).

[4] Nuances e controvérsias em torno de eventuais diferenças entre *persuadir* e *convencer* não são ignoradas, embora um tratamento mais extenso desse ponto não pareça relevante aos propósitos do presente texto.

[5] Van Eemeren e Grootendorst, op. cit.

[6] Ver Stein e Miller, 1991; 1993a e 1993b para breves revisões.

[7] Stein et al., 1995.

[8] Eisenberg e Garvey, 1981.

[9] Pontecorvo e Fasulo, 1997.

[10] Orsolini, 1993.

[11] Orsolini e Pontecorvo, 1992.

[12] Pirchio e Pontecorvo, 1997.

[13] Eisenberg e Garvey, op. cit.

[14] Stein e Bernas, 1999.

[15] Ferreira, 2005.

[16] Garvey, 1993.

[17] Orsolini e Pontecorvo, op. cit.

[18] Verba, 1993.

[19] Stein e Bernas, op. cit.

[20] Stein e Albro, 2001.

[21] Guimarães, 1995, cap. 8.

[22] Anscombre e Ducrot, 1983; 1986.

[23] Grize, 1997.

[24] Grize, 1996, p. 5.

[25] Grize, 1992.

[26] Grize, 1982, p. 188.

[27] Bronckart, 1985.

[28] Culioli, 1990.

[29] Dolz e Pasquier, 1994; Schneuwly, 1988.

[30] Golder, 1992a, 1992b.

[31] Coirier e Golder, 1993.

[32] Golder, 1993.

[33] Anscombre e Ducrot, 1986.

[34] Banks-Leite, 1996, cap. 3.

[35] Anscombre e Ducrot, 1983.

[36] Ducrot, 1995, p. 85.

[37] Vogt, 1977.

[38] Bassano, 1991; Bassano e Champaud, 1989.

[39] Jisa, 1987; Peterson, 1986.

[40] Kail e Weissenborn, 1984.

[41] Bassano et al., 1989, p. 21.

[42] Piaget, 1923.

[43] Cf. capítulo "Gramática e Lógica".

[44] Castro, 1992, p. 12.

[45] Vogt, 1978.

[46] Banks-Leite, 1996; 1998.

Bibliografia

ANSCOMBRE, J-C.; DUCROT, O. *L'Argumentation dans la langue*. Bruxelles: Mardaga, 1983.

_____. Argumentativité et informativité. In: MEYER, M. (ed.). *De La Métaphysique à la rhetorique*. Bruxelles: Ed. Université de Bruxelles, 1986, p. 79-93.

BANKS-LEITE, L. *Aspectos argumentativos e polifônicos da linguagem da criança em idade pré-escolar*. São Paulo, 1996. Tese (Doutorado em Linguística) – Instituto de Estudos da Linguagem, Universidade Estadual de Campinas.

_____. O estudo da argumentação infantil na perspectiva da ADL. *Signo & Seña*, n. 9, pp. 321-45, 1998.

BASSANO, D. Opérateurs et connecteurs argumentatifs: une approche psycholinguistique. *Intellectica*, n. 11, pp. 149-91, 1991.

_____. CHAMPAUD, C. The Argumentative Connective même in French: an experimental study in eight-to-ten year-old children. *Journal of Child Language*, n. 16, pp. 643-64, 1989.

BRONCKART, J-P. *Les Sciences du langage*: un défi pour l'enseignement? Paris: Unesco/ Delachaux e Niestlé, 1985.

CASTRO, M. F. P. de. *Aprendendo a argumentar*. Campinas: Editora da Unicamp, 1992.

COIRIER, P.; GOLDER, C. Writting Argumentative Text: a developmental study of the acquisition of supporting structures. *European Journal of Psychology of Education*, n. VIII, pp. 169-81, 1992.

60 Aquisição da linguagem

Culioli, A. *Pour une linguistique de l'énonciation*: opérations et représentations. Paris: Ophrys, 1990.

Dolz, J.; Pasquier, A. Enseignement de l'argumentation et retour sur le texte. *Repères*, 10, pp. 163-78, 1994.

Ducrot, O. Topoï et formes topiques. In: Anscombre, J-C, *Théorie des topoï*. Paris: Kimé, 1995.

Eisenberg, A.; Garvey, C. Children's Use of Verbal Strategies in Resolving Conflicts. *Discourse Processes*, n.4, pp.149-70, 1981.

Ferreira, A. P. M. *O desenvolvimento de condutas opositivas em crianças*: possibilidades de antecipação de contra-argumento. Recife, 2005. Dissertação (Mestrado) – Universidade Federal de Pernambuco.

Garvey, C. Diversity in the Conversational Repertoire: the case of pretend play among young children. *Cognition and Instruction*, n.11, pp. 251-64, 1993.

Golder, C. Argumenter: de la justification à la négociation. *Archives de Pscyhologie*, n. 60, pp. 3-24, 1992a.

_____. Mise em place de la conduite de dialogue argumentatif: la recevabilité des arguments. *Revue de Phonétique Appliquée*, n.102, pp. 31-43, 1992b.

Grize, Jean-Blaise. *De La Logique à l'argumentation*. Gèneve/Paris: Librairie Droz, 1982, pp. 37-48.

_____. Argumenter, Prouver et Calculer. In: Raccah, P. Y. *L'Argumentation dans le langage*. Gent: Communication & Cognition, 1992c, p. 13-9.

_____. *Logique naturelle et communications*. Paris: puf, 1996.

_____. Psicologia genética e lógica. In: Banks-Leite, L. *Percursos piagetianos*. São Paulo: Cortez, 1997.

Guimarães, E. R. J. *Os limites do sentido*. Campinas: Pontes, 1995.

Jisa, H. Sentence Connectors in French Children's Monologue Performances. *Journal of Pragmatics*, n.11, pp. 607-21, 1987.

Kail, M.; Weissenborn, A. Developmental Cross-linguistics Study of Connectives: French "mais" and German "aber" vs. "sondern". *Journal of Child Language*, n.11, pp. 143-58, 1984.

Orsolini, M. Dwarfs do not Shoot: an analysis of children's justifications. *Cognition and Instruction*, n. 11, pp. 281-297, 1993.

_____.; Pontecorvo, C. Children's Talk in Classroom Discussions. Cognition and Instruction, n.9, pp. 113-36, 1992.

Perelman, C.; Olbrechts-tyteca, L. *Tratado da argumentação*: a nova retórica. São Paulo: Martins Fontes, 1958.

Peterson, C. Semantic and Pragmatic Uses of "but". *Journal of Child Language*, n.13, pp. 583-90, 1986.

Piaget, J. *Le Jugement et le raisonnement chez l'enfant*. Paris: Alcan, 1924.

Pirchio, S.; Pontecorvo, C. Strategie idescorsive infantili nelle dispute in famiglia. *Rassegna di Psicologia*, n.1, pp. 83-106, 1997.

Pontecorvo, C. Discussing for Reasoning: the Role of Argument in Knowledge Construction. In: De corte, E. et al. (eds.). *Learning and Instruction*: european research in the international context. Oxford/Leuven: Pergamon/Leuven University Press, 1987, v. 1., pp. 239-50.

_____. La mente argomentativa. *Rassegna di Psicologia*, v. xiv, n. 1, pp. 83-106, 1997.

_____.; Fasulo, A. Learning to Argue in Family Shared Discourse: the reconstruction of past events. In: Resnick, L.; Soljo, R.; Pontecorvo, C. (eds.). *Discourse, Tools, and Reasoning*. *Essays on Situated Cognition*. Nato Series: Springer-Verlag, 1997, pp. 408-43.

SCHNEUWLY, B. *Le Langage écrit chez l'enfant*: la production des texts informatifs et argumentatifs. Lausanne: Delachaux e Niestlé, 1988.

STEIN, N. L.; ALBRO, E. R. The Origins and Nature of Arguments: studies in conflict understanding, emotion, and negotiation. *Discourse Processes*, n. 32, pp. 113-34, 2001.

_____; BERNAS, Ronan. The Early Emergence of Argumentative Knowledge and Skill. In: RIJLAARSDAM, G.; ESPÉRET, E. (eds. da série.); COIRIER, P.; ANDRIESSEN, J. (eds. do volume). *Studies in Writing*: foundations of argumentative text processing. Amsterdam: Amsterdam University Press, 1999, v. 5, pp. 97-116.

_____; MILLER, C. A. I Win – You Lose: the development of argumentative thinking. In: VOSS, J. F.; PERKINS, D. N.; SEGAL, J. W. (eds.). *Informal Reasoning and Education*. Hillsdale, NJ: Erlbaum, 1991, pp. 265-90.

_____; MILLER, Christopher A. The Development of Memory and Reasoning Skills in Argumentative Contexts: evaluating, explaining, and generating evidence. In: GLASER, R. (ed.). *Advances in Instructional psychology*. Hillsdale: Erlbaum, 1993a, v. 4, pp. 285-325.

_____; A Theory of Argument Understanding: relationships among position preference, judgments of goodness, memory and reasoning. *Argumentation*, n. 7, 1993b, pp. 183-204.

_____. et al. Understanding and Resolving Arguments: the dynamics of negotiation. In: BRITTON, B.; GRAESER, A. G. (eds.). *Models of Understanding Text*. Hillsdale, NJ: Erlbaum, 1995, pp. 257-87.

VAN EEMEREN, F. H. et al. Argumentation. In: VAN DIJK, T. A. (ed.). *Discourse as structure and process*. 1997, pp. 208-29.

_____; GROOTENDORST, R. Developments in Argumentation Theory. In: RIJLAARSDAM, G.; ESPÉRET, E. (eds. da série); ANDRIESSEN, J.; COIRIER, P. (eds. do volume). *Studies in Writing*: foundations of argumentative text processing. Amsterdam: Amsterdam University Press, 1999, v. 5, pp. 43-58.

_____. et al. *Fundamentals of Argumentation Theory*: a handbook of historical backgrounds and contemporary developments. New Jersey: Mahwah, 1996.

VERBA, M. Cooperative Formats in Pretend Play among Young Children. *Cognition and Instruction*, n.11, pp. 265-80, 1993.

VOGT, C. *O intervalo semântico*: uma contribuição para uma teoria semântica argumentativa. São Paulo: Ática, 1977.

_____. Indicações para uma análise semântica argumentativa das conjunções porque, pois e já que. *Cadernos de Estudos Linguísticos*, n.1, pp. 35-50, 1978.

VYGOTSKY, L. *Pensamento e linguagem*. São Paulo: Martins Fontes, 1995.

TOULMIN, S. E. *The Uses of Argument*. Cambridge. UK: Cambridge University Press, 1990 (1. ed. 1958).

Distúrbios da linguagem oral e da comunicação na criança

Christiane Préneron

> Diante de uma criança que fala mal ou que comunica mal, não há
> como não se inquietar. Nesse caso, devemos procurar nos informar
> para compreender.
> (Laurent Danon-Boileau)

A grande maioria das crianças aprende a falar de maneira tão fácil e tão rápida "que se poderia esquecer a real complexidade do sistema a ser dominado".[1] Uma parte delas – cerca de 7% a 8% – vai apresentar distúrbios de desenvolvimento da linguagem oral. Esses distúrbios da linguagem na criança pequena são múltiplos, variados, tanto em suas manifestações quanto em sua etiologia, e afetam diferentemente sua capacidade de interagir com o outro. Por isso, como assinala Josie Bernicot em seu prefácio para a obra de Virginie Dardier, "a diferença entre o 'normal' e o 'patológico' corresponde, com mais frequência, a um ligeiro desvio para uma ou várias dimensões, do que a uma ruptura radical".[2] Uma das primeiras questões que se colocam ao terapeuta da linguagem diante de uma criança que "fala mal" é efetivamente saber se seu desenvolvimento linguístico está apenas atrasado ou se ele apresenta distorções, desvios.

De um lado, com efeito, a atipicidade da expressão linguageira deriva de uma defasagem temporal que se situa "em relação às marcas que caracterizam um desenvolvimento normal".[3] Essa defasagem deve ser significativamente importante (de 12 a 18 meses, pelo menos), na medida em que as diferenças interindividuais, tanto no nível dos ritmos quanto no dos estilos de aquisição,[4] são importantes durante os primeiros anos de vida. Por outro lado, suas produções linguageiras não devem diferir em qualidade daquelas de uma criança que apresenta um desenvolvimento normal. As características de um simples atraso de linguagem são, desse modo, o aparecimento tardio das primeiras palavras e de sua combinatória, além da persistência, que ultrapassa o período pré-escolar, das simplificações da articulação fônica e da morfossintaxe observadas durante o desenvolvimento normal. Mais frequentemente, só a expressão verbal é afetada, e a compreensão, quando é o caso, só apresenta algumas lacunas. De fato, as observações dos clínicos convergem para a afirmação de que, no momento da entrada na escola, por volta de 6 anos, esses distúrbios desaparecem e a linguagem da criança adquire a forma linguageira de uma criança de sua idade.

Em todos os outros casos (cerca de 1% das crianças), trata-se de distúrbios visivelmente mais importantes e, portanto, mais graves, que se caracterizam não somente por um atraso nas aquisições, mas, sobretudo, por desvios que são duradouros. São esses desvios mais frequentes, no leque de sua sintomatologia, o objeto deste nosso capítulo.

Embora os debates continuem no que concerne à nosologia dos distúrbios, i.e., à sua origem e à sua causa, os autores estão de acordo sobre uma classificação que permite reconhecer esses distúrbios levando-se em conta seu nível de gravidade (imaturidade linguageira ou distúrbio verdadeiro, atraso simples ou disfasias de desenvolvimento, segundo Gerard).[5] Concordam igualmente, em sua apreensão dos distúrbios, sobre uma sintomatologia elaborada em função do nível linguístico a que se refere o distúrbio.

Para dar uma ideia dessa semiologia dos distúrbios da linguagem, a exemplo de Chevrie-Muller, tomaremos como ponto de partida os sintomas linguísticos desses distúrbios, independentemente do quadro clínico no qual se inserem. De fato, alguns desses distúrbios

> podem estar diretamente ligados a um déficit sensorial ou motor, outros podem pertencer a um quadro psicopatológico ou neuropsicológico no qual a patologia não está limitada ao domínio da linguagem, e, finalmente, eles podem entrar no quadro de uma patologia dita 'específica da linguagem'.[6]

Como ressalta Christelle Maillart, "o desenvolvimento da linguagem tem raízes em um substrato neuroanatômico claro e, por definição, o perfil linguageiro das crianças que apresentam distúrbios da linguagem não pode ser explicado pela presença de danos cerebrais".[7] Afetados por distúrbios de linguagem "puros", ainda designados como distúrbios específicos do desenvolvimento da linguagem (TSDL) ou *disfasias de desenvolvimento*, as crianças dispõem, por outro lado, "de uma boa comunicação não-verbal (sem fuga do olhar, recorrendo bem ao gesto e à mímica, ...)",[8] assim como de uma capacidade normal para se inserir na troca linguística.

Definida pela existência de um déficit durável e significativo das realizações verbais, a disfasia não está ligada:

- a um déficit auditivo
- a uma malformação dos órgãos fonadores
- a uma insuficiência intelectual
- a uma lesão cerebral adquirida

- a um distúrbio invasor do desenvolvimento
- a uma carência grave afetiva ou educativa

Na prática, o diagnóstico por exclusão não é sempre fácil de ser feito, e a disfasia pode ser associada a certos retardamentos mentais ou a certas perturbações psicoafetivas severas. Assim, os estudos recentes sobre autismo levaram "certos autores a afirmar que existe um núcleo disfásico em um certo número de autismos ou, pelo menos, que existem formas de passagem entre esses dois tipos de patologia".[9] Essas dificuldades nosológicas acentuam a dificuldade de se precisar os limites dessa entidade e de se encontrar critérios operatórios que permitam o reconhecimento do distúrbio, independentemente da subjetividade do examinador. Um jeito de se tratar a heterogeneidade do fenômeno disfásico consistiu em se classificar essas disfasias sob a forma de síndromes que caracterizam populações de crianças que vão ter em comum certos déficits linguísticos e linguageiros.

A classificação é apenas uma etapa prévia, na medida em que as propostas terapêuticas estão diretamente ligadas aos distúrbios observados – e, em um segundo momento, evocaremos as possibilidades reeducativas –, mas ela é necessária para se poder localizar a(s) especificidade(s) da perturbação da linguagem da criança.

Assim, estabeleceremos uma distinção, inicialmente, de acordo com a vertente receptiva ou expressiva, sabendo que essas duas vertentes podem existir de maneira concomitante.

Vertente receptiva

No que se refere à *vertente receptiva*, o déficit pode ser de reconhecimento, *gnósico* ou *de compreensão*.

• *Os déficits gnósicos*

Ter uma boa audição é condição necessária para que as informações sonoras sejam corretamente decodificadas, mas isso não basta para decifrar o ambiente sonoro, e atribuir-lhe significações, e, sobretudo, não é também suficiente para recortar a cadeia da fala e nela diferenciar elementos providos de sentido. Essa atitude cognitiva, geralmente denominada percepção, implica capacidades de análise temporal dos sinais da fala. Quando essa capacidade é alterada e a compreensão da linguagem se torna impossível – ao passo que a audição (e às vezes até o reconhecimento dos ruídos) é normal –, fala-se de *agnosia verbal*. Ao lado desse distúrbio grave podem-se observar déficits parciais com confusões perceptivas ("*cassé*" por "*caché*" ou "*cadeau*" por "*gâteau*")*, que alguns autores consideram um fator explicativo dos distúrbios específicos do desenvolvimento da linguagem, como veremos mais adiante, nos reagrupamentos sintomáticos.

---

* N.T.: "quebrado" por "escondido" ou "presente" por "bolo".

66 Aquisição da linguagem

• *Os distúrbios da compreensão*

Alguns distúrbios parecem ser puramente linguísticos (nem auditivos nem gnósicos). Nesse nível, o déficit só pode ser evidenciado em função de testes especificamente construídos para sua exploração. Por outro lado, convém, então, levar em consideração a parte eventual de um déficit de atenção.

Essa divisão entre distúrbios da expressão e distúrbios de recepção encontra seu fundamento no fato de que as crianças afetadas por um distúrbio de expressão são, mais frequentemente, isentas de distúrbios de compreensão. No entanto, deve-se observar que o contrário não é verdadeiro, na medida em que um distúrbio mesmo leve da recepção, seja no nível da discriminação dos fonemas, seja no das dificuldades de compreensão do discurso, sempre repercute nas possibilidades expressivas e em sua qualidade.

Vertente expressiva

No que se refere à *vertente expressiva*, Chevrie-Muller[10] distingue cinco níveis de alcance:

- o nível da articulação, que corresponde aos déficits práxicos ainda designados como distúrbios de articulação ou dislalias;
- o nível fonológico, cujo alcance, que pode igualmente se referir à prosódia, dá lugar a um distúrbio ou atraso da fala;
- o nível morfossintático, cuja perturbação corresponde ao distúrbio morfossintático;
- o nível lexical alterado nas disnomias*, na qual se observa um distúrbio da lembrança das palavras que dá lugar a paráfrases;
- o nível semântico-pragmático, cujo alcance nem sempre é localizável em termos de unidades ou de estruturas.

• *Distúrbios da articulação ou Dislalias*

Esses distúrbios que se observam às vezes na criança muito pequena correspondem à má realização "material" dos sons da linguagem. É a posição da língua na produção de certos fenômenos que é inadequada. Para articular corretamente um som da linguagem, a criança pequena deve coordenar grupos musculares de maneira extremamente refinada, particularmente para as consoantes. Uma leve alteração na colocação da língua pode conduzi-la a erros: produção de uma consoante em lugar de outra (por exemplo, "t" no lugar de "k", "s" no lugar de "ch" ou, ainda, "z" no lugar

---

* N.T.: Conjunto de perturbações que afeta o nome das coisas: a falta de palavras, as parafasias, os neologismos etc.

de "s"), ou elisão sistemática de uma mesma consoante. É esse aspecto sistemático que nos permite concluir que se trata de um distúrbio do gesto articulatório.

Essa patologia da práxis articulatória pode atingir um tal estado de gravidade que impede qualquer possibilidade de expressão oral, como é o caso nas apraxias da fala em que a limitação de se chegar à articulação é, dessa forma, contestada. Nesse caso, com efeito, numerosos clínicos consideram que a programação fonológica está igualmente envolvida.

• *Distúrbios fonológicos*

a) *Ao longo de um desenvolvimento normal*, a criança simplifica, com frequência, os sons e as palavras que articula e se assiste, de outro lado, a frequentes flutuações de utilização entre formas comprovadas e formas modificadas. De fato, segundo Christian Hudelot e Anne Salazar-Orvig,[11] a criança domina inicialmente pouco a pouco a articulação fônica de sons e de combinações de sons: esse controle progride em função da dificuldade de coordenação muscular necessária, e sons como "j", em "*je*", ou "r", em "*rue*"*, "colocam indubitavelmente mais problema", nesse nível, do que "p", "t" ou "d". Mas, além da evolução das capacidades fisiológicas, o domínio da fonologia da língua pela criança implica a instalação do sistema de oposições desta última pela constituição dos sons em fonemas. Enfim, a criança deve igualmente integrar os esquemas silábicos (consoante/vogal, vogal/consoante, consoante/vogal/ consoante etc.) nos quais se inserem os fonemas próprios de sua língua.

Nos *distúrbios fonológicos*, as desordens do sistema fonológico são bem maiores do que as simples falhas de articulação que podem ser ouvidas nos discursos de crianças muito pequenas. Aqui, o alcance dessa programação fonológica afeta a escolha dos sons que entram na constituição de uma palavra, assim como sua colocação em sequência. E, contrariamente ao que se observa nos distúrbios de articulação, o alcance do nível fonológico não implica que uma determinada consoante seja sistematicamente alcançada. Ao contrário, uma mesma consoante, por exemplo, o "ch", será objeto de uma substituição e, para uma mesma criança, "*chaise*" será pronunciada "*saise*" ou "*saije*", mas o "ch" será produzido corretamente em "*chat*" e "*chou*"** e as sílabas "chai" ou "cho" serão repetidas também corretamente.

Essa variabilidade na realização faz com que fonemas alterados nas palavras possam ser corretamente repetidos em sílaba isolada e que uma mesma palavra possa, vez ou outra, ser diferentemente alterada, com eventuais tentativas sucessivas (por exemplo: "valabo", "lalabo", "lavabo"). Enfim, observa-se que os distúrbios aumentam com a extensão da palavra.

---

* N.T.: "*Je*"= "eu"; "*rue*"= "rua".

** N.T.: "*Chaise*" (cadeira), lê-se [ʃɛZ] mas será pronunciada "saise" [SɛZ] ou "saije" [Sɛʒ]; "*chat*" (gato); "*chou*" (couve).

68 Aquisição da linguagem

O conjunto das alterações que as crianças provocam nas palavras corresponde, como acontece na criança em período de aquisição, a "simplificações" das produções linguísticas do adulto. Elas agrupam:[12]

- substituições, troca de um fonema por um outro, relativamente melhor dominado:
  - "badone" para *"banane"*
  - "saise" para *"chaise"*
  - ***"anumette"*** para *"allumette"*
- omissões:
  - "ta" para *"table"*
  - "atu" para *"voiture"*
  - "gaçon" para *"garçon"*
- metáteses que se explicam pela atração que os fonemas exercem uns sobre os outros:
  - "kraçon" para *"garçon"*
  - "valabo" para *"lavabo"*
  - "formage" para *"fromage"*
  - "riadateur" para *"radiateur"*
  - "rapap(l)ui" para *"parapluie"*
- acréscimos que manifestam a tendência para reproduzir esquemas silábicos mais frequentes:
  - "bourouette" para *"brouette"*
  - "crocrodile" para *"crocodile"*
  - "castrole" para *"casserole"**

As principais deficiências desse sintoma situam-se no nível da articulação fonológica, designando dessa forma o domínio de vários processos concomitantes que se influenciam mutuamente. O distúrbio, aqui, não é mais simplesmente motor, mas especificamente linguístico; o indivíduo não terá nenhuma dificuldade para mostrar a língua se for solicitado. Esse distúrbio afeta, aliás, unicamente a palavra voluntária e não a palavra automática (a das exclamações, dos palavrões e das fórmulas de boa educação).[13] De fato, no uso voluntário da palavra, contrariamente

---

* N.T.: *"Banane"* (banana); *"chaise"* (cadeira); *"allumette"* (fósforo); *"table"* (mesa); *"voiture"* (carro); *"garçon"* (menino); *"lavabo"* (pia); *"fromage"* (queijo); *"radiateur"* (radiador); *"parapluie"* (guarda-chuva); *"brouette"* (carrinho de mão); *"crocodile"* (crocodilo); *"casserole"* (panela).

Distúrbios da linguagem oral e da comunicação na criança   69

àquilo que se passa em caso de disartria, o indivíduo permanece capaz de realizar com precisão um fonema ou uma sílaba isolada, mas terá dificuldade para enunciar os fonemas no contexto constitutivo da palavra que será emitida. Por exemplo, ele poderá perfeitamente pronunciar separadamente as sílabas "pan", "ta" e "lon", mas se lhe pedirem para pronunciar *"pantalon"** para denominar uma imagem de calça ele proporá, sucessivamente, "tantalo" ou "panpalon".

Quando fizermos o diagnóstico, lembraremos que é preciso observar se há ou não diferença de realização entre a pronúncia do fonema isolado ou quando ele entra na constituição de uma palavra, apoiado ou não pela palavra escrita, e verificar se se trata de uma verdadeira palavra ou de um logatomo.**

Finalmente, é preciso não esquecer que os sons pronunciados não são sempre reconhecíveis, como nos exemplos citados, e pode acontecer de ser muito difícil e, até mesmo, impossível de compreendermos essas crianças.

b) *Distúrbios da prosódia*

A prosódia designa as características suprassegmentais que, na realização da palavra, escapam a uma análise em fonemas ou em segmentos. Essas características incluem a entonação, a acentuação, a elocução e o ritmo da palavra. Muito cedo, desde o primeiro ano, a criança os utiliza nas produções vocais cujos contornos tomam valores diferenciados, de tal sorte que é possível rapidamente atribuir-lhes significações em termos de atos de linguagem. Em francês, é no início do segundo ano que as crianças dominam os traços da prosódia de sua língua. E é isso que permite que seus enunciados sejam compreensíveis para os que as cercam, apesar das incertezas da articulação fônica.

No que se refere à patologia da prosódia, o distúrbio maior, se colocarmos de lado as consequências dos déficits auditivos, é constituído pelos distúrbios da fluência verbal e, mais particularmente, pelo *gaguejamento*.[14]

As tentativas de definições que os pesquisadores-clínicos formulam sobre o gaguejamento são, ao mesmo tempo, fruto de uma observação direta da palavra e de uma certa concepção teórica da linguagem. É em função dessa observação-concepção da linguagem que o interesse se volta seja para o conjunto da personalidade e do comportamento do sujeito, seja somente para sua fala. Alguns consideram a fala como sendo alcançada nela própria (é o ponto de vista dos fonoaudiólogos); para outros, esses acidentes da fala são o sintoma de distúrbios mais profundos (é a opinião, sobretudo, dos psicanalistas). Duas definições chamam a atenção. A primeira, de Van

---

* N.T.: "Calça".

** N.T.: O termo designa uma sequência de sílabas criadas pelo profissional-clínico que não corresponde a uma palavra da língua. O objetivo é avaliar o domínio do paciente com relação aos fonemas e às sílabas, sem a preocupação com o aspecto semântico. Assim, pode-se inventar as sequências "parapo", "matuli" etc.

Riper, destaca a reação e o comportamento do indivíduo frente a um momento de dificuldade da fala: "um momento de gaguejamento, diz-nos o autor, é uma palavra que é mal organizada temporalmente, assim como a reação do locutor após a emissão dessa palavra".[15] Gertrude Wyatt, por sua vez, não considera o gaguejamento como uma deficiência da linguagem verbal: "o gaguejamento [nos diz ela] não é uma deficiência ou um distúrbio, mas uma dificuldade nas tentativas de comunicação da criança com um adulto importante".[16]

Na realidade, parece que se pode, ao mesmo tempo, distinguir e associar, aqui, distúrbio da fala e distúrbio do comportamento ou da interação. É assim que procede Amina Bensalah ao reservar a palavra *gaguejo* para designar *as formas de manifestações do gaguejamento* que são as *retomadas-repetições*, os *bloqueios tensões* e *os alongamentos vocálicos*. O processo que dá lugar a esses gaguejos constitui o que se chama de "um momento de gaguejamento". Assim, o momento de gaguejamento enquanto tal é anterior à forma de manifestação do próprio gaguejo. Ele já está lá e pode se concretizar na fala por uma das formas de gaguejos ou todas reunidas. Portanto, o *gaguejamento* aparece como o resultado, o produto de diversos tipos de gaguejos. O gaguejamento pode apresentar-se no plano da realização linguística:

– seja como uma repetição inesperada de sílabas-sons (90% dos gaguejos se dão na sílaba inicial do enunciado),[17] de monemas inteiros e, mais raramente, de sintagmas;

– seja como bloqueio, em determinado momento, de certas sílabas-sons. Essas paradas-bloqueios podem ser acompanhadas ou não por uma tensão muscular. Essa tensão muscular pode ser bem visível e se dar em várias partes do corpo, ou ser bem discreta, localizando-se apenas no nível da laringe. Desse modo, se ficarmos bem atentos, vemos que o indivíduo não está completamente relaxado, sobretudo na região do pescoço e do rosto, e podemos então ouvir ruídos da glote. As observações feitas com a ajuda da eletroglotografia* mostram que antes mesmo de começar a falar os indivíduos gagos apresentam subidas espasmódicas da laringe. Mas podemos nos perguntar se esses diferentes graus de tensão que estão ligados à parada-bloqueio da fala aparecem "primeiro" ou são o resultado de uma tentativa do sujeito de querer dominar e canalizar essa tensão para tentar evitar o gaguejamento. É com frequência, por ocasião desses momentos de tensões, que percebemos *sincinesias* do olho, *comissuras* dos lábios, *crispações* das mãos.** Como essas repetições e essas tensões-bloqueios se dão no momento em que o indivíduo tenta falar, tem-se como consequência uma modificação maior ou menor do *continuum* prosódico da fala. Assim, podemos

---

* N.T.: Radiografia da glote e da laringe.

** N.T.: As sincinesias do olho correspondem aos movimentos incontroláveis, involuntários do olho; as comissuras dizem respeito a um ponto de união dos lábios; as crispações são as contrações involuntárias das mãos.

Distúrbios da linguagem oral e da comunicação na criança   71

perceber "elevações de tons" na voz (picos agudos) ou, ao contrário, extinções da voz em uma espécie de espasmo. Percebemos, igualmente, prolongamentos vocálicos e consonânticos em lugares em que normalmente eles não são encontrados.

É, de fato, a frequência desses "acidentes" da palavra e seu aparecimento em lugares inesperados que lhes conferem um caráter de "anormalidade".

Por outro lado, parece possível distinguir vários tipos de gaguejamentos.

Um gaguejamento ou vários gaguejamentos?

Alguns autores diferenciam dois tipos de gaguejamento. *O primeiro aparece à medida que a criança cresce e se desenvolve*, com um pico por volta de 4 a 6 anos. Para esse tipo, não há de fato uma causa aparente e as etiologias são diversas. Duas ideias se apresentam no que concerne a sua intensificação por volta de 4 anos: uma corresponderia ao momento da estruturação da linguagem e ao grande desejo que mostram certas crianças de se comunicar enquanto ainda não têm meios de fazê-lo; a outra questiona a relação afetiva da criança com seu meio direto. Em torno de 6 anos, a manifestação dos gaguejos corresponderia ao momento da escolarização da criança.[18]

Quanto ao segundo tipo de gaguejamento, ele é apresentado como sendo muito diferente do primeiro, pois está ligado a lesões cerebrais e a traumatismos de ordem psicológicas e psicossomáticas. Os pesquisadores se interessam por ele na medida em que pode trazer um esclarecimento sobre o primeiro tipo de gaguejamento.

Encontra-se em toda a literatura que a idade de aparecimento dos *gaguejos* se situa entre 2;6 e 3 anos. Por várias razões, esses gaguejos podem desaparecer com o domínio da linguagem ou persistir. Em alguns indivíduos, esses gaguejos terão um caráter grave e serão constrangedores; em outros, serão mais ou menos discretos e pouco embaraçosos. Na literatura francesa do gaguejamento, esse distúrbio seria quatro vezes mais frequente entre os meninos do que entre as meninas e representaria 15% dos distúrbios da fala e da linguagem na criança. Ele persiste em 1% da população geral.[19]

• *Os distúrbios morfossintáticos*

Aqui estão alguns exemplos[20] da maneira como um enunciado do tipo "*le vélo est suivi par la moto*",* repetido corretamente por 90% das crianças de 4 anos, sem distúrbio linguageiro, é repetido por crianças disfásicas de 7, 8 ou 10 anos que apresentam distúrbios morfossintáticos:

---

* N.T.: "A bicicleta é seguida pela moto".

"le vélo est pou(R)suit par la moto"	"a bicicleta é pe(R)seguida pela moto"
"le vélo suivi de la moto"	"a bicicleta seguida da moto"
"suivi à moto à vélo"	"seguido a moto a bicicleta"
"le vélo suivi par les motos"	"a bicicleta seguida pelas motos"
"la moto est suivie avec le vélo"	"a moto é seguida com a bicicleta"
"le vélo s'est suivi par la moto"	"a bicicleta seguiu-se pela moto"
"le vélo l'est suivi par le vélo"	"a bicicleta o seguiu pela bicicleta"
"le vélo il suivi(t) la moto"	"a bicicleta ela segui(u) a moto"
"le vélo est ititi la moto"	"a bicicleta é ititi a moto"
"le vélo elle est suivie par le moto"	"a bicicleta ela é seguida pela moto"
"le vélo a moto"	"a bicicleta tem moto"
"le vélo il est suivi à la moto"	"a bicicleta é seguida em moto"

Os ritmos de aquisição da morfologia e da sintaxe são muito variáveis de uma criança à outra, de tal forma que sua apropriação apresenta uma grande diversidade, tanto no que se refere à idade em que as crianças a efetuam (de fato, essa apropriação distribui-se entre 18 meses e 4 anos) quanto no que se refere às modalidades de seu desenvolvimento. Algumas crianças irão muito rapidamente a enunciados complexos, enquanto outras ficarão mais tempo no estágio das estruturas mínimas. Em compensação, quando o desenvolvimento prossegue normalmente, "é a partir do momento em que se estabelece uma combinatória que se pode chamar sintática que se desenvolvem igualmente as unidades gramaticais".[21]

Em caso de distúrbio morfossintático, tipos de enunciados e de unidades gramaticais são igualmente afetadas. O distúrbio diz respeito, então, à capacidade de combinar as palavras em enunciados e às diferentes marcas linguísticas que explicitam as relações de subordinação e/ou de coordenação dos constituintes do enunciado (preposições, conjunções, advérbios) ou atualizam a ancoragem referencial e/ou discursiva do nome e do verbo (determinantes e pronomes). Em caso de déficit nesse nível, a criança não entra na combinatória na idade esperada, e, quando aparecem os enunciados com vários termos, o domínio das estruturas também não corresponde à idade da criança.

Certamente, a severidade do comprometimento é variável, "indo da inabilidade sintática ao agramatismo, com, sobretudo neste último caso, elisão das 'pequenas palavras' funcionais (artigos, pronomes...), ausência de conjugação dos verbos e perturbação da ordem das palavras".[22]

• *As disnomias ou distúrbios da lembrança das palavras*

Na criança, a evocação de palavras pode ser perturbada. Trata-se de um distúrbio sutil que somente provas de evocação, como a denominação de imagens, podem evidenciar.

As respostas da criança são então entremeadas de parafasias semânticas ou fonêmicas e de perífrases. A disnomia pode ser isolada, mas normalmente é observada associada a outros distúrbios da linguagem. Ela foi descrita nos gaguejamentos e em certas dislexias.

Enquanto TSDL, a disnomia foi menos estudada que os outros distúrbios. É verdade que só uma exploração aprofundada pode colocá-la em evidência, e isso com a ajuda das já mencionadas provas específicas que são as denominações de imagens. Mas pode acontecer, no entanto, de ela se revelar no discurso espontâneo que se apresenta então entremeado de hesitações, de condutas de busca da palavra (tentativas repetidas para encontrar o fim de uma palavra cujo início é articulado) e de retomadas que alteram sua fluidez.

Considerada um distúrbio de evocação, a disnomia pode ser às vezes relacionada às características fonológicas do léxico, como demonstraram autores tais como Le Dorze e Nespoulous.[23]

• *Os distúrbios semântico-pragmáticos*

Aqui, não se trata mais deste ou daquele nível linguístico, mas da função da linguagem em sua dimensão comunicacional.

Assim, é no contexto das interações que os distúrbios se manifestam; as crianças que sofrem desses distúrbios não parecem compreender a função da linguagem nem sua utilidade, elas com frequência fazem perguntas, mas não prestam atenção às respostas e podem também brincar de maneira estereotipada e interminável com palavras ou frases. Uma compreensão inteiramente literal não lhes permite perceber a ironia, as brincadeiras ou as metáforas.

Essas deficiências pragmáticas são observadas no autismo infantil, mas também em crianças que não apresentam síndrome autista.

Esses "níveis" não são sempre alcançados de modo exclusivo, quer se trate da expressão e da recepção ou dos diferentes níveis linguísticos, cujo déficit (o sintoma) pode se combinar de muitas maneiras, sendo os comprometimentos plurimodulares os mais frequentes. A classificação de Rapin e Allen é uma nosologia que pretende dar conta das combinações de sintomas.

As síndromes ou combinações de sintomas

Essas autoras propõem uma nosologia, isto é, uma classificação dos TSDL baseada em observações clínicas longitudinais e sincrônicas de crianças em idade pré-escolar e escolar. Ao reagrupar as crianças em função das características mais marcantes de sua expressão linguageira oral, de seu comportamento interativo e de sua aparente compreensão, elas definiram síndromes determinadas por suas dimensões linguageiras perturbadas, intactas ou variáveis.

74 Aquisição da linguagem

Essa classificação, que data de 1983,[24] compreende as sete seguintes síndromes:

- a síndrome fonológico-sintática;
- a síndrome severa da expressão com uma boa compreensão;
- a agnosia auditivo-verbal;
- a síndrome do autismo sem linguagem articulada;
- a síndrome do autismo com ecolalia;
- a síndrome semântico-pragmática sem autismo;
- a síndrome sintático-pragmática.

Visto que são as menos severas e não associadas ao autismo que inscrevem os distúrbios da linguagem em uma grave perturbação da personalidade, nós apresentaremos três dessas síndromes:

- a síndrome fonológico-sintática;
- a síndrome sintático-pragmática;
- a síndrome semântico-pragmática sem autismo.

A síndrome fonológico-sintática

É o mais frequente de todos os distúrbios disfásicos. Além de dispor de um vocabulário limitado, a criança também faz uso de um estilo telegráfico.

O domínio do nível morfossintático (arranjo das palavras no enunciado e utilização das palavras gramaticais) é bem diferente do que se observa durante a aquisição da linguagem por uma criança sem distúrbios. Não somente as crianças que apresentam essa síndrome utilizam de maneira reduzida morfemas gramaticais, quer se trate de conectivos ou de flexões nominais e verbais, mas também produzem enunciados que comportam excepcionalmente mais de uma oração e, sobretudo, observam-se em seu discurso enunciados agramaticais, "dessintáticos",* "como "le bébé est pleurer(é)".**

O comprometimento pode ser ainda maior, considerando-se o fato de que numerosas crianças afetadas por essa síndrome apresentam sinais de uma desordem neurológica, sendo que a mais marcante é uma disfunção oromotora: dificuldades de sucção, de mastigação, de deglutição, dificuldades para imitar movimentos da língua que evocam a possibilidade de uma patologia pré-frontal que, quando é extensa, atingirá o córtex motor. Ao mesmo tempo, se um déficit motor pode influenciar a capacidade

---

* N.T.: Termo adotado pela autora para designar um distúrbio no cruzamento da sintaxe e do léxico. É o chamado "distúrbio específico da sintaxe enquanto controle da seleção de monemas e morfemas em um dado contexto". Em outras palavras, trata-se de um distúrbio que não se manifesta pela falta de palavras gramaticais, mas pelo distúrbio de seleção cruzada.

** N.T.: "O bebê é chorar".

de articular certos sons e certos grupos de sons, ele não pode explicar as omissões e as inversões que caracterizam as produções dessas crianças, tampouco as distorções morfossintáticas. Enfim, o fato de as capacidades fonológicas de algumas dessas crianças, que têm uma função oromotriz normal, terem os mesmos comprometimentos, e o fato de algumas dessas crianças terem melhores desempenhos durante uma repetição do que durante uma expressão espontânea sugerem que todas elas se enquadram na mesma síndrome caracterizada por um comprometimento da *fala*.

Todavia, essa síndrome não reagrupa falhas totalmente homogêneas, já que, em algumas crianças, a capacidade de reprodução de palavras e de frases dá lugar a melhores desempenhos do que suas produções espontâneas, enquanto em outras acontece o contrário, e a imitação acarreta uma fonologia e uma sintaxe aberrante.

Segundo Laurent Danon-Boileau,[25] se a característica mais evidente do discurso afetado por um distúrbio fonológico-sintático reside em uma redução ou uma supressão das palavras gramaticais, a sintaxe continua presente por meio da entoação e da ordem das unidades, da ordem tema/rema, dos tipos de enunciados (declarativo, interrogativo, exclamativo) e da ordem para distinguir o sujeito do objeto.

Segundo esse autor, o distúrbio não seria de essência sintática e "não é tanto a sintaxe que é falha, mas o recurso ao material fonológico que serve para exprimir certas relações gramaticais entre os enunciados e entre os termos de um enunciado".[26]

Há várias explicações para isso:

- observaremos inicialmente que os elementos gramaticais não têm significado independente: servindo para ligar elementos de sentido, eles não têm significado em si. Essa característica pode tornar mais difícil sua evocação;

- por outro lado, no discurso de tais crianças, observa-se que quanto mais a morfologia é independente, mais ela é acessível. Assim, alguns elementos gramaticais aparecem mais facilmente que outros: pronomes e artigos são utilizados com mais frequência do que os sufixos gramaticais de pessoa e de tempo. Enfim, não se deve colocar todos os sufixos no mesmo plano: as marcas de tempo e de pessoa ("*mang-er*" → "*manger-ons*")* são mais facilmente produzidas que as marcas de derivação lexical ("*boulanger*" → "*boulangerie*").**

O estabelecimento dos fonemas que corresponde à morfologia de um enunciado apresenta, assim, mais dificuldades do que a evocação dos fonemas dos significantes lexicais. Esse distúrbio fonológico-sintático não associaria um distúrbio fonológico a um distúrbio da sintaxe, mas sim uma alteração da fonologia a certos aspectos da sintaxe e, mais particularmente, à morfologia.

---

* N.T.: "Com-er" → "comer-emos".

** N.T.: "Padeiro" → "padaria".

Para uma criança que tem dificuldade para produzir tais unidades, duas estratégias compensatórias parecem possíveis: de um lado, utilizar preferencialmente o léxico e, de outro, produzir enunciados curtos. De fato, tais crianças utilizam pouco a linguagem oral que é objeto de um verdadeiro desafeto, daí o nome de "ecônomos comedidos", que lhes foi dado por Ajuriaguerra[27] e Diatkine.[28]

Um primeiro objetivo da reeducação consiste em fazer a criança reinvestir na linguagem, apesar dos "erros" que ela pode cometer.

A síndrome sintático-pragmática

É a única síndrome na qual a sintaxe é gravemente desestruturada, enquanto a fonologia é normal ou quase normal. As palavras funcionais são frequentemente omitidas, enquanto as inflexões morfológicas, a dos verbos em particular, estão intactas. O uso da linguagem é muito limitado: nomear imagens e objetos não apresenta, comumente, dificuldades para as crianças afetadas dessa síndrome, mas formular ou responder a questões abertas de maneira apropriada lhes é quase impossível; daí a designação de sintático-pragmática dada ao distúrbio.

Segundo Rapin e Allen,[29] pode se tratar de um estágio de recuperação em uma criança que estaria gravemente perturbada anteriormente.

A síndrome semântico-pragmática

As crianças que têm a síndrome semântico-pragmática sem autismo possuem uma linguagem expressiva verbal muito fluída. Em geral, os enunciados que produzem são sintaticamente corretos, fonologicamente intatos e constituem, à primeira vista, "uma boa linguagem". De fato, em um grande número de nosografias, esse distúrbio é mencionado no capítulo dos distúrbios "puros" (TSDL) com, todavia, algumas reservas, como se não fosse um distúrbio da mesma natureza. Esse tipo de distúrbio parece realmente envolver a criança em seu conjunto. E, se a linguagem utilizada é formalmente normal, nota-se uma séria deficiência na capacidade de codificar uma significação que seja pertinente em relação à situação conversacional e uma incapacidade bem marcada para começar um discurso comunicativo.

O termo "semântica" remete aqui à "coerência interna daquilo que é dito e à adequação ao discurso do objeto visado pelo pensamento".[30] É a articulação entre linguagem, processo cognitivo e representação que está em jogo aqui.

E o que caracteriza o discurso da criança é sua ausência de adequação ao tema e à situação de comunicação: ele é frequentemente desconexo e comporta digressões em cadeia como se o indivíduo deixasse seu propósito derivar "ao fio dos pensamentos que lhe sugerem as próprias palavras". Alguns autores falam em "*cocktail party syndrom*", fazendo referência ao gênero de discurso que muda de "pato para ganso" e que é repleto de fórmulas prontas que são trocadas em situações de interação. Essa síndrome é observada em crianças que não apresentam disfunção cerebral, mas é observada igualmente em crianças hidrocéfalas. É uma síndrome que recobre várias etiologias. Todavia, ela difere do que se pode observar no autismo ou na psicose.

Contrariamente ao que se pode encontrar na linguagem de crianças autistas evoluídas, os discursos de crianças que sofrem do distúrbio semântico-pragmático não são, ou são pouco, *presos aos detalhes de uma realidade minuciosamente inventariada* e comportam nenhuma ou pouca estereotipia.

Em comum com os discursos psicóticos, observa-se a frequência surpreendente de passagem de "pato para ganso", mas nesse caso ainda subsiste uma diferença importante: a linguagem semântico-pragmática é apenas incoerente, difluente, desconexa e instável; além disso, ela não pode construir facilmente uma narrativa. Ao contrário, a criança psicótica "volta a certos temas de predileção ou de inquietação e os organiza às vezes em histórias cujas contradições não excluem, no entanto, uma coerência interna que se aproxima da do sonho".[31]

Enfim, as dificuldades dessas crianças permanecem no domínio do uso da linguagem, seja no nível da compreensão, seja no da expressão; a compreensão de uma conversa é igualmente perturbada, mesmo se inclui frases curtas ou isoladas; elas reagem frequentemente às perguntas por respostas aparentemente não pertinentes.

Um exemplo desses usos "que se desviam" da linguagem aparece em um estudo feito em colaboração com Marie-Mercédès Vidal.[32] Nesse estudo, a análise de uma série de "conversas," tidas com três crianças logorreicas que apresentam graves distúrbios da personalidade, mostrou um distúrbio da comunicação que associa a particularidade da prosódia e a especificidade do modo de inserção dialógica.

Assim, o estudo fonético das curvas melódicas de seus enunciados assinala um gesto vocal fortemente estereotipado que se observa na forte dominância de um mesmo esquema melódico, dominância que pode acarretar ambiguidades para o ouvinte quanto à modalidade de certos enunciados (por exemplo, asserção ou interrogação?), como se essas crianças tivessem dificuldades para sair de seu "padrão musical". Muitos enunciados sucessivos são, assim, produzidos com esse esquema constante e isso sem levar em conta o interlocutor.

Por outro lado, se, como todas as crianças sem distúrbios e ávidas para se descrever, essas três crianças logorreicas tomavam majoritariamente a iniciativa dos temas abordados, elas não se entregavam em seu discurso, e a logorreia não era aqui sinônimo de "eu me descrevo", no sentido corrente do termo. Em compensação, tudo se passa como se essas crianças estabelecessem uma relação interativa que lhes permitisse permanecer senhoras da comunicação *nas* e *por* suas produções linguageiras, fato que pôde ser interpretado a partir das seguintes características:

78 Aquisição da linguagem

• se a organização temática das trocas linguísticas se caracteriza pelo fato de que as crianças são, em sua maioria, introdutoras dos temas abordados, o fato marcante é que estes últimos são os mais frequentemente introduzidos pelo viés de questões dirigidas ao adulto. Esse modo de questionar é de fato preponderante em duas das crianças; na terceira, menos, embora também presente;

• sobretudo, uma porcentagem muito elevada dessas perguntas propõe temas não ligados aos do discurso adulto. A continuidade temática proposta é, assim, incessantemente abandonada pela criança em favor de seus temas de predileção;

• se o adulto, por sua vez, tenta se esquivar ao questionamento da criança, esta não renuncia, como podemos ver no exemplo seguinte:

Frédéric:	... ahan, e você, o que faz?	*(... euh qu'est-ce que tu fais autrement?)*
Adulto:	bem, ahan eu prefiro que você me conte as coisas	*(ben euh moi je préfère que ce soit toi qui me racontes des trucs)*
Frédéric:	e você monta a cavalo? você monta a cavalo?	*(et toi tu montes à cheval toi? tu montes à cheval?)*
Adulto:	não, eu disse a você que eu tinha medo de cavalo	*(non, je t'ai dit que j'avais peur à cheval moi)*
Frédéric:	bom ahan você começou a montar?	*(bon euh t'as commencé à monter?)*

• enfim, as respostas do adulto à criança não são levadas em conta por esta última ou, quando o são, são unicamente sob a forma de fatemas acusando recepção da resposta. Excepcionais são as perguntas precisas. E, mais frequentemente, as respostas do adulto são imediatamente seguidas de uma nova pergunta sobre um outro tema:

Frédéric:	você fuma?	*(tu fumes?)*
Adulto:	Não	*(non)*
Frédéric:	política?	*(de la politique?)*
Adulto:	Hein?	*(hein?)*
Frédéric:	Você se envolveu na política?	*(tu as fait de la politique?)*
Adulto:	Um pouquinho	*(un petit peu)*
Frédéric:	Droga, não é muito bom, você tem?	*(c'est pas tellement bien de la drogue t'en as?)*

• com certa frequência, um questionamento em cadeia é constituído por uma série de perguntas emitidas de forma acelerada e sem nenhuma pausa que possa dar

Distúrbios da linguagem oral e da comunicação na criança   79

possibilidade, ao adulto interlocutor, de responder. É a estratégia dialógica adotada por Bruno na seguinte tomada de turno:

Bruno:	"por que às vezes é assim? por que é sempre igual? por que é sempre igual? não por que é sexta-feira? por que quando é sábado não é quarta? por que é assim depois? por que às vezes os números não são iguais? hein?"	*"pourquoi des fois c'est comme ça?* *Pourquoi c'est toujours pareil?* *Pourquoi c'est toujours pareil?* *pas pas pourquoi c'est vendredi?* *Pourquoi quand c'est samedi* *pourquoi c'est pas mercredi?* *Pourquoi c'est comme ça après?* *pourquoi des fois les nombres c'est* *pas pareil?* *hein?"*

Nela observa-se, em contrapartida, a perfeita autocontinuidade do sujeito.

Assim, se a logorreia é acompanhada de grande rapidez na elocução, e as tomadas de turno infantis são, mais frequentemente, de curta duração, ela não se associa ao estilo monológico característico da criança "tagarela", mas a uma organização dialógica que aparece predominantemente sob a forma de encadeamentos questões/respostas, dos quais a criança dirige o desenvolvimento. Esse tipo de questionamento não pode, no entanto, ser interpretado como uma aproximação do outro, levando-se em conta a pouca atenção dada às respostas propostas e a rapidez das mudanças de temas provocadas pelas questões. Mas ela consegue, contudo, manter o interlocutor em situação de "não-questionador".

Sinais tais como expressão vocal sob forma de um cantarolado repetitivo e estereotipado e especificidade do lugar dialógico indicam, nas crianças logorreicas, uma disfunção do comportamento interativo.

Disfasias variáveis

Os distúrbios da linguagem e da comunicação na criança apresentam heterogeneidades em níveis diferentes:

- primeiramente, como em todas as crianças, no interior de uma mesma síndrome, cada uma tem um estilo linguageiro que lhe é próprio e uma "disfasia particular";

- no entanto, como acabamos de ver, uma classificação em síndromes permite distinguir tendências gerais e *"exprimir com precisão o caráter variável da disfasia, postulando que essa heterogeneidade não é mais unicamente uma questão de características individuais das crianças disfásicas, segundo o ditado 'a cada um sua disfasia'"*;[33]

80 Aquisição da linguagem

- por outro lado, autores como Rapin e Allen nos chamam a atenção para o fato de que suas categorias não são estáticas, i.e., durante seu desenvolvimento, a criança disfásica pode evoluir de uma categoria a outra. Tal constatação reforça a ideia de que uma avaliação clínica regular das competências linguísticas e linguageiras da criança que apresenta TSDL se revela indispensável;

- enfim, como na criança sem distúrbios, as produções linguageiras das crianças disfásicas diferem segundo as situações de enunciação e, mais precisamente, segundo os valores que assumem os parâmetros que definem o contexto de enunciação em uma situação particular.

Após esse "desvio" nosológico, parece importante evocar os modos de cuidar e tratar esses distúrbios do desenvolvimento da linguagem e da comunicação, pois ao sair o diagnóstico coloca-se a questão da remediação. As práticas de prevenção, de observação/avaliação e de tratamento das disfunções linguageiras e comunicativas implicam a escolha de teorias de referência (ciências da linguagem, psicologia, psicanálise etc.).

Evocamos aqui perspectivas de remediação integrando as dimensões pragmáticas, dialógicas e interacionistas do desenvolvimento linguageiro.

Da corrente reeducativa à terapia da linguagem e da comunicação

Toda prática de prevenção, de avaliação e de tratamento das disfunções linguageiras e comunicativas na criança apoia-se em uma ou várias teorias de referência que dizem respeito ao desenvolvimento da linguagem na criança sem distúrbios. Em relação à evolução das teorias linguísticas e, sobretudo, à passagem de uma abordagem estrutural da palavra e da frase para uma abordagem discursiva/textual e pragmática das produções linguageiras, assistimos a uma evolução na elaboração dos instrumentos de avaliação e das práticas de reeducação.

Em uma abordagem estrutural, é o domínio dos signos linguísticos e de sua combinação em palavras, depois em frases ou enunciados, que é analisado e, em seguida, avaliado. Essa perspectiva enfatiza a relação som/sentido das unidades linguísticas independentemente de sua relação com o contexto de enunciação que se estende, com mais frequência, para além do enunciado e inscreve este último em uma situação caracterizada por sua ancoragem espaço-temporal, mas também pelos interlocutores presentes. Uma abordagem discursiva e pragmática, ao contrário, integra a relação das práticas linguageiras à sua situação de enunciação.

A abordagem estrutural inspirou inicialmente a corrente reeducativa que, ao acentuar o interesse do estudo da linguagem dita "espontânea", recolhida em conversa com a criança, baseia-se em testes que exploram a linguagem nos diferentes níveis de sua constituição em código.

Esses testes (Chevrie-Muller, por exemplo) examinam as capacidades de codificar reagrupando as práticas bucofaciais, o controle fonológico, assim como a construção de enunciados a partir de duas ou três palavras.

Há uma década, outros modos de exploração surgiram, permitindo considerar as dimensões discursiva e pragmática da linguagem. Um autor como Christophe Loïc Gerard,[34] paralelamente aos testes sobre os aspectos estruturais da linguagem, propõe situações "monogeradas" – como a narrativa de contos – e situações "poligeradas" em diálogos com simulação – como o diálogo de a "vendedora", em que a criança deve representar alternativamente o papel da vendedora e depois o do(a) cliente. Tais contextos ou situações permitem interessar-se pela interação em sua dimensão linguageira e pelas capacidades da criança em gerar algo "a dizer", levando em conta o que disse o interlocutor, a tomada de turno de acordo com as possibilidades do momento conversacional, a adaptação de sua verbalização ao papel que lhe é atribuído.

Enfim, como enfatiza também Christophe Loïc Gerard,[35] a disfasia deve se inscrever no conjunto dos distúrbios do desenvolvimento que atrapalham a criança em sua construção como sujeito social e afetivo. Não se trata somente de um déficit quantificável desta ou daquela dimensão linguística ou linguageira, mas é também um sofrimento que acompanha o indivíduo ao longo de sua vida e que se exprime diferentemente a cada idade. Há vários anos, igualmente, a fonoaudiologia considera a criança disfásica como um "ser de linguagem" com história e subjetividade próprias. E, ao mesmo tempo em que dá uma atenção particular às dificuldades linguageiras da criança enquanto tais, a conduta terapêutica caracteriza-se por levar em conta distúrbios como sintoma portador de um sentido para o sujeito: "qual é a mensagem que o paciente procura transmitir? Qual sentido esse distúrbio tem para ele? Que sentido tem para os que o cercam? etc. Se os distúrbios da linguagem não podem ser apreendidos fora dos contextos em que são enunciados, é preciso igualmente levar em conta a história familiar, social e cultural da criança disfásica" ou, para retomar a formulação de Christophe Loïc Gerard,[36] tentar "apreender a história infeliz das relações de uma criança com sua linguagem".

(Tradução: Guacira Marcondes Machado Leite)

Notas

[1] "Qu'on pourrait en oublier la réelle complexité du système à maîtriser." (Maillart, 2003).

[2] "La différence entre le 'normal' et le 'pathologique' correspond plus souvent à un léger glissement sur une ou plusieurs dimensions qu'à une rupture radicale." (Dardier, 2004).

[3] "Par rapport aux repères caractérisant un développement normal." (De Weck; Rosat, 2003: 16).

[4] Cf. Bates e Thal, 1995; Nelson et al., 1985.

[5] Gerard, 1993.

[6] "Peuvent être directement liés à un déficit sensoriel ou moteur, d'autres peuvent appartenir à un tableau psychopathologique ou neuropsychologique dans lequel la pathologie n'est pas limitée au domaine du langage, enfin, ils peuvent entrer dans le cadre d'une pathologie dite 'spécifique du langage'." (Chevrie-Miller, 1999).

82 Aquisição da linguagem

[7] "Le développement du langage s'enracine dans un substrat neuroanatomique clair et par définition le profil langagier des enfants présentant des troubles du langage ne peut être expliqué par la présence de dommages cérébraux."

[8] "D'une bonne communication non verbale (pas de fuite du regard, bon recours au geste et à la mimique, ...)" (apud Danon-Boileau, p. 36).

[9] "Certains auteurs à affirmer qu'il existe un noyau dysphasique dans un certain nombre d'autismes, ou, au moins, qu'il existe des formes de passage entre ces deux types de pathologie." (Gerard, op.cit., 17).

[10] Chevrie-Muller, op.cit., pp. 206-11.

[11] Hudelot e Salazar-Orvig, 2004, pp. 45-78 e p. 50.

[12] Esses exemplos de alterações fonológicas são retomados do Tableau xiii-1. Apresentado por Chevrie-Muller, op.cit., p. 208.

[13] Danon-Boileau, op.cit., p. 38.

[14] Deixo, aqui, meus sinceros agradecimentos a Amina Bensalah, autora de *Pour une linguistique du bégaiement*, Paris: Lharmattan, que me forneceu o material para uma redação inspirada em sua obra.

[15] "Un moment de bégaiement, nous dit l'auteur, est un mot qui est mal organisé temporellement, ainsi que la réaction du locuteur qui suit l'émission de ce mot." (Van Hiper, apud Herbert, op. cit., p. 190).

[16] "Le bégaiement n'est pas une déficience ou un trouble de l'ensemble du comportement verbal, mais une difficulté dans les tentatives de communication de l'enfant avec un adulte important. " (Wyatt, 1973, p. 187).

[17] Pfauwadel, 1986.

[18] O aparecimento do gaguejamento por volta de 6 anos, no momento da escolarização, é atualmente contestado. Pois, se se considera a hipótese do rompimento com o meio familiar, alegada por alguns autores para explicar o aparecimento do gaguejamento nesse momento, ela não parece mais verdadeira hoje. Com efeito, esse rompimento com o meio familiar dá-se cada vez mais cedo (jardim da infância, maternal etc.) e, por isso, o contato com as instituições de tipo escolar não é mais um acontecimento novo na vida da criança.

[19] Le Heuzey, 1984, p. 217.

[20] Apud Maillart, na página introdutória de sua tese, op. cit.

[21] "C'est à partir du moment où se met en place une combinatoire que l'on peut appeler syntaxique" [que] "se développent également les unités grammaticales." (Hudelot e Salazar-Orvig, op. cit., p. 60).

[22] "Allant de la maladresse syntaxique à l'agrammatisme, avec, notamment dans ce dernier cas, l'élision des 'petits mots' fonctionnels (articles, pronoms...), l'absence de conjugaison des verbes et la perturbation de l'ordre des mots." (Chevrie-Muller, op. cit., p. 209).

[23] Le Dorze e Nespoulous, Anomia in moderate aphasia: Problems in accessing the lexical representation, *Brain and Language*, n. 37, pp. 381-400, 1989.

[24] Rapin e Allen, 1983.

[25] Danon-Boileau, 2004, op. cit., pp. 40-3.

[26] "Ce n'est pas tant la syntaxe qui est défaillante que le recours au matériau phonologique servant à exprimer certaines relations grammaticales entre les énoncés et entre les termes d'un énoncé."

[27] Ajuriaguerra et al., 1970.

[28] Diatkine, 1985.

[29] Rapin e Allen, op. cit.

[30] "La cohérence interne de ce qui est dit et à l'adéquation du discours à l'objet visé par la pensée." (Danon-Boileau, op. cit., p. 47).

[31] "Revient sur certains thèmes de prédilection ou d'inquiétude et les organise parfois en histoires dont les contradictions n'excluent cependant pas une cohérence interne qui s'apparente à celle du rêve."

[32] Vidal e Préneron, 1985.

[33] "A chacun sa dysphasie" (De Weck, 1996, p. 198).

[34] Gerard, op. cit.

[35] Idem, p. 12.

[36] Idem, p. 11.

Bibliografia

AJURIAGUERRA, J. et al. Organisation et désorganisation du langage chez l'enfant. *Manuel de Psychiatrie de l'enfant.* Paris: Masson, 1970, pp. 329-53.

CHEVRIE-MULLER, C. *Le Langage de l'enfant:* aspects normaux et pathologiques. 2. ed. Paris: Masson, 1999.

DANON-BOILEAU L. *Les Troubles du langage et de la communication chez l'enfant.* Paris: PUF, 2004.

DARDIER, V. *Pragmatique et Pathologies.* Rosny-sous-bois: Bréal Éditions, 2004.

DE WECK, G.; ROSAT, M-C. *Troubles dysphasiques:* comment raconter, relater, faire agir à l'âge préscolaire. Paris: Masson, 2003, p. 16.

DIATKINE, R. Les Troubles de la parole et du langage. In: DIATKINE, R; LEBOVICI, S.; SOULÉ, M. (eds.). *Traité de psychiatrie de l'enfant et de l'adolescent.* Paris: PUF, 1985, pp. 385-423.

GERARD, Ch-L. *L'Enfant dysphasique.* 2. ed. Paris-Bruxelles: Editions De Bœck Université, 1993.

HUDELOT, C.; SALAZAR-ORVIG, A. Conduites Langagières du jeune enfant. *Apprendre à parler:* influence du mode de garde. Paris: Harmattan, 2004.

LE HEUZEY, M. F. L'Intérêt de l'évaluation quantitative dans l'examen et le traitement du bégaiement. *Entretiens de Bichat.* Paris, 26 sept. 1984.

MAILLART C. *Origine des troubles morphosyntaxiques chez des enfants dysphasiques.* Louvain, 2003. Thèse (Doctorat en Sciences Psychologiques: logopédie) – Université Catholique de Louvain.

PFAUWADEL, M. *Être bègue.* Paris: Le Hameau/Retz, 1986.

RAPIN, I.; ALLEN, D-A. Developmental Language Disorders. In: KIRK, U. (ed.). *Neurophychology of language, reading and spelling.* Academic Press: New York, 1983, pp. 155-84.

VIDAL, M. M.; PRÉNERON, C. Prosodie et Mode d'insertion dialogique chez trois enfants logorrhéiques. *Études de Linguistique Appliquée,* n. 57, Troubles et dysfonctionnements du langage chez l'enfant. Paris, Didier, pp. 96-113, 1985.

WYATT, G. *La Relation mère-enfant et l'acquisition du langage.* Bruxelles: Dessart, 1973.

Aquisição da L2: compreender como se aprende para compreender o desenvolvimento da competência em interagir em L2

Marie-Thérèse Vasseur

> [...] a operação de comunicação é uma aprendizagem permanente do modo de se comunicar: os códigos e as linguagens não são sistemas estáticos que se pode aprender definitivamente. São, antes, sistemas de modificação das convenções e das premissas que governam a maneira pela qual as mensagens devem ser elaboradas e interpretadas. [...] todo sinal que não é reconhecido e se perde é, de certa forma, uma fonte de sofrimento para cada um (dos interlocutores).
>
> (G. Bateson)

Procurar compreender e estudar a utilização e a apropriação de uma língua estrangeira consiste, sem dúvida, em se perguntar sobre a base teórica e sobre os métodos de análise, mas também significa, sobretudo e inicialmente, colocar-se a questão dos objetos privilegiados para o estudo, objetos escolhidos como observáveis. Essa questão é o ponto de partida desse capítulo dedicado a um breve panorama dos trabalhos que serviram de base para a constituição e o desenvolvimento da área e que levaram certos pesquisadores a centrar-se no mundo da interação *interlíngue*. Ela é o centro da reflexão apresentada nas páginas que seguem.

Por muitas razões e, em particular, sem dúvida, porque durante décadas, se não séculos, a consideração que se atribuía à língua chamada "estrangeira" estava ligada a seu ensino e, mais especificamente, à melhoria desse ensino, a atenção e a observação ficaram voltadas por muito tempo para a própria língua. Ao mesmo tempo objetiva, modelo abstrato a ser imitado e interiorizado, referência construída para avaliar as palavras dos indivíduos aprendizes, a língua, dita "língua-alvo", mobilizava toda a atenção. Ela era central também porque era de sua descrição, principalmente de sua gramática, que se tiravam recomendações pedagógicas.

O desenvolvimento da pesquisa em Psicologia da Aprendizagem, particularmente das teorias do comportamento,[1] e o interesse progressivo dos linguistas pela aprendizagem (além do ensino) das línguas[2] provocaram um deslocamento importante da atenção dos pesquisadores. Uma breve apresentação dessa virada teórica servirá, aqui, de introdução a um panorama dos trabalhos que se sucederam e, progressivamente, introduziram uma outra perspectiva – que será mais desenvolvida no item seguinte.

Os anos estruturalistas e behavioristas: o condicionamento e a transferência

Nos anos 1940 a 1950, a Linguística Estruturalista triunfa. A ênfase é dada à concepção da língua como sistema sob a influência predominante de Saussure (cujo curso foi publicado em 1916) e ao estudo da língua oral em situação, que é redescoberto nos anos 1950 na França graças às pesquisas sobre o Francês Fundamental e impulsionadas por Gougenheim[3] no Credif (Centre de Recherche pour la Difusion du Français).[4]

Nos Estados Unidos, essa linguística, representada essencialmente por Bloomfield, reúne os adeptos da teoria behaviorista/comportamentalista (Skinner, após Pavlov) para propor uma definição da linguagem como comportamento adquirido, isto é, como modo organizado de reagir a um estímulo.[5] "A linguagem [diz Bloomfield] permite que uma pessoa suscite uma reação quando uma outra sente o estímulo (S)",[6] o que é ilustrado pelo esquema seguinte:

$$S \rightarrow r \rightarrow s \rightarrow R$$

A língua é concebida como uma rede de hábitos, um jogo de associações entre estímulos e reações/respostas estabelecidas pelo reforço em uma situação social.

O ensino/aprendizagem de uma língua é assim considerado como um processo mecânico de formação de hábitos com a ajuda de estímulos e de respostas visuais e sonoras (como, por exemplo, as frases de um diálogo e as imagens correspondentes em um manual ou tela). Aprender é adquirir uma conduta de reflexo, como faz o cão de Pavlov que saliva ao ouvir a campainha ou o rato que aprende a abrir a armadilha do alimento.

Desde os primeiros anos da Segunda Guerra Mundial, essa abordagem estruturo-behaviorista foi aplicada nos serviços de ensino e treinamento de línguas do exército americano (*Army Special Training Program*, dito ASTP) e, um pouco mais tarde (anos 1960 a 1970), na formação do pessoal do *Peace Corps*, tudo isso encorajado e mantido pelo impulso tecnológico e pelo desenvolvimento dos laboratórios de línguas.

Um outro desenvolvimento que veio da Linguística Estrutural dos anos 1930 a 1940: a Linguística Contrastiva também "flertou" com o behaviorismo, desenvolvendo a noção de "transferência", fundamento do fenômeno chamado de "interferência". Essa noção de interferência funda uma dupla conduta:

– uma conduta descritiva: compara-se o sistema linguístico dito "fonte", o sistema linguístico dito "alvo" e descrevem-se as diferenças (fonológicas, morfológicas, sintáticas, lexicais). Essas descrições foram publicadas por Robert Lado nas *Chicago Contrastive Series*.[7]

– uma conduta preventiva que quer auxiliar os aprendizes a evitar erros, esses reduzidos então a interferências apenas. Apoiando-se em métodos emergentes do ensino programado que dirige uma aprendizagem por patamares mínimos, sem erros, elaboram-se livrinhos de exercícios e manuais especialmente adaptados de acordo com a língua de origem dos aprendizes.

Além do fato de essa abordagem fundamentar-se em uma representação homológica realidade/língua muito simplificadora e em uma apresentação dos elementos pré-recortados dessa realidade, ela apoia-se em uma hipótese errônea. Logo se percebeu que, de fato, longe de poderem ser evitadas, as interferências constituíam um fenômeno normal e natural na aprendizagem das línguas. Da mesma forma, o *fenômeno de erro*, tão estigmatizado, é um fenômeno positivo, e não negativo, que não se deve penalizar e impedir. A falha ou, antes, o erro,[8] é vestígio de um processo cognitivo que nos orienta em direção às hipóteses do aprendiz e, portanto, para seu trabalho ativo de apropriação.

A falha e o erro: a virada para a *interlíngue* e o aprendiz

Vários autores[9] mostraram, um pouco mais tarde, como se constituiu um novo campo de estudos em torno do dialeto idiossincrásico do aprendiz[10] ou da *interlíngue*,[11] que firmemente tirava o foco da *língua-alvo*. Para chegar a isso, os pesquisadores, após Corder,[12] afastaram-se progressivamente do objeto *falha*, observável, fascinante, e de sua análise, que tinha como consequência fragmentar a pesquisa, atendo-se a unidades linguísticas isoladas e a sua junção sintática. O objeto visado não era mais o acidental, mas o regular e o sistemático, isto é, o erro, sua reprodução e, afinal, a regra. Os pesquisadores, impulsionados por Corder, dedicaram-se, portanto, a reconstruir os sistemas de erros dos aprendizes. Nessa perspectiva, a importância da língua dita "materna" (daqui em diante L1) e sua influência sob formas de interferências, por muito tempo consideradas como a última explicação das dificuldades, encontravam-se relativizadas, e a língua de origem era apenas um dos fatores explicativos de certos tipos de erros produzidos pelo *aprendiz*.

Seguindo esse questionamento explicativo, seria lógico, com efeito, procurar as diferentes origens de todas as produções errôneas encontradas no aprendiz e indagar sobre como justificar, ao mesmo tempo, o caráter sistemático e a variabilidade dessas formas, das quais algumas não se relacionavam nem com a L1 nem com a língua estrangeira ou segunda (daqui em diante L2). De fato, tornou-se evidente que não se podia analisar as produções do aprendiz como uma sequência de formas enganadas e incoerentes, mas que se descobria nelas uma sistemática subjacente, revelada tanto pelos erros do locutor quanto por seus não-erros, enfim, pelo conjunto de seu discurso.

As propostas teóricas de S. P. Corder e sua noção de *dialeto idiossincrásico,* assim como as elaborações de Selinker em torno daquilo que esse pesquisador chamava *interlinguagem,* traduzida em seguida em francês por *interlíngue,* eram o desfecho desse longo encaminhamento. A noção de *interlíngue,* ou melhor, de *língua de aprendiz,* permitiu assim que se afastasse pouco a pouco a hipótese deficitária que enquadrava anteriormente a análise das produções do aprendiz. Um dialeto *é uma língua no sentido saussuriano do termo,*[13] deixa claro Corder, pensando-se, sobretudo, no caráter sistemático e se esquecendo, por algum tempo, o aspecto de "bricolagem" da utilização dos materiais no discurso, e, portanto, a articulação entre esses dois aspectos. Isso deveria permitir a compreensão de como as pessoas aprendem uma língua estrangeira era, além apenas dos sistemas de erros que manifestam só parcialmente a competência dos aprendizes, a descrição dessa língua original, desse "leto",* como dirão mais tarde Klein e Perdue.[14]

Corder insistiu, e também os autores pré-citados depois dele, sobre o interesse da descrição-análise da *interlíngue* e sobre suas características, ao mesmo tempo específicas e comuns a toda língua. A língua do aprendiz não é em si observável. Ela é observada através de sua palavra viva, suas produções, dizia-se, cujas características são essencialmente a variabilidade e a instabilidade, estando esta última característica ligada em parte ao movimento da adaptação-aquisição. Ela oferecia, portanto, um interesse particular àqueles que, como Corder, desejavam compreender os processos de aquisição, isto é, seguir seu trabalho de elaboração através das diferentes etapas.

Na época de seus escritos sobre a teoria da *interlíngue,* Corder[15] recorria a Chomsky e evocava a oposição performance-competência como quadro de reflexão. A observação das características da performance, ou mais amplamente da palavra do locutor, devia nos dar acesso à competência do aprendiz, a sua língua. Essas características são as formas linguísticas, as estruturas de enunciados utilizadas pelo locutor e suas recorrências que revelam o que se pode chamar de regras do sistema.

Tornava-se, então, necessário levar em consideração todas as situações em que o locutor deve se comunicar em uma língua estrangeira; a situação institucional não era mais a única situação a ser considerada e, portanto, observável. Segundo Corder,[16] que cita Krashen,[17] a gramática (em termos de sistema de regras) que o aprendiz constrói para si depende dos modelos com os quais este último está em contato, logo, depende

---

* N.T.: Sistema linguístico original utilizado por apenas um locutor (uma criança ou um estrangeiro): é um idioleto. O sistema utilizado por um grupo, uma comunidade de locutores, é o dialeto.

das situações e modos de comunicação que ele encontra. A situação escolar é mais uma "gramática de referência", um saber próximo daquilo que os psicolinguistas, Bialystok,[18] por exemplo, chamam de *saber declarativo*, do que uma "gramática mental", próximo do *saber procedural* que se elabora independentemente de um ensino explícito, *através da atividade real de comunicação*.[19] Essas hipóteses sobre a gramática mental constituem o quadro decisivo da análise da *interlíngue*. Essa gramática é, por definição, inobservável, mas suas manifestações podem ser observadas. Todas as produções do aprendiz são manifestações potenciais de sua gramática.

Metodologicamente, o deslocamento também é importante. Não se trata mais somente de localizar e dar destaque para explicar os desvios que dão o caráter original da língua do aprendiz, em comparação com as formas esperadas da L1 e as formas conhecidas da L2. O método é aquele de todo linguista ou, antes, etnolinguista, que descobre um novo campo e uma nova língua. Todo locutor em situação de utilizar uma outra língua, que não a sua L1, para se comunicar com outros em situações e atividades as mais diversificadas é, para o analista, um informante potencial. A escolha e a análise dos dados se apoiarão sobre o princípio geral de representatividade, de confiabilidade e de pertinência. Distinguiremos, segundo as técnicas habituais centradas na comutação, as unidades nos campos fônico, morfológico ou sintático. As constantes localizadas – mesmo variáveis e instáveis – correspondem àquilo que se pode chamar de regras da língua do aprendiz.

Corder foi convincente. Dos anos 1970 aos 1990, as propostas que fez e as metodologias que recomendou foram postas em prática, e os conhecimentos sobre as características e a evolução da língua dos aprendizes avançaram.

Os trabalhos que serão sintetizados a seguir – e que podem ser lidos à luz da questão dos observáveis – surgiram e ganharam sentido no contexto teórico evocado anteriormente. Eles serão apresentados segundo três eixos principais. O primeiro desses eixos saiu diretamente do modelo teórico de Corder: é a língua do aprendiz e sua descrição. A partir desses primeiros trabalhos sobre a língua, dois outros eixos abrem totalmente a perspectiva: trata-se da concepção do aprendiz como estrategista, depois da redescoberta da fala mista desse aprendiz. Esses dois últimos eixos emergem naturalmente da atenção dada à fala produzida, orientada para o outro e para sua língua. A riqueza do próprio termo *aprendiz*, repetido e retomado um pouco em toda parte, comprova, dessa forma, a posição central que esse conceito ocupa.

Na base dessa evolução da reflexão, podemos, desde o início, estabelecer o triângulo dinâmico

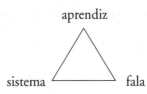

90 Aquisição da linguagem

que prometia abertura para a área que trataremos – principalmente nas páginas seguintes – a saber, a interação *interlíngue*. Os três elementos que compõem esse triângulo são, entenda-se bem, indissociáveis, é apenas artificialmente que nós os dissociaremos, abordando-os um após o outro para fins de apresentação e análise.

O estudo do objeto *interlíngue* e de seu desenvolvimento

Portanto, a hipótese de partida proposta por Corder, colocando o sistema idiossincrásico do aprendiz no centro do desenvolvimento, orienta definitivamente o trabalho do pesquisador. Será preciso que ele descreva as características desse sistema, reagrupe-as, compare-as e faça todas as generalizações possíveis sobre essa *interlíngue*.

A dimensão sincrônica da língua do aprendiz

Três dimensões estão implicadas nessa pesquisa e análise do sistema linguístico do aprendiz. Trata-se inicialmente da dimensão sincrônica de extração das constantes, a partir de um conjunto delimitado de palavras do locutor/aprendiz. Esse tipo de descrição, tal como é apresentado em Trévise e Porquier,[20] permitia, na verdade, descrever em um dado locutor o conjunto ou alguns dos diferentes subsistemas da língua, como, por exemplo, as estruturas predicativas[21] ou os pronomes pessoais.[22] Da mesma forma, pode-se, aproximando as análises, comparar as características linguísticas de subgrupos de locutores, por exemplo, de locutores "*penjabis*" instalados na Grã-Bretanha.[23] O objetivo desses estudos sincrônicos era descrever – sobre uma base de dados comparáveis, recolhidos em condições idênticas e em torno das mesmas atividades (em conversas, por exemplo) – aspectos dos sistemas linguísticos dos locutores, procedendo à observação das formas utilizadas por cada um/a dos interlocutores/as. Essas análises permitiam que se distinguissem estruturas comuns aos diferentes aloglotas* e mesmo estruturas partilhadas com alguns locutores francófonos em contato constante com as informantes. Elas permitiam também acentuar preferências, talvez ligadas a características individuais ou a condições variáveis de exposição. Observaremos a seguir os limites desse tipo de estudo monográfico que, apesar de permitir ilustrar o caráter de sistematicidade e de variabilidade da *interlíngue*, necessita ser complementado pela análise da outra dimensão fundamental da *interlíngue* para que se possa falar de aquisição: a dimensão longitudinal, a qual foi desenvolvida por programas mais ambiciosos.[24]

---

* N.T.: O termo será explicado adiante.

O desenvolvimento: dimensão longitudinal e comparativa

Considerando um desenvolvimento não diretamente observável, o objetivo era então compreender por quais etapas passa a língua do aprendiz. Para isso, impunha-se a necessidade de acompanhar, no decorrer do tempo, as produções do aprendiz. Os trabalhos se ativeram, portanto, ao aspecto diacrônico ou longitudinal da *interlíngue*. A análise consiste, nesse caso, em localizar as diversas formas utilizadas ao longo do tempo por um mesmo locutor e a induzir nelas a evolução das regras de sua *interlíngue*. Propomo-nos obter assim indicações sobre o ritmo, os estágios de constituição do sistema e, a partir disso, de desenvolvimento da competência. A etapa seguinte consistirá em comparar esses estágios de desenvolvimento para grupos determinados de locutores.

O desejo de ampliar a base de dados, para verificar a possibilidade de generalização das hipóteses, leva ao mesmo tempo a encarar a dimensão comparativa das descrições paralelas de sistemas sincrônicos ou diacrônicos – que podem dizer respeito a dois ou mais de dois locutores, dois ou mais de dois grupos ou populações de aprendizes – e a atingir a dimensão translinguística. Foi um dos principais objetivos do Programa Europeu de Pesquisa sobre a Aquisição de Segunda Língua por Adultos, em meio social (chamado programa ESF, porque fora financiado pela Fundação Europeia da Ciência, ou *European Science Foundation*). Nesse projeto, conduzido por cinco equipes europeias coordenadas (Grã-Bretanha, Alemanha, França, Países Baixos e Suécia) e que se desenvolveu durante cinco anos (1983-1988), comparavam-se as produções, durante cerca de trinta meses, de seis grupos de adultos de diversas origens e línguas (línguas-fonte ou LF: penjabi, italiano, turco, árabe, espanhol e finlandês), aprendendo línguas (línguas-alvo ou LA) diferentes (inglês para os penjabi e os italianos, alemão para os italianos e os turcos, neerlandês para os turcos e os arabófonos, francês para os arabófonos e os hispanófonos, sueco para os hispanófonos e os finlandeses). O total, de acordo com o esquema seguinte:

Essas análises comparativas visavam a distinguir os traços comuns interindividuais, translinguísticos e desenvolvimentistas da aquisição da LA. Elas visavam também a situar suas variações em função de elementos já assinalados, tais como fatores de variações interindividuais e, em particular, a língua de origem, a língua-alvo, a duração da permanência, a situação de comunicação e a atividade efetuada.

Os observáveis retidos para a análise eram constituídos de unidades e de estruturas linguísticas que exprimiam os diferentes aspectos de universos de referências tidas como as mais fundamentais (a referência temporal, a referência espacial, a referência à pessoa) e de construtos linguísticos específicos (a estrutura do enunciado e a elaboração do léxico). Um último objeto de análise pertencia à esfera da interlocução: tratava-se do funcionamento do *feedback* e da intercompreensão. Em todos os casos, procurava-se avaliar as modificações progressivas e seu ritmo de aparição na língua do aprendiz.

Mesmo sendo complementares, os dois aspectos principais, a expressão da referência (e, portanto, a produção linguística) e a intercompreensão, pertencem a diferentes escalas. Isso se traduziu claramente numa abordagem, sobretudo, do tipo monológica para a análise da expressão da referência, enquanto para a análise da intercompreensão a abordagem era forçosamente dialógica. As análises opõem-se de fato por essa diferença essencial que diz respeito aos observáveis e a seu tratamento. Essa divergência metodológica foi uma oportunidade para alguns pesquisadores, pois foi nessa fenda ou, digamos, nessa articulação que pouco a pouco se concretizou a preocupação com a dimensão interacional e, portanto, a mudança de paradigma determinante na pesquisa sobre a apropriação da língua do outro.

Tomaremos o exemplo do tratamento da expressão do tempo. Dois aspectos interessam-nos aqui particularmente. Inicialmente, todo discurso, em toda língua, implica indicações dêiticas ou anafóricas que derivam da dimensão temporal. A abordagem conceptual, tal como foi praticada no programa ESF e em outros que se seguiram, supõe que os observáveis não são as únicas formas utilizadas pelo locutor e reconhecidas como formas utilizadas por locutores da L2. Nesse sentido, devemos nos interessar por unidades linguísticas enquanto tais, isto é, por suas duas faces, considerando que o valor dessas unidades, para um locutor aloglota, pode se revelar muito diferente do valor que os nativos lhe atribuem. A questão recai, portanto, sobre a organização linguística da expressão de categorias semântico-conceptuais. Por exemplo, semanticamente, referir-se ao tempo consiste em situar os acontecimentos em relação ao momento da enunciação ou a outros acontecimentos temporais e em poder indicar sua forma de desenvolvimento (o aspecto). Essa entrada conceptual permite-nos observar como línguas diferentes e, portanto, os locutores aprendizes, em sua iniciativa onomasiológica (isto é, de produção de sentido utilizando formas disponíveis), organizam a percepção que elas/eles têm do tempo para exprimir essa dimensão sob suas diferentes formas.[25] Esse primeiro momento da análise permite examinar, em seguida, como se faz a passagem de um tipo de organização a outro. Em toda língua, os meios linguísticos para exprimir o tempo competem em diferentes níveis linguísticos (o lexical, o morfológico, o sintático, o discursivo). Além disso, pode-se levantar a hipótese de que sua distribuição será variável segundo as línguas e seu grau de distância, e que essa diferença marcará de uma ou outra maneira o desenvolvimento da L2.

Em seguida, assim como a marca da referência ao espaço é constituída pela posição e pela postura do ser humano em pé (à frente/ atrás, à esquerda/ direita, no alto/ embaixo) e sua transposição possível a um outro *origo*,*[26] a marca fundamental da expressão do tempo é um outro ponto de ancoragem do ser humano, isto é, o momento da enunciação. Portanto, só é possível considerar a elaboração do novo sistema de expressão do tempo como uma atividade que não está separada da situação de enunciação e de comunicação.

As escolhas metodológicas que se impuseram, então, ao estudo do desenvolvimento dependem de duas exigências: privilegiar os gêneros discursivos que necessitam do emprego, particularmente importante, de meios de referência ao tempo; depois, logicamente, levar em conta nesse emprego a relação de intercompreensão e seus problemas na interação com o outro.

O gênero que, no momento da comunicação, parecia se prestar melhor a essa análise era o gênero narrativo. O desenvolvimento dos meios da referência temporal foi assim analisado na produção de narrativas, espontâneas ou provocadas, recolhidas no quadro das conversas regulares com os informantes.[27] Essas narrativas dialógicas apareciam muito espontaneamente e, às vezes, em acontecimentos marcantes e de maneira reiterada. Elas eram completadas por tarefas experimentais ou semiexperimentais elaboradas especialmente para a análise, como foi o caso de outros universos como a referência espacial.[28] Uma técnica especial foi utilizada, independentemente do universo do programa, para confirmar, verificar e precisar as formas utilizadas ou a compreensão dessas formas. Trata-se da autoconfrontação: o informante é convidado a ouvir novamente a gravação de suas produções uma semana após a conversa para comentar com o pesquisador nativo as formas obscuras e/ou o grau de compreensão. Essa tarefa produzida e dirigida oferece informações complementares frequentemente insubstituíveis.

De uma maneira geral, esse tipo de tarefa metalinguística, como todas as *atividades reflexivas* mais naturais de qualquer diálogo,[29] oferece, além de um complemento apreciável de informações sobre a *intuição* do aprendiz,[30] uma ocasião de distanciamento e de retorno a dizeres nem sempre controlados ou controláveis na urgência da interação. Esses procedimentos espontâneos de retomada, solicitação e reformulação permitem também, e sobretudo, tornar clara a compreensão e a intenção da significação. Compreende-se, pouco a pouco, que elas constituem uma articulação fundamental e natural do diálogo. Elas estão presentes na menor troca linguística que, às vezes, só se realiza por meio de um vai e vem, como nessa conversa entre B (Berta) e um dos pesquisadores:

---

* N.T.: Trata-se do termo em latim que significa "a origem", "a referência".

94 Aquisição da linguagem

Segmento 1:

1- B.: e agora eu começo [o de/a] um estágio de francês em XXX*	B.: *et maintenant je commence [o de/a] un stage de français à XXX*
2- N.: você faz ahan +	N.: *tu le fais euh +*
3- B.: não não não	B.: *non non non*
4- N.: não?	N.: *non?*
5- B.: [o o] ahan eu começo *en el* mês de julho (...) (*corpus* ESF)	B.: *[o o] euh moi commence *en el* mois de juillet (...)* (*corpus* ESF)

O início da questão do interlocutor de Berta (turno 2) remete a última a seu enunciado (turno 1). De fato, por falta de marca temporal, esse enunciado aparece, na remissão que lhe é feita, como se referindo ao presente, ao momento da enunciação. Berta recusa essa interpretação (turno 3) e reformula seu enunciado, completando-o (turno 5) por um sintagma lexical "*en el* mois de juillet" que situa o acontecimento como prospectivo em relação ao momento da interação localizada no mês de maio (momento da conversa).

O exemplo anterior ilustra bem a atitude do locutor aloglota que, confrontado com necessidades conceptuais de expressão do tempo, pode estrategicamente recorrer a um certo número de expedientes diferentes, mesmo se os meios utilizados não são sempre os mesmos que seriam espontaneamente utilizados pelos nativos, sobretudo o recurso à L1. Aqui, a morfologia verbal é uma fonte de dificuldade, mas no diálogo e sob a pressão do interlocutor Berta manifesta seus recursos criativos recorrendo a unidades lexicais para se fazer compreender.

Essa constatação justifica a distinção que foi feita para o universo da referência temporal, entre os meios diretos ou especializados e os meios indiretos. Assim, foi possível dizer que os meios linguísticos diretos de referência temporal que se desenvolvem mais precocemente são, sem contestação, os meios lexicais (advérbios temporais dêiticos, como "*agora*", "*ontem*", "*logo*", ou anafóricos como "*naquele momento*", "*na véspera*", "*depois*"; sintagmas nominais que utilizam, sobretudo e inicialmente, as unidades especializadas do calendário, como "*em setembro*", "*en* *[do] mês*", "*de seis anos a catorze*" ou, como no exemplo anterior, "*en el* mês de julho"). O desenvolvimento desses meios lexicais e léxico-sintáticos prossegue durante um longo período, antes que apareçam, de modo variado segundo as línguas em contato, as formas verbais especializadas na expressão do tempo.

Paralelamente, o locutor faz um amplo uso dos meios indiretos pragmático-discursivos, visto que eles não são específicos de uma língua particular. Ele recorre, por exemplo, a lexemas verbais que, por suas propriedades semânticas, dão indicações

---

* N.A.: As convenções de transcrições adotadas aqui são as seguintes: *...* passagem em L1; (...) passagem não transcrita; +++ +++ pausa de duração proporcional ao número de +; [...] transcrição fonética; xxxx passagem incompreensível.

temporais (por exemplo, o significado de "*permanecer*" em "*ele permanece*" orienta para o aspecto inconcluso), à associação com um índice que se relaciona com outro universo, como o espacial ("*no Chile*", remetendo ao passado para o refugiado chileno), à utilização temporal de conectivos não-temporais como "*porque*", ou, simplesmente, à sequencialidade do discurso ("*ele vem, ele permanece aqui, ele partiu*").[31]

Globalmente, o que emerge do estudo da aquisição dos meios linguísticos de expressão da temporalidade em francês por aprendizes arabófonos e hispanófonos debutantes é que, ao fim de 30 meses de observação, os aprendizes adquiriram uma boa competência para exprimir a temporalidade, utilizando com muita habilidade a estrutura do discurso combinada com um riquíssimo repertório de expressões e de advérbios temporais, contando também com as inferências por parte do interlocutor. Contudo, um problema subsiste entre todos os locutores: a distinção de aspecto no passado, marcada gramaticalmente em francês pela oposição passado composto/imperfeito, não parece de forma alguma adquirida, mesmo pelos aprendizes mais avançados.

Esse estudo mostrou também, como se poderia esperar, que a língua-fonte próxima (aqui, o espanhol) tem um efeito facilitador sobre a percepção e a precocidade das tentativas de utilização dos meios linguísticos percebidos como familiares: "*quand*" (quando), por exemplo, muito próximo de "*cuando*" (em espanhol), é logo utilizado. Mas constatou-se que a semelhança estrutural entre os sistemas verbais facilitava pouco a construção das categorias temporais verbais. Por oposição aos arabófonos, no entanto, os hispanófonos analisam claramente os segmentos pré-verbais que utilizam correntemente como *auxiliares* (ou pronomes). A língua-alvo, o francês, intervém pelo aspecto opaco de seu sistema de formas verbais, o que pode estar relacionado às dificuldades encontradas por todos os aprendizes. Isso será confirmado pelos estudos sobre a aquisição que fazem os hispanófonos do sueco, no qual a ausência de unidades descontínuas, isto é, de formas com auxiliar, acelera nitidamente a construção do sistema verbal.

Tendo por base esses resultados, questionou-se sobre o que fazia progredir a expressão da temporalidade para estados de língua mais próximos da língua avançada. Três tipos de hipóteses foram propostos. Há inicialmente a necessidade de falar sobre a complexidade de certos objetos de comunicação, acontecimentos, situações, relações que a conivência improvável, as inferências impossíveis ou apenas a sucessividade do discurso não permitem reconstruir de modo satisfatório. A percepção de que a diversidade das desinências verbais deve assumir uma função e a atenção que lhe pode ser dada são outras.[32] Enfim, os modelos fornecidos e o apoio oferecido em geral pelo interlocutor nos diálogos com os nativos podem ser determinantes, assim como, sem dúvida, o desafio que representam as dificuldades de intercompreensão, o que se traduz por um recurso necessário aos procedimentos de compensação, retomada e reformulação, como demonstra o exemplo citado anteriormente. Abordaremos aqui a reflexão precoce sobre o aspecto estratégico da conduta do aprendiz.

A emergência de um "aprendiz" estrategista

A apresentação precedente pode deixar a impressão de que o locutor aloglota é considerado pelo pesquisador como um simples e transparente vetor de dados a analisar, dados a partir dos quais o linguista reconstitui essa entidade abstrata que é a *interlíngue* para ler suas etapas de desenvolvimento e compará-las às análises feitas sobre outros dados produzidos por outros informantes.

O caráter provocador dessa observação está aí somente para acentuar o caráter artificial da apresentação que isola três entidades indissociáveis. No triângulo que evocamos anteriormente: língua – aprendiz – fala (segundo item), as três entidades são solidárias. Essa reconstrução do sistema abstrato que é a língua do aprendiz, à qual os pesquisadores se dedicaram durante algum tempo, remete, desde o momento em que nos preocupamos com o ritmo, às etapas e às dificuldades de seu desenvolvimento, àquilo que está na origem, ao locutor que constrói ou reconstrói na troca (comunicação) suas categorizações linguísticas, pragmáticas e socioculturais.

Aprendiz ou aloglota?

A questão da denominação no caso desse tipo de locutor é particularmente pertinente e decisiva. Como chamar essa pessoa de que se fala desde o início aqui e que é designada por Corder, Selinker e muitos outros com o termo de *aprendiz*? Na perspectiva de uma teorização da relação entre a aquisição de uma língua dita estrangeira e sua utilização, convém delimitar com precisão o conteúdo dos termos utilizados e, portanto, dos conceitos. Em várias situações, o sujeito que nos interessa é primeiramente um simples locutor que se comunica melhor ou pior com um outro locutor, do qual ele conhece mais ou menos a língua. Antes de toda análise, interessa-nos não utilizar precipitadamente, para designar esse locutor não identificado, o termo de *aprendiz*. Tal como o utilizávamos, após Corder e Selinker, ele designava os informantes das primeiras análises da *interlíngue*, isto é, em geral, os alunos cujas produções escolares e/ou experimentais constituíam os dados analisados. Nesse contexto em que o termo *aprendizagem* designa a apropriação enquadrada e/ou organizada escolarmente,[33] considera-se que, idealmente, os alunos e a instituição que os recebe compartilham o objetivo do ensino-aprendizagem em torno de exercícios formais centrados no objeto "língua". O termo, implicitamente, categorizou, por hábito e *a priori*, o aluno e, por extensão, com frequência, todo indivíduo que se esforça para utilizar uma língua estrangeira em todo tipo de situação não-escolar. Acontece que apenas as categorizações explícitas (*"nesse momento ele aprende espanhol para ir para o Chile"*) e/ou interacionais deveriam permitir utilizar o termo *aprendiz*, quando, na sala de aula ou na conversa, o locutor se mostra como se tivesse por objetivo a aquisição de uma competência na língua de seu interlocutor e "se faz de aprendiz" – como o analisam os conversacionalistas.[34] Senão, é sem dúvida mais indicado recorrer ao termo aloglota posto em circulação por B. Py[35] e que designa toda pessoa que está em situação de utilizar uma língua que lhe é estrangeira, sem prejulgamento de suas intenções se elas não são manifestas.

O aloglota, portanto, esforça-se para "se comunicar com a língua do outro"[36] e, sobretudo, para se comunicar *com o outro*. Como o instrumento verbal para fazê-lo lhe faz pouca ou muita falta, ele vai fundamentar sua colaboração com o outro em seus recursos estratégicos, como veremos a seguir.

A colaboração interlocutiva

Nas análises que saíram do programa ESF anteriormente evocadas sobre a construção dos meios de expressão do tempo, uma alusão muito rápida era feita ao papel do diálogo na localização e elaboração dos instrumentos linguísticos pelo locutor pouco *expert* na língua de seu interlocutor.

O estudo estava pouco integrado à análise e limitava-se, em relação aos dados observados, a uns pares de réplicas nas quais se mostrava o jogo das repetições-imitações e verificações-correções nas questões-respostas, como nos exemplos seguintes:

Segmento 2:

N.: Quanto tempo você ficou fora?	N.: *Combien de temps tu es parti?*
A.: quanto [tempo]? [kas] dias [...]	A.: *Combien de [tempo]? [kas] jours [...]*
N.: você se sente bem na França?	N.: *vous vous sentez bien en France?*
A.: sim, sim [jo sante] bem [...]	A.: *oui oui [jo sante] bien [...]*
N.: Na Bretanha você já havia ido?	N.: *en Bretagne, tu étais déjà allé?*
A.: sim sim eu [swi ale] à Bretanha	A.: *oui oui je [swi ale] à la Bretagne*
N.: Não, você já tinha ido uma outra vez à Bretanha?	N.: *non tu étais allé une autre fois déjà à la Bretagne?*
A.: não não [se] a primeira vez que [eu fico] sim [...] (corpus ESF)	A.: *non non [se] la première fois que [je reste] oui [...]* (corpus ESF)

A análise do esquema dialógico e de sua função, apenas esboçada nesse estudo, foi desenvolvida de modo mais ambicioso[37] mais tarde, especialmente em sua dimensão discursiva e longitudinal. A questão por detrás era a relação interação-aquisição. No âmbito do Programa ESF, e ao lado dele, tornava-se necessário, de maneira progressiva, ultrapassar o aspecto monológico das análises iniciais e esforçar-se, por meio de estudos empíricos de dados reais e, portanto, forçosamente dialógicos ou plurilógicos, para elaborar uma teoria da aquisição de uma segunda língua que integre a interação como forma natural e incontornável da palavra viva. Noyau e Porquier[38] e depois Extra e

Mittner[39] já tinham oferecido, nesse sentido, um quadro de reflexão muito rico e promissor sobre as diferentes formas de comunicação na língua do outro e, mais particularmente, sobre a colaboração entre os interlocutores em suas diferenças.

A reflexão enveredou pela abertura proposta por esses trabalhos. A análise das diferentes formas e variações da colaboração entre nativo e aloglota[40] possibilitou avaliar as conversações e seus momentos de fracasso e de sucesso e começar a situar, descrever, precisar os procedimentos discursivos e suas variações produzidas pelos interlocutores para estabelecer ou restabelecer uma intercompreensão. Dois grupos de fatores de variação foram estudados, por exemplo, nos dados ESF: a tarefa e seu roteiro mais ou menos previsível, assim como o grau de competência do locutor aloglota na língua. Desse modo, foi possível constatar que a conversação de enfoque interpessoal, embora no quadro de conversas, revela-se uma atividade propícia à colaboração, ao mesmo tempo, no plano do conteúdo e no da gestão da interação. Já na simulação com objetivo instrumental, como o pedido de informações ou as reclamações junto a um comerciante, a colaboração se limita sobretudo à regulação das tomadas de turno. Por outro lado, o grau de competência – muito dependente da duração e da qualidade dos contatos com os nativos e da proximidade das duas línguas, mas não apenas (os ritmos de aquisição podem variar de maneira consequente, como se constatou nesse programa) – corresponde a uma melhora da compreensão, um aumento das tomadas de iniciativa e dos meios de argumentação na interação.

A hipótese que se esboçava era a de um desenvolvimento dos procedimentos discursivos e dialógicos – que vinha juntar-se ao desenvolvimento dos meios linguísticos – como marcas de aquisição. Para verificar essa hipótese que se manifestou no âmbito do programa ESF, no interior do grupo que exercitava o desenvolvimento da intercompreensão, era preciso seguir, no aloglota, a evolução dos procedimentos utilizados para compreender e fazer-se compreender. Era preciso também verificar sua generalização. Foi o que se fez para o procedimento dialógico da "retomada (das palavras do outro)" do qual se podia pensar que ele podia ser considerado um indicador de apropriação em vista da elaboração das formas e da diversidade das funções.

Foi preciso reconhecer, no entanto, que as coisas eram muito mais complexas do que a hipótese nos permitia grosseiramente entrever. Certamente, pudemos verificar que as retomadas, suas diferentes formas e sua inserção têm, ao longo do desenvolvimento, a função de indicador de compreensão e de elaboração. Elas têm, também, a função de instrumento de memorização, de integração de novas formas e, provavelmente, de apropriação. Mas, de um lado, esse procedimento é extremamente sensível às diferentes variações da atividade de comunicação, e, de outro, é desigualmente distribuído segundo os locutores e seus estilos.

A hipótese simplista segundo a qual os estágios do desenvolvimento da incompreensão seriam caracterizados pela presença mais ou menos importante de certos procedimentos ou tipos de procedimentos (solicitações ou retomadas, por exemplo) era por demais limitada e mecânica. A conclusão que se impôs pouco a pouco é que a melhora da intercompreensão está baseada, na verdade, em um fenômeno de tipo acumulativo, que consiste, para o locutor aloglota, em recorrer a uma escolha cada vez maior de procedimentos que permitam colaborar. A retomada concebida como procedimento de esclarecimento, de verificação ou de memorização é um observável limitado demais quando se trata de dar sinais de melhora da competência na língua do outro. Seria necessário, então, orientar-se no sentido de se considerar o conjunto dos procedimentos e, além disso, os movimentos discursivos em uma perspectiva, antes de mais nada, dialógica.

Não foi diretamente que se iniciou essa abordagem mais dialógica e linguageira dos fenômenos de comunicação e de aquisição em língua estrangeira. O elo intermediário que chamou a atenção por algum tempo foi o estudo das estratégias de comunicação, cujo caráter de observáveis impôs-se, então, aos pesquisadores preocupados pela aquisição e, progressivamente, a intercompreensão, campos que desenvolveremos no próximo item.

Estratégias de comunicação

Apesar de tudo, a atenção dos pesquisadores tinha sido atraída bem cedo pelas soluções que os interlocutores imaginavam para se comunicar, isto é, apesar das dificuldades por vezes infinitas, por vezes tênues que encontravam. Falou-se, então, de estratégias de comunicação. A expressão designava os "esforços do locutor para comunicar sentido apesar das lacunas evidentes em seu sistema intermediário".[41] Centrada no locutor, no singular, e em suas deficiências ou lacunas linguísticas, essa definição remete em parte àquilo que Tarone chamou de *estratégias de produção*. Ela reflete, sobretudo, uma abordagem deficitária da competência do aloglota, considerando os esforços fornecidos como sendo de natureza compensatória.

Esse conceito de estratégia, de sucesso assegurado, não deixa de suscitar problemas quando se leva em conta as dificuldades de se distinguir entre conceitos vizinhos: processos e estratégias, estratégias e táticas ou simples procedimentos. Frauenfelder e Porquier,[42] referindo-se a trabalhos de psicólogos da aprendizagem e principalmente a Leontiev,[43] tentaram esclarecer o quadro, distinguindo o nível cognitivo dos processos do nível comunicativo das estratégias. Suas definições, paralelas àquelas elaboradas por Faerch e Kasper[44] um pouco mais tarde, apresentavam, desse modo, as estratégias como espécies de "planos" compensatórios "desenvolvidos pelo aprendiz, ou eventualmente seu interlocutor, quando apareciam na comunicação dificuldades ligadas a deficiências linguísticas do aprendiz".[45] Essas proposições constituíram pontos de referência importantes para os trabalhos que se sucederam e nos deram um quadro de observação fértil, embora com alguns limites, particularmente no nível do próprio conceito de estratégia.

100 Aquisição da linguagem

Logo, as *estratégias de comunicação*, como planos compensatórios, parecem fundamentar sua definição na presunção de intencionalidade sempre muito difícil de se observar, com exceção de quando se trata de condutas preventivas explícitas. Além disso, a perspectiva estratégica vê-se ampliada à dupla dimensão da utilização e da apropriação da L2. Ela se integra no modelo global elaborado então por Frauenfelder e Porquier,[46] que visa reagrupar o conjunto dos fatores (estatuto dos dados, implícitos ou explícitos, relações entre L1 e L2, relações entre produções de aprendizes e reações dos nativos) e dos processos (entrada-apreensão-integração-saída), intervindo no processo global de aquisição. Podemos, contudo, nos perguntar se o mesmo termo "estratégias" pode ser utilizado para designar, ao mesmo tempo, os percursos estratégicos de aprendizagem e procedimentos locais utilizados taticamente no momento em que problemas de compreensão se apresentam. Assim, as tentativas de tipologia – em particular as propostas paralelamente por Corder[47] e Faerch e Kasper,[48] que distinguem entre estratégia de risco por extensão dos recursos e estratégia prudente de resguardo e de redução formal ou funcional – remetem tanto à *bricolagem comunicativa*, ou seja, a curto prazo, quanto à constituição do repertório a longo prazo. Podemos, portanto, colocar a questão da validade desse observável nos dois níveis. Mas, antes de mais nada, trata-se de um observável?

De uma certa maneira, ao querer se dar observáveis da compreensão-aquisição, duplo processo inacessível à percepção, e da ação controlada e conjunta do aloglota e do nativo, os pesquisadores reintroduziram um certo grau de inobservável por meio do conceito de "estratégia". Talvez, então, essa incerteza, essa inacessibilidade explique o sucesso de noções como as de "marcadores" ou *marcas*[49] ou de *traços*[50], isto é, de fenômenos observáveis. Essa indecisão, não totalmente resolvida, em torno da noção explica também a definição recuada adotada em textos novamente centrados na intercompreensão, como o de Vasseur, que definiu as estratégias como "procedimentos de controle que utilizam os dois interlocutores para ajustar suas produções a suas necessidades de comunicação em uma determinada situação".[51]

Assim, as estratégias poderiam ser acessíveis por seus "marcadores", isto é, por seus procedimentos discursivos, formais, pontuais utilizados *in situ* por um e/ou outro interlocutor, e cujo estudo se desenvolveu sob o rótulo de "hipótese interacionista".[52] Mas certas condutas, particularmente preventivas, nós sabemos, permanecem totalmente implícitas. E a ambiguidade é praticamente constante quanto à função desses procedimentos. Afinal, eles visam ao estabelecimento da compreensão ou ao progresso no domínio dos instrumentos linguísticos? Corder[53] já havia levantado o problema. Não importa a estratégia escolhida, ela pode, com efeito, ser potencialmente utilizada para a comunicação pontual ou para o aprendizado.

Nesse estágio, por intermédio da noção de estratégia, o problema da implicação ou do grau de implicação do locutor, como muitos pesquisadores faziam então em

1990, era um meio de introduzir um observável mais válido, acompanhado no tempo, levado a certas marcas ou formas do discurso que o aloglota constitui em objetos de atenção e, presume-se, de aprendizagem. Desse modo, essa entrada permitia ressaltar a ligação entre atenção e aprendizagem, elemento importante da reflexão sobre a aprendizagem que se desenvolveria então nos trabalhos de Schmidt[54] e Huot e Schmidt[55] e a partir dos escritos de Tomlin e Villa,[56] por exemplo.

Essas observações sobre a noção de estratégia nos incitam, por sua vez, a confirmar a distância a se tomar em relação ao termo *aprendiz* como observável global único em relação ao amálgama intercompreensão-aquisição e em relação também a uma apresentação por demais monológica, uma vez que é centrada apenas nas estratégias do aloglota, naquilo que, com frequência, só é interpretado como contexto de aquisição. Acontece que, para compreender a intercompreensão e o que se chama de aquisição/apropriação da língua, a interpretação deve se basear não somente na análise do discurso do aloglota, mas também na observação dos acontecimentos interacionais e, nesse âmbito, dos comportamentos, das condutas de adaptação mútua dos interlocutores.

Um outro aspecto da fala do aloglota, a mistura das línguas, continua chamando também a atenção dos pesquisadores e traz à tona a questão das denominações e categorizações anteriores. Tratemos, então, dessa fala "mista".

A palavra mista como entrada no mundo bi/plurilíngue

O desenvolvimento da pesquisa sobre a aquisição da língua estrangeira foi marcado por aproximações entre linguistas e psicólogos. Após os empréstimos tomados pelas Linguísticas Aplicadas dos anos 1950 do behaviorismo (Skinner), das Psicologias da Motivação (Gardner e Lambert) e após um período de interesse para as pesquisas sobre o bilinguismo,[57] certos psicólogos europeus[58] manifestaram por esse campo de pesquisa um interesse renovado talvez pelos trabalhos empreendidos por linguistas em relação à aquisição das línguas estrangeiras. Isso acontece devido à tradução dos escritos de Vygotsky,[59] que trazem à tona, então, a função central da dimensão interacional para a aprendizagem.

A convergência dos psicólogos e dos linguistas se dava, sobretudo, em torno de um interesse comum para a construção de um modelo psicológico da aprendizagem da L2. É, sem dúvida, a razão pela qual os desenvolvimentos da Sociolinguística da Variação dos Discursos e da Etnografia, que nos anos 1970 faziam uma nova leitura da situação de comunicação,[60] haviam inicialmente passado mais ou menos desapercebidos junto aos pesquisadores de aquisição, entre eles Corder. Depois disso, os trabalhos de certos psicólogos sociais, próximos da Etnografia, começaram a contribuir para o surgimento de uma reflexão sobre o meio ambiente: S. Ervin Tripp,[61] por exemplo, esforçou-se por comparar a aquisição nas crianças bilíngues e monolíngues, insistindo para que se levassem em conta os quadros social e interacional. Os encontros entre sociolinguistas, etnógrafos e linguistas, depois os pedagogos, aconteceram um pouco mais tarde.

Fatores externos estavam intervindo para incentivar essa convergência da atenção dos diferentes pesquisadores: desenvolvimento dos meios e redes de comunicação, movimentos importantes de populações e cuidado necessário com esses locutores aloglotas, abertura das políticas educativas, colaborações científicas etc. Assim se explica, pelo menos em parte, o desenvolvimento e o início de pesquisas sobre a aquisição das línguas no meio natural.

A partir de 1982, as trocas de informação entre pesquisadores linguistas, psicolinguistas e sociolinguistas que analisavam os bilinguismos[62] provocaram ao menos dois efeitos nos trabalhos sobre aquisição de língua estrangeira que vieram logo a seguir: eles trouxeram à tona, novamente, a questão da apresentação convencionada do estatuto e do uso da L1 nas situações de comunicação entre nativos e aloglotas e suscitaram uma modificação do olhar lançado sobre as próprias situações de interação em aquisição de L2.

Os trabalhos que saíram desses campos diversos, cujo ponto de convergência é o encontro entre línguas e, portanto, entre locutores de diferentes línguas, vão comprovar essa mudança de olhar e a reorientação da análise. Nós nos deteremos um instante nessa evolução.

W. F. Mackey[63] já havia chamado a nossa atenção: necessitamos de uma concepção aberta de bilinguismo. Contrariamente à definição fechada de Bloomfield,[64] que chamava *bilinguismo* a situação dos locutores que têm uma competência equivalente nas duas línguas, ele propunha chamar *bilíngue* a toda situação que correspondesse ao encontro de duas línguas, e falar em *bilinguismo* quando um locutor fosse levado a falar uma outra língua que não a sua, qualquer que fosse seu nível de competência. Assim, da mesma forma que os habitantes de um cantão suíço, vizinho de outro, e as crianças ou os adultos migrantes, deslocados de um país para outro, são, por necessidade, bilíngues, todo aloglota, aprendiz ou não, pode também ser considerado bilíngue *emergente*. Nessa perspectiva, todo locutor que aprende uma língua estrangeira entra em situação de bilinguismo.

A língua de origem aparece, inevitavelmente, de forma clara ou em filigrana, nos discursos produzidos e, longe de ignorar ou afastar essas práticas ou esses vestígios por simplificação ou idealização de modelos, precisamos levar em conta essa presença. Nos primeiros momentos de aprendizagem da L2 em particular, não poderemos considerar a competência do aprendiz como uma competência monolíngue – de qualquer forma, nas próprias práticas dos monolíngues, ela raramente é considerada dessa forma.[65] Situar-se em uma perspectiva "monolinguista", segundo as palavras de Lüdi, é correr o risco de fazer aparecer o aloglota como, "antes de mais nada, alguém que não sabe (ainda) perfeitamente a L2".[66] É colocar-se em uma perspectiva "externa".[67]

Uma perspectiva "interna" consiste em levar em conta o fato de que o aloglota vai, através do desenvolvimento do domínio de uma segunda língua, desenvolver uma competência bilíngue e uma identidade bicultural original, que deveria lhe permitir "navegar" de uma comunidade à outra (com exceção dos casos de ruptura definitiva, quando houver). Essa observação de Lüdi vale, sobretudo, para os migrantes que integram uma comunidade nova e substituem, às vezes por muito tempo, aquela que eles deixaram. O "falar bilíngue"[68] desses novos locutores da língua do país que os acolhe, que se caracteriza pelo emprego alternado das duas línguas, toma, para todo locutor aloglota que entra em contato com uma segunda língua, formas mistas ou marcadas pela L1, mais ou menos discretamente, que evoluirão em função das situações e dos modelos que encontrarem. Como lembram esses autores, "o bilinguismo e o biculturalismo dos migrantes não são uma doença passageira entre duas fases de unilinguismo e de uniculturalismo, mas constituem, ao contrário, uma criação original"[69] fundamentada no princípio natural de pidginização e de vernacularização,[70] como mostram os trabalhos que se referem aos pidgins e crioulos. Os discursos próximos são, de fato, retomados, reutilizados, reinterpretados, "subvertidos", diz Wald,[71] pelo locutor que deles se apodera e com eles reconfigura suas práticas e suas ações. Evidentemente, em muitos casos (por exemplo, o da "exposição" escolar na língua estrangeira), nos quais a utilização da L2 é mais ou menos limitada, estamos longe dessa situação. A ênfase dada por Lüdi[72] ao aspecto "bilíngue" das comunicações chamou atenção, contudo, para a influência das representações dos usuários e dos pesquisadores na análise da interação e da aquisição em língua estrangeira. Ela serve de base para a nova definição de comunicação proposta a seguir.

A interação-aquisição como dinâmica (pelo menos) bilíngue

Caracterizando a comunicação em língua estrangeira pela não-partilha da língua utilizada, pesquisadores como R. Porquier[73] definiram, num primeiro momento, o que chamavam "comunicação *exolíngue*" pela dissimetria das competências linguísticas (em oposição a *endolíngue*, que supõe a partilha de uma mesma língua). Porquier a definia também, de maneira externa, em relação à língua-cultura que serve de modelo e de alvo dos quais se aproximaria, progressivamente e de maneira relativa, a língua do aprendiz.

Por sua vez, De Pietro, Matthey e Py,[74] trabalhando sobre o bilinguismo na Suíça, propunham um modelo contínuo da passagem do monolinguismo ao bilinguismo, que eles cruzavam com um modelo, também contínuo, da variação do endolinguismo ao exolinguismo, deixando, nesse amplo quadro, a possibilidade de examinar todo perfil possível de bilíngue.

É nessa perspectiva de continuidade que se situam as análises empreendidas em Vasseur[75] sobre as funções preenchidas pelo uso da L1 em função do desenvolvimento da competência, isto é, da passagem que fazem os sujeitos do estatuto de monolíngue para o estatuto de bilíngue ao aprender uma L2. O que nos ensinam essas análises desenvolvimentistas, centradas no uso comparado da língua de origem em duas informantes hispanófonas do programa ESF ao longo de seu primeiro ano de estadia, é que para aprender a colocar em palavras uma experiência e a partilhá-la com o outro, alcançando uma intercompreensão satisfatória, os interlocutores que não têm língua comum têm um comportamento fundamentalmente "econômico" e pragmático. Elas se baseiam, inicialmente e antes de qualquer coisa, nos primeiros momentos, no meio em que vivem, na seleção dos temas abordados e sua relação com a situação, nos conhecimentos que se supõem partilhados e na proximidade das línguas, como mostra o fragmento de *corpus* seguinte:

Segmento 3:

Conversa na agência nacional de emprego entre um empregado francófono e uma mulher hispanófona.

	(...)
G.: - *eh *yo solicito + eh + el salario*	G.: - *he *yo solicite + eh +el salario**
N.: - *hm + ah a senhora quer saber o salário*	N. : - *hm + ah vous voulez savoir le salaire*
G.: - *sim *el salario**	G.: - *oui *el salario**
N.: - *ahn: sim + é pago pela hora + hm (...)*	N. : - *euh: oui + c'est payé à l'heure + hm (...)*
G.: - **si + cuantas horas de trabajo por dia + por* por ++?*	G.: - **si + cuantas horas de trabajo por dia + por* pour ++?*
N.: - *hm + quatro horas de trabalho+*	N. : - *hm + quatre heures de travail +*
G.: - **cuatro horas* de trabalho*	G.: - **Cuatro horas* de travail*
N.: - *sim*	N.: - *oui*
G.: - **en* dia?*	G.: - **en* jour?*
N.: - *por dia*	N.: - *par jour*
G.: - **todos los* dias*	G.: - **todos los* jours*
N.: - *ahn + sim penso que será todos os dias (...)* (*corpus* ESF)	N. : - *euh + oui je pense que ce sera tous les jours (...)* (*corpus* ESF)

No início, portanto, a L1 é o instrumento natural e essencial, sobretudo se as duas línguas são próximas, como o espanhol e o francês, pois, nesse caso, recorre-se às palavras transparentes e às traduções espontâneas. Desse modo, a L1 permite que se reconheça um sentido mínimo. Sobretudo, ela constitui uma base para a elaboração do segundo sistema linguístico que corresponde ao modelo do interlocutor.

A análise longitudinal do recurso do locutor a uma ou a outra língua permitia, sobretudo, sugerir que o motor do desenvolvimento em língua estrangeira pudesse ser a descentralização operada, em determinado momento e em ritmos diferentes, pelo aloglota-aprendiz, da L1 para a L2, ou, mais geralmente, de uma Ln a uma outra Ln.

Tal fato também permitiu encontrar diferenças importantes quanto à "consciência de aprendiz" das aloglotas observadas, indo de uma ausência quase total de distinção entre as duas línguas a uma tematização e explicitação manifesta dessa passagem de uma língua a outra ("*abrir* *ahora se que [uvre e] abrir*" = "*agora eu sei que abra é *abrir*") e até uma consciência declarada da norma ("*ah *que me da miedo decir la palavra mal*" = "*ah, tenho medo de dizer mal as palavras*").

Falar de descentração da L1 para a L2 não significa abandonar a L1, longe disso. Durante o desenvolvimento, e por várias razões, as duas línguas se mantêm com diferentes funções: funções estratégicas para se fazer compreender apesar de tudo e funções psicolinguísticas de elaboração de hipóteses sobre a L2, com frequência e cada vez mais implícitas, mas valendo-se também daquilo que chamamos de usos denotativos, discursivos e interacionais. O primeiro grupo pertence à comunicação exolíngue, que opõe L1 e L2, o segundo pertence à comunicação bilíngue, que associa L1 e L2 para elaborar um sentido e administrar a troca (comunicação). Ele constitui o embrião da competência bilíngue a devir. Haveria, pois, uma espécie de *continuum* entre as práticas constantemente veladas (em que o locutor se esforça para mascarar seus funcionamentos subjacentes para se situar em L2) de tipo exolíngue e as práticas abertas de tipo bilíngue.

Além de uma simples interferência das fronteiras entre línguas, a localização e a análise das formas, as condutas e práticas ligadas às diferentes línguas podem nos dar fortes indícios das tensões que estimulam e agitam as interações entre aloglotas e nativos. Essas tensões entre perspectivas diferentes não dizem respeito apenas às diferenças de competência linguística. Elas afetam todas as dimensões da vida comunicativa e, mais exatamente, da menor interação, do menor diálogo. Elas devem ser administradas habilmente pelos interlocutores presentes para estabelecer e fazer progredir a relação, levando a termo a ação conjunta.

É nessa perspectiva interacional que se pode falar de interações *interlíngues*.

Uma definição da interação *interlíngue*

De fato, é possível se perguntar se o prefixo exo- do termo *exolíngue* dá conta inteiramente do que acontece no tipo de interação apresentado anteriormente. Uma tal interação pode ser, efetivamente, outra coisa além de *interlíngue*, intercomunicativa ou intercultural, como dizem mais globalmente os etnógrafos e antropólogos?

O prefixo exo- aponta, de fato, a exterioridade em relação a um ponto e, na interação que nos interessa aqui, não é desprovido de um certo linguocentrismo. A perspectiva adotada é também marcada pelo monolinguismo. As propostas de Porquier

106 Aquisição da linguagem

situam-se, se retomamos as palavras de Grosjean, comentando-as: "de um ponto de vista do monolíngue confrontado com a aquisição".[76] O locutor é visto como alguém que abandona uma língua para utilizar e aprender uma outra. No caso de locutores de línguas diferentes, como foi estudado nesses últimos anos, a mistura, as alternâncias,[77] os "acabamentos interativos",[78] os entrecruzamentos mesmos[79], ou seja, as trocas de línguas no seio dos grupos plurilíngues são naturais e normais. A partir do momento em que há interação *interlíngue*, há interfala,[80] interdiscurso e, ao mesmo tempo, codiscurso, isto é, circulação e coconstrução de discurso.

O encontro entre pessoas que não compartilham uma mesma língua, mas que inevitavelmente, para interagir, partilham ao menos duas, mesmo sob forma de vestígios pouco perceptíveis, será, portanto, melhor designado pelo termo *interação interlíngue*. Esse tipo de interação dá conta dos diferentes procedimentos de intercompreensão e de aprendizagem mediatizada utilizados pelos interlocutores.[81] É nesse âmbito e se apoiando nesses procedimentos que o processo de aquisição pode se desenvolver e ser alcançado.

(Tradução: Guacira Marcondes Machado Leite)

Notas

[1] Skinner, 1957.

[2] Chomsky contra Skinner, 1959.

[3] Gougenheim, 1954.

[4] Centro de Pesquisa para a Difusão do Francês.

[5] Bloomfield, 1933, pp. 26-30.

[6] "Le langage permet à une personne de susciter une réaction quand une autre ressent le stimulus (S)".

[7] Lado, 1963.

[8] Corder, 1980, pp. 17-28.

[9] Ardity e Perdue, 1979; Perdue e Porquier, 1980; Ardity e Grandcolas, 1982.

[10] Corder, 1971.

[11] Termo retomado de Selinker, 1972, por Corder, 1973.

[12] Corder, 1971.

[13] "C'est une langue au sens saussurien du terme". (Idem, ibidem)

[14] Klein e Perdue, 1982.

[15] Corder, op. cit.

[16] Corder, 1980.

[17] Krashen, 1976.

[18] Bialystok, 1984.

[19] "À travers l'activité réelle de communication" (Krashen, op. cit., p. 40).

[20] Trévise e Porquier, 1985.

[21] Trévise, 1984.

[22] Perdue, 1991.

[23] Roberts e Simonon, 1987.

[24] Perdue, 1993.

[25] Stutterheim, 1986; Levelt, 1989; Dietrich e Noyau, 1995.

[26] Véronique e Porquier, 1986.

[27] Noyau e Vasseur, 1986.

[28] Porquier et al., 1967.

[29] Vasseur e Ardity, 1996.

[30] No sentido de Corder, 1980.

[31] Noyau e Vasseur, 1986; Dietrich, Klein e Noyau, 1995.

[32] Lightbown e Spada, 1990.

[33] Krashen, 1981.

[34] Sacks, 1999.

[35] Py, 1993.

[36] "Communiquer avec la langue de l'autre" (Noyau e Porquier, 1984).

[37] Vasseur, 1996.

[38] Noyau e Porquier, op. cit.

[39] Extra e Mittner, 1984.

[40] Ardity, 1987; Roberts e Simonot, 1987.

[41] "Efforts du locuteur pour communiquer du sens malgré des lacunes évidentes dans son système intermédiaire" (Tarone, 1983).

[42] Porquier, 1979.

[43] Leontiev, 1973.

[44] Faerch e Kasper, 1983.

[45] "Déployés par l'apprenant, ou éventuellement son interlocuteur, quand apparaissent dans la communication des difficultés liées à des déficits linguistiques de l'apprenant." (Faerch e Kasper, op. cit.).

[46] Frauenfelder e Porquier, op. cit.

[47] Corder, 1983.

[48] Faerch e Kasper, op. cit.

[49] Berthoud, 1982.

[50] Lhote, 1998.

[51] "Procédés de contrôle que mettent en oeuvre les deux interlocuteurs pour ajuster leurs productions à leurs besoins de communication dans une situation donnée" (Vasseur, 1990a).

[52] Long, 1983a , 1983b; Gass e Madden, 1985; Pica e Doughty, 1985.

[53] Corder, op. cit.

[54] Schmidt, 1990.

[55] Huot e Schmidt, 1996.

[56] Tomlin e Villa, 1994.

[57] Osgood e Sebeok, 1954.

[58] Bronckart, 1984; Gaonac'h, 1987, 1990.

[59] Vygotsky,1985.

[60] Gumperz e Hymes, 1972, em particular.

[61] Ervin Tripp, 1974.

[62] F. Grosjean, 1984; G. Lüdi, 1984; Dabène e Belliez, 1986.

[63] Mackey, 1976.

[64] Bloomfield, op. cit.

[65] De Pietro, Matthey e Py, 1989.

[66] "Avant tout quelqu'un qui ne sait pas (encore) parfaitement la langue 2" (Lüdi, 1984).

[67] Lüdi, op. cit.

[68] Lüdi e Py, 1994.

[69] "Le bilinguisme et le biculturalisme des migrants ne sont pas une maladie passagère entre deux phases d'unilinguisme et d'uniculturalisme, mais ils constituent bien au contraire une création originale." (Lüdi, op. cit. 1984).

[70] Schuman, 1984; Veronique, 1994.

[71] Wald, 1979.

[72] Lüdi, op. cit.

[73] Porquier, 1984.

[74] Matthey e Py, op. cit.

[75] Vasseur, 1992.

[76] "D'un point de vue de monolingue confronté à l'acquisition" (Porquier, 1984).

[77] Lüdi e Py, 1994; Dabène e Billiez, 1984.

[78] Gülich, 1986.

[79] Rampton, 1995.

[80] Alber e Py, 1987.

[81] Ardity e Vasseur, 1999.

Bibliografia

ALBER, J. L.; PY, B. Vers un modèle exolingue de la communication interculturelle: interparole, coopération et conversation. *Etudes de Linguistique Appliquée*, Paris: Didier Erudition, n. 61, pp. 78-90, 1987.

ARDITTY, J. Reprises (répétitions et reformulations): le jeu des formes et des fonctions. In: J. Arditty (dir.). Paroles en construction. *Encrages*. Paris: Université Paris VIII, n. 18-19, pp. 45-68, 1987.

_____; PERDUE, C. Variabilité et connaissance en langue étrangère. *Encrages*, especial de Linguística Aplicada. Paris: Université Paris VIII, 1979, pp. 32-43.

_____; GRANDCOLAS, B. Questions et hypothèses actuelles sur l'acquisition des langues secondes et étrangères. *Die Neueren Sprachen* n. 81/6, pp. 549-62, 1982.

_____; VASSEUR, M. T. (dir.). Interaction et langue étrangère. *Langages*. Paris: Larousse, n. 134, pp. 3-19, 1999.

BERTHOUD, A. C. Activités métalinguistiques et apprentissage d'une langue étrangère. Acquisition d'une langue étrangère. *Encrages*. Paris: Université Paris VIII, n. 8/9, pp. 109-17, 1982.

BIALYSTOK, E. Some factors in the sélection and implementation of communication strategies. In: FAERCH, C.; KASPER, G. (eds.) *Strategies in Interlanguage Communication*. London: Longman, p. 100-18.

BLOOMFIELD, L. *Le Langage*. Paris: Payot, 1933.

BREMER, K. et al. *Achieving Intercomprehension*: discourse in intercultural encounters. London: Longman, 1996.

BRONCKART, J. P. Un modèle psychologique de l'apprentissage des langues. *Le Français dans le monde*. Paris: Hachette, n. 154, pp. 53-68, s/d.

CHOMSKY, N. Review of 'Verbal Behavior' by B.F. Skinner (1957, New-York, Appleton-Century-Crofts). *Language*. New York: Appleton-Century-Crofts, n. 35, pp. 26-58, 1959.

CORDER, S. P. Idiosyncratic Dialects and Error Analysis. IRAL. IX-2, n. 9-2, pp.147-60, 1971.

_____. The elicitation of Interlanguage. In: SVARTVIK, J. (ed.). *Errata. Papers in Error Analysis*. Lund: Gleerup, 1973, pp. 36-47.

_____. Post-scriptum. *Langages*. Paris: Larousse, n. 57, pp. 29-41, 1980.

_____. Strategies of communication. In: FAERCH, C.; KASPER, G. *Strategies in Interlanguage Commnication*. London: Longman, 1983, 253p.

DABÈNE, L.; BILLIEZ, J. Code-switching in the Speech of Adolescents Born of Immigrant Parents. *Studies in Second Language Acquisition*. Rowley: Newbury House, n. 8, pp. 309-25, 1984.

_____. Recherches sur la situation sociolinguistique des jeunes issus de l'immigration. Université Stendhal-Grenoble III, 1986.

DE PIETRO, J. F.; MATTHEY, M.; PY, B. Acquisition et contrat didactique: les séquences potentiellement acquisitionnelles dans la conversation exolingue. In: WEIL, D.; FUGIER, H. (eds.). *Actes du troisième colloque régional de Linguistique*. Strasbourg: Université Louis Pasteur, 1989, pp. 99-124.

DIETRICH, K.; NOYAU, C. *The Acquisition of Temporality in a Second Language. Studies in Bilingualism*. Amsterdam: Benjamins, 1995, n. 7.

ERVIN-TRIPP, S. Is Second Language Learning like the First? TESOL *Quarterly*. n. 8, pp. 111-27, 1974.

_____. Activity-structure as Scaffolding for Children's Second Language Learning. In: CORSARO, W.; COOK-GUMPERZ, J.; STREECK, J. (eds.). *Children's Language and Children's Words*. Berlin: Mouton de Gruyter, 1986, pp. 327-58.

EXTRA, G.; MITTNER, M. (eds.) *Studies in Second Language Acquisition by Adult Immigrants*. Tilburg: Tilburg University Press, 1984.

FAERCH, C.; KASPER, G. *Strategies of Interlanguage Communication*. London: Longman, 1983.

FRAUENFELDER, U.; PORQUIER, R. Les Voies d'apprentissage en langue étrangère. *Travaux de recherches sur le bilinguisme*. Toronto: Centre de langues modernes, Institut d'études pédagogiques de l'Ontario, n. 17, pp. 37-64, 1979.

GAONAC'H, D. *Théories d'apprentissage et d'acquisition d'une langue*. Paris: Hatier, LAL, 1987.

_____. Acquisition et utilisation d'une langue étrangère: l'approche cognitive. *Le Français dans le monde*. Recherches et applications. Paris: Hachette, 1990.

GASS, S.; MADDEN, C. (eds.). *Input in Second Language Acquisition*. Rowley Mass: Newbury House, 1985.

GOUGENHEIM, G. et al. *L'Élaboration du Français Fondamental*. Paris: Credif, Didier, 1954.

GROSJEAN, F. Communication exolingue et communication bilingue, réponse à R. Porquier. Acquisition d'une langue étrangère III. Encrages. Paris: Presses de l'université de Paris VIII et Centre de Linguistique Appliquée de l'université de Neuchâtel, 1984, pp. 49-61.

GÜLICH, E. L'Organisation conversationnelle des énoncés inachevés et de leur achèvement interactif en situation de contact. *D.R.L.A.V.* Paris: Université Paris III, n. 34-5, pp. 161-82, 1986.

GUMPERZ, J.; HYMES, D. (eds.) *Directions in Sociolinguistics*: ethnography of communication. New-York: Holt, Rinehart & Winston, 1972.

HUOT, D.; SCHMIDT, R. Conscience et activité métalinguistique. Quelques points de rencontre, *AILE*. n. 8, pp. 89-127, 1996.

KLEIN, W.; PERDUE, C. Utterance Structure. In: DITTMAR, N.; KLEIN, W. (eds.). *Developing Grammars again*. Amsterdam: J. Benjamins Pub. Co., 1982.

KRASHEN, S. Formal and Informal Linguistic Environments in Language Acquisition and Language Learning. TESOL *Quarterly*, n. 10, pp. 157-68, 1976.

_____. *Second Language Acquisition and Second Language Learning*. Oxford: Pergamon Press, 1981.

LADO, R. Chicago Contrastive. Series, 1963.

LEONTIEV, A. N. Le principe heuristique dans la perception, la production et la compréhension du langage. Bulletin de psychologie. Paris: Université de Paris, t. XXVI, pp. 260-9, 1973.

LEVELT, W. J. M. *Speaking*: from intention to articulation. Cambridge: The MIT Press, 1989.

LHOTE E. Traces et itinéraires. In: SOUCHON, M. (ed.). *Pratiques discursives et acquisition des langues étrangères*. Besançon: Université de Franche-Comté et CLA, 1998, pp. 9-26.

LIGHTBOWN, P.; SPADA, N. Focus on Form and Corrective Feedback in Communicative Language Teaching. Effects on second language learning. *Studies in Second Language Acquisition*. Rowley: Newbury House, n. 12, pp. 429-48, 1990.

LONG, M. Linguistic and Conversational Adjustment to Non-native Speakers. *Studies in Second Language Acquisition*. Rowley: Newbury House, n. 5/2, pp. 177-93, 1983a.

_____. Native speaker/Non-native speaker conversation and the negociation of comprehensible input. *Applied Linguistics*. Rowley: Newbury House, n. 4/2, pp. 121-43, 1983b.

LÜDI, G. Discussion du papier de C. Perdue. Acquisition d'une langue étrangère III. *Encrages*. Paris: Université de Paris VIII et Centre de Linguistique Appliquée de l'Université de Neuchâtel, 1984, pp. 275-82.

_____; PY, B. *Etre bilingue*. Bern: Peter Lang, 1986.

_____ et al. *Changement de langage et langage du changement*: aspects linguistiques de la migration interne en Suisse. Lausanne: L'Age d'Homme, 1994.

MACKEY, W. F. *Bilinguisme et contact des langues*. La Haye: Klincksieck, 1976.

MANESSY, G. Modalités d'appropriation d'une langue seconde (français d'Afrique et créoles français). In: VÉRONIQUE, D. (dir.). *Créolisation et acquisition des langues*. Aix-en-Provence: Publications de l'Université de Provence, 1994, pp. 211-24.

_____; WALD, W. *Le Français d'Afrique noir tel qu'on le parle tel qu'on le parle, tel qu'on le lit*. Paris: L'Harmattan, 1984.

MONDADA, L. L'Accomplissement de l'étrangeté dans et par l'interaction: procédures de catégorisation des locuteurs. In: ARDITTY, J.; VASSEUR, M. T. (dir.). *Langages 134, Interaction et langue étrangère*. Paris: Larousse, 1999, pp. 20-34.

NOYAU, C. Le Développement de l'expression de la temporalité chez les apprenants hispanophones apprenant le français et le suédois. In: DIETRICH, K.; NOYAU, C. *The Acquisition of Temporality in a Second Language*: studies in bilingualism. Amsterdam: Benjamins, n. 7, 1995.

_____; PORQUIER, R. *Communiquer dans la langue de l'autre*. Paris: Presses de l'Université de Vincennes, 1984.

_____; VASSEUR, M. T. L'Acquisition de l'expression du temps chez des adultes hispanophones. *Langage*. Paris: Larousse, 1986, n. 84.

OSGOOD, C. E.; SEBEOK, T. A. (eds.) *Psycholinguistics*. Jasp Appendice, 1954.

PERDUE, C. Les pronoms chez Paula. In: RUSSIER, C.; STOFFEL, H.; VÉRONIQUE, V. (eds.) *Interactions en langue étrangère*. Aix-en-Provence: Publications de l'Université de Provence, 1991, pp. 141-52.

_____. *Adult Language Acquisition: cross-linguistic perspective*: the results. Cambridge: Cambridge University Press, 1993, v. 2.

_____; PORQUIER, R. (dir.). *Langages*. Paris: Larousse, n. 57, 1980.

PICA, T.; DOUGHTY, C. Input and Interaction in the Communicative Language Classroom: a comparison of teacher-fronted and group activities. In: GASS, S.; MADDEN, C. (eds.). *Input in Second Language Acquisition*. Rowley Newbury House, 1985, pp. 115-32.

PORQUIER, R. Communication exolingue et apprentissage des langues. Acquisition d'une langue étrangère III. *Encrages*. Paris, Université Paris VIII & Neuchâtel: Centre de Linguistique Apliquée de l'Université de Neuchâtel, 1984, pp. 17-48.

_____; CAMMAROTA, M. A.; GIACOBBE, J. L'Acquisition de la référence spatiale en français par des hispanophones: les tâches d'indication d'itinéraires. In: BLANC, H.; LE DOUARON, M.; VÉRONIQUE, D. (eds.). *S'approprier une langue étrangère*. Paris: Didier Erudition, 1987, pp. 169-79.

PY, B. L'Apprenant et son territoire: système, norme et tâche. AILE 2. *Encrages*. Paris:

Université Paris VIII, 1993, pp. 9-25.

RAMPTON, B. *Crossing: Language and Ethnicity among Adolescents*. London: Longman, 1995.

RICHARDS, J. C. *Error Analysis*: perspectives on second language acquisition. London, Longman, 1974.

ROBERTS, C.; SIMONOT, M. 'This is my Life' How Language Acquisition is Interactionally Accomplished. In: ELLIS, R. (ed.). *Second Language Acquisition in Context*. London: Prentice Hall Internatioal, 1987, pp. 133-48.

SCHMIDT, R. The Role of Consciousness in Second Language Learning. Applied Linguistics, n. 11(2), pp. 129-58, 1990.

_____. Deconstructing Consciousness in Search of a Useful Definition for *Applied Linguistics*. *AILA Review*, n. 11, pp. 11-26, 1994.

SACKS, H. *Lectures on Conversation*. Oxford: Basil Blackwell, 1992, v. 2.

SCHNEWLY, B.; BRONCKART, J. C. *Lire Vygotski aujourd'hui*. Genève-Paris: Delachaux et Niestlé, 1985.

SCHUMANN, J. H. *The Pidginization Process*: A Model for Second Language Acquisition. Rowley: Newbury House Publ., 1978.

SELINKER, L. *Interlanguage*. London: Longman, 1972.

SKINNER, B. F. *Verbal Behavior*. New York: Appleton-Century-Crofts, 1957.

STUTTERHEIM, C. von. *Temporalität im der Zweitsprache*: Eine Untersuchung zum Erwerb des Deutschen durch türkische Gastarbeiter. Berlin: De Gruyter, 1986.

TARONE, E. Some Thoughts on the Notion of 'Communication Strategy'. In: FAERCH, C.; KASPER, G. *Strategies of Interlanguage Communication*. London: Longman, 1983, pp. 61-74.

TOMLIN, R.; VILLA, V. Attention in Cognitive Science and Second Language Acquisition. *Studies in Second Language Acquisition*. Rowley: Newbury House, n. 16, pp. 183-203, 1994.

TRÉVISE, A. Les structures prédicatives dans les productions des apprenants adultes de langue étrangère. *Actes du Cinquième Colloque International*: Acquisition d'une langue étrangère. Aix-en-Provence: Publications de l'Université de Provence, 1984.

_____.; PORQUIER, R. Acquisition d'une langue 2 en milieu naturel: quelles méthodologies de description? *Langue Française*. Paris: Larousse, 1985, n. 68, pp. 18-31.

VASSEUR, M. T. La Communication entre étrangers et autochtones: stratégies pour se comprendre, stratégies pour apprendre. In: FRANÇOIS, F. (dir.). *La communication inégale*. Neuchâtel, Paris: Delachaux et Niestlé, 1990a, pp. 237-60.

_____. Dialogue et acquisition des moyens d'expression de la temporalité. In: BERNINI; GIACALONE-RAMAT (eds.). *La temporalità nell acquisizione di lingue seconde*. Milão: Franco Angeli, 1990b.

_____. Entre Exolinguisme et Bilinguisme, l'acquisition d'une langue étrangère. In: BOUCHARD, R. et al. *Acquisition et enseignement/apprentissage des langues*. Lidilem: Grenoble, 1992, pp. 179-88.

_____.; ARDITTY, J. Les Activités réflexives en situation de communication exolingue: réflexions sur quinze ans de recherche. *AILE*. Paris: Publication de l'Association Encrages, Uni. de Paris VIII, n. 8, pp. 57-87, 1996.

VÉRONIQUE, D.; PORQUIER, R. Acquisition de la référence spatiale en français par des adultes arabophones et hispanophones. *Langages*. Paris: Larousse, n. 84, pp. 79-104, 1986.

_____. (ed.) *Créolisation et acquisition d'une langue étrangère*. Aix en Provence: Presses de l'université de Provence, 1994.

VYGOTSKI, L. *Pensée et langage*. Paris: Messidor (Terrains). Trad. francesa, 1985 (1. ed. 1935).

WALD, P.; MANESSY, G. *Plurilinguisme – Normes, situations, stratégies*. Paris: L'Harmattan, 1979.

WERTSCH, J. V. *Culture, communication and cognition*: Vygotskian perspectives. Cambridge: Cambridge University Press, 1985.

Aquisição de língua estrangeira numa perspectiva de estudos aplicados

Maria Alice Venturi

> A mente é um sistema primorosamente organizado;
> realiza proezas notáveis que
> nenhum engenheiro é capaz de duplicar.
> (Steve Pinker)

Perfil de estudos em Linguística Aplicada e língua estrangeira no Brasil

Mais recentemente, a trajetória das pesquisas que norteiam os estudos sobre a aquisição de língua estrangeira (LE) no Brasil insere-se em caminhos indicados pela área da Linguística Aplicada (LA), que se consolidou como uma área independente de pesquisa. Seguindo o percurso da maioria dos estudos científicos, os estudos de LA partem de teorias já reconhecidas, principalmente, neste caso, da área da Linguística, utilizando-se de seus conceitos e resultados de pesquisas já existentes que apresentavam alguma identidade.

Vinculada, portanto, à área da Linguística, a LA era orientada pelas ideias dos linguistas, como pode ser percebido nos Anais dos primeiros encontros do GEL – Grupo de Estudos Linguísticos I, Anais do Seminário do GEL, em 1978, e cuja contribuição foi fundamental para sua concretização como área de pesquisa e para a formação dos linguistas aplicados.

Desta forma, o estudo de Língua Estrangeira, caracterizado como subárea de LA, utilizou-se muito de seus conceitos, que por sua vez beneficiaram-se da Linguística, ainda que o objeto da LA no ensino de Língua Estrangeira não caracterizasse interesse primordial aos linguistas, estes mais ligados às questões do ensino de língua materna.

Durante tal percurso, a pesquisa na área do ensino-aprendizagem de línguas no Brasil volta-se principalmente para a investigação teórico-especulativa,[1] baseada em informações teóricas advindas principalmente da Linguística, que estabelecem implicações para o modo como proceder em sala de aula, sem que esta seja objeto de investigação. Ou seja, a relação com a sala de aula ocorre por simulação, por exemplo: a partir de princípios da Linguística textual, que teorizam sobre tipos de texto, levantam-se implicações sobre como se proceder no ensino da redação. Aqui, a descrição de um fato linguístico não tem uma relação direta com o ato de ensinar e aprender línguas.

Moita Lopes (1998) diz também que outra tradição em pesquisa na área de ensino-aprendizagem de línguas é baseada na investigação do produto da aprendizagem:

> Assim, a abordagem a ser investigada constitui uma hipótese sobre o processo de ensinar e aprender línguas a ser testada em sala de aula... Submetem-se os alunos a testes, para aferir o produto final da aprendizagem, cujos resultados são, então, tratados estatisticamente de modo a poder estabelecer relações de causa e efeito entre a hipótese testada (tratamento experimental) e o produto de aprendizagem.

Nesta mesma perspectiva de questionamento sobre a pesquisa em L2, outros estudiosos, como Corder,[2] por exemplo, também já vislumbravam a necessidade de o professor de línguas conhecer a teoria da linguagem para sistematizar o assunto ensinado, mas que deveria, antes de tudo, ser um pesquisador dos problemas de aquisição de uma língua estrangeira com *aprendizes reais, num contexto institucional.*

Nesse sentido, o estudo das questões ligadas ao ensino não se reduzia apenas à aplicação de teorias ou descrições linguísticas. Começa-se, então, a despertar um novo foco de interesse na realidade do ensino, voltando-se para a constatação prática de necessidades específicas *do ensino* e *do aluno.*

Na segunda metade da década de 1970, começam a surgir programas de Pós-graduação (Ensino de Línguas – Lael) que incentivam pesquisas em Linguística Aplicada, como as investigações sobre a leitura em língua estrangeira a partir da prática observada em sala de aula.

Assim, nesse período, as dissertações de mestrado já se mostravam preocupadas com o processo de aprendizagem, surgindo estudos sobre interlínguas que utilizavam a análise de erro; pesquisas sobre a aquisição de segunda língua que se valiam de estudos de caso longitudinais, bem como estudos experimentais sobre leitura em língua estrangeira, caracterizavam, portanto, um verdadeiro objeto da Linguística Aplicada e não apenas aspectos linguísticos do ensino e do aprendizado de línguas.

A pesquisa na sala de aula de línguas, nesse contexto, visa ao processo do ensinar e aprender e à prática efetivamente realizada em sala de aula. Moita Lopes[3] assim descreve tal pesquisa:

a) pesquisa-diagnóstico – centrada na investigação do processo de ensinar/aprender, conforme realizado em sala de aula;

b) pesquisa de intervenção – investigação de uma possibilidade de se modificar a situação existente em sala de aula.

Nesses dois tipos de pesquisa, percebe-se uma valorização do uso de abordagens qualitativas, de natureza etnográfica, ou seja, aquelas que não são baseadas em categorias preestabelecidas antes da entrada no campo de investigação (sala de aula), mas sim a partir de uma pesquisa que guiará o estudo.

O estudo das questões aplicadas, segundo o mesmo autor, caracteriza-se por procedimentos de investigação próprios do campo aplicado, que são *gerados e sustentados no próprio contexto de aplicação*, e não desenvolvidos por um grupo e aplicado posteriormente por um segundo grupo. Há, portanto, uma preocupação com o aspecto humano, social, na composição da disciplina, o que acaba por expô-la a uma grande diversidade de teorias, métodos e práticas de pesquisa, pela necessidade de entendimento dos problemas sociais de comunicação (em contextos específicos) que procura resolver.

Assim, muitas são as disciplinas que estudam questões que podem orientar a pesquisa sobre os problemas de uso e da aprendizagem de uma língua estrangeira em contextos específicos. O esquema a seguir nos ajudará a relacionar as principais delas:

Esquema 1: Disciplinas para pesquisas de uso e aprendizagem de LE.[4]

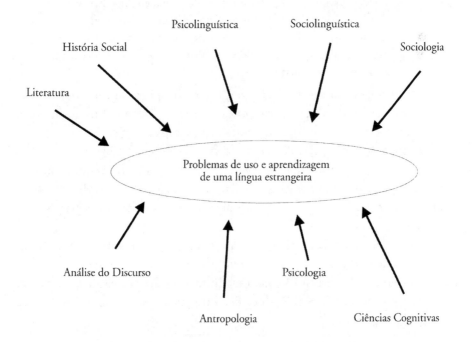

Dessa forma, a Psicolinguística auxilia, por exemplo, os estudos da influência da língua materna (LM) durante o processo de aquisição de LE. A Sociolinguística pode guiar, por exemplo, os estudos de linguagem no que diz respeito à avaliação do enunciado socialmente apropriado. As Ciências Cognitivas ajudam a explicar o processamento, a seleção e a captação de dados recebidos no *input*, e assim por diante.

O uso de conceitos, modelos e instrumentos de outras disciplinas faz parte do processo de busca e reprodução do conhecimento numa determinada área. Essa *heterogeneidade* não é, nos dizeres de Kleiman,[5]

> consequência de uma indefinição de objeto e objetivo partilhados pelos membros da comunidade, mas da quantidade de subdisciplinas distintas quanto aos seus interesses e objetos de conhecimento, métodos e grau de desenvolvimento que hoje fazem parte da LA.

Além dessa dificuldade de uma *área de investigação interdisciplinar* obter a aceitação institucional na área, uma das críticas que se faz às tentativas de interdisciplinaridade na produção de conhecimento é a de serem superficiais e desprovidas de critérios de cientificidade. Contudo, nas palavras de Jupiassu,[6]

> o que se encontra em jogo é certa concepção do saber, de sua repartição e de seu ensino, posto que o interdisciplinar aparece como um princípio novo de reorganização das estruturas pedagógicas do ensino das ciências. Jupiassu diz ainda que a interdisciplinaridade não é algo que se ensine ou que se aprende. É algo que se vive. É fundamentalmente uma atitude de espírito. Atitude feita de curiosidade, de abertura, de sentido de aventura, de intuição das relações existentes entre as coisas e que escapam à observação comum, atitude de recusa dos especialismos que bitolam e dos dogmatismos dos saberes verdadeiros.

Moita Lopes[7] acrescenta ainda que "o interdisciplinar envolve o interesse e respeito pela voz do aluno", por ouvir o que o outro está dizendo com a finalidade de analisar como suas ideias podem corroborar as perspectivas que se tenha.

A integração de ideias de campos diferentes é uma forma de pensamento crítico, e Moita Lopes sustenta os dizeres de Portella[8] quando afirma que enquanto o projeto disciplinar distingue, privilegia, consagra, o programa interdisciplinar combina, solidariza, desmistifica: o que caracteriza um estágio avançado de secularização do conhecimento.

Com isto, postulamos o importante vínculo da pesquisa em aquisição de LE aos conceitos que consolidam a Linguística Aplicada como área de estudos científicos, no que diz respeito à aplicação, principalmente por partir de fatos reais, vivenciados em sala de aula, e à interdisciplinaridade para o estudo e a compreensão das questões linguísticas.

Com o propósito de identificar e descrever os temas e as perspectivas de abordagem que orientam as pesquisas em LA no Brasil, Signorini[9] expõe uma amostragem de temas apresentados no IV CBLA de 1995, na Unicamp. Dentre eles, estão aqueles que demonstram as tendências da subárea ensino-aprendizagem de LE:

- os trabalhos que abordaram o tema *ensino-aprendizagem de línguas* discutiram questões de política linguística e metodologia de ensino;
- o tema da *formação do professor* foi abordado a partir de contribuições da Etnografia, modelo comunicativo de aquisição de LE e também da Análise do Discurso de tradição francesa;
- os trabalhos que focalizaram questões de *leitura* e de ensino de leitura em LE apoiaram-se em contribuições da Análise Crítica do Discurso, das teorias cognitivistas de leitura, da Etnografia e dos métodos de introspecção;
- o tema da *subjetividade e aprendizagem de línguas* foi discutido a partir da teoria psicanalítica e da tradição francesa de Análise do Discurso;
- a *aquisição de L2* foi tratada a partir de teorias cognitivistas, culturalistas, interacionais, sociológicas, linguísticas e também a partir da Análise Crítica do Discurso, das teorias de Krashen e também de Vygotsky;
- a *interação na sala de aula de LE* foi tratada a partir de contribuições da Etnografia e da Sociolinguística interacional.

Principais teorias de aquisição de LE

A seguir, serão apresentadas, de forma sintética, algumas das principais teorias de aquisição de língua estrangeira, que, segundo Castro,[10] são as seguintes:

- *Psicolinguística Vygotskiana*
- *Modelo do Monitor*
- *Teoria dos Universais Linguísticos*
- *Teoria do Discurso*
- *Teoria Cognitiva*

A *Psicolinguística Vygotskiana* tem por princípio a relação entre pensamento e linguagem, a qual se desenvolve reforçando e transformando um ao outro ao longo do desenvolvimento. Embora não tenha sido direcionada para a aprendizagem de segunda língua, essa teoria enfatiza os processos e as transformações em detrimento dos produtos e dos estados, condizendo assim com as teorias e pesquisas mais recentes em L2, em que se enfoca fundamentalmente a compreensão dos processos de aquisição de linguagem, e não apenas a descrição dos produtos.

No *Modelo do Monitor,* de acordo com Krashen, seus cinco princípios, brevemente descritos, são os seguintes:

1) a distinção entre aquisição e aprendizado: *aquisição* é um processo que ocorre no nível do subconsciente, funcionando por força da necessidade de comunicação vital; *aprendizagem* significa saber as regras, ter consciência delas, poder falar sobre elas; portanto, um esforço consciente;

2) a hipótese da ordem natural: as regras da língua são assimiladas com certa ordem de dificuldade, e, embora haja semelhanças, a ordem de aquisição em segunda língua não é a mesma que a da língua materna;

3) a hipótese do insumo: é preciso que o *input* (quantidade de informações recebidas) esteja um pouco além do estágio em que se encontra o indivíduo em fase de aquisição;

4) a hipótese do monitor: é o fruto da aprendizagem que, a partir do conhecimento consciente das regras gramaticais, atua como um "fiscal";

5) a hipótese do filtro afetivo: está relacionada com o papel que fatores tais como motivação intrínseca, ansiedade e autoconfiança desempenham no processo de aquisição de uma língua.

Essas cinco hipóteses lançadas por Krashen[11] focalizam a *aquisição* de segundas línguas por adultos.

A *Teoria dos Universais Linguísticos* postula a existência de aspectos linguísticos comuns a todas as línguas, os quais são genéticos e inatos no ser humano. É através desse componente linguístico, ativado com o insumo do ambiente, que o indivíduo desenvolve tanto a L1 como a L2.

Para a situação específica de ensino-aprendizagem de L2, tal estudo classifica itens marcados (aspectos gramaticais específicos de uma determinada língua), e não marcados (estruturas encontradas em todas as línguas). "Os primeiros apresentam maior dificuldade de aquisição que os segundos, e consequentemente, exigiriam maior e mais frequente quantidade de insumo no ambiente linguístico do aprendiz para que a aquisição viesse a acontecer."[12]

A *Teoria do Discurso* postula que a competência na segunda língua somente é desenvolvida na negociação do significado, através do envolvimento do aprendiz na interação comunicativa. Ellis[13] resume alguns dos princípios dessa teoria:

a) o desenvolvimento sintático da segunda língua segue uma sequência natural, própria da aprendizagem de línguas;

b) os falantes nativos da língua estrangeira ajustam seu discurso para negociar significado com os falantes não nativos;

c) as estratégias conversacionais usadas para negociar o significado propiciam ao aprendiz: adquirir primeiro aquelas estruturas às quais ele se expõe com mais frequência; apropriar-se inicialmente de "fórmulas", isto é, blocos de palavras não analisados, presentes no ambiente linguístico; e construir sentenças verticalmente no início do processo, isto é, apropriar-se de partes do discurso do interlocutor e utilizá-los em seus próprios enunciados.

A *Teoria Cognitiva*, segundo Castro,[14]

> vê o aprendizado da segunda língua como um processo mental, que passa pela prática estruturada de várias sub-habilidades até a automatização e integração de padrões linguísticos. Essa teoria afirma que as habilidades se tornam automáticas ou rotinizadas apenas após processos analíticos. Dessa forma, processos analíticos controlados, incluindo-se nesses a prática estruturada, são vistos como pontos de apoio para que processos automáticos possam vir a ocorrer (Schulz, 1991, in Castro, 1996). Por outro lado, a Teoria Cognitiva postula uma reestruturação e integração constante e contínua dos aspectos linguísticos trabalhados para que o aprendiz desenvolva a linguagem.

Essa visão geral das teorias/abordagens de aquisição em LE pode-se refletir no desenvolvimento dos estudos e *nos aspectos pertinentes de cada uma delas para melhor entender os processos que envolvem a aquisição de uma língua estrangeira*.

Ainda sobre as teorias que investigam o processo de aquisição de L2, algumas se ocupam mais do aspecto linguístico, outras mais do cognitivo, outras mais do social. Lembramos, aqui, que embora numa linha de pesquisa predomine uma ou mais de uma dessas teorias mencionadas, não há, atualmente, como desconsiderar a importância dos aspectos interativos, numa perspectiva dialógica de comunicação, como sendo fator crucial para a construção conjunta de conhecimento. Também não há como desconsiderar abordagens mais relacionadas às questões socioculturais e sociolinguísticas que levam em conta o aprendizado como processo localizado socialmente e na história no estudo da aquisição de língua estrangeira.

Desta forma, fatores como relações de poder, afeto e emoção, expectativas culturais, identidade e autoestima são fundamentais no processo de aquisição em L2, bem como o próprio controle desse processo por parte do aprendiz, que constrói seu conhecimento e seu modo de conseguir esse conhecimento (consciência de estratégias cognitivas, por exemplo).

Nesse ponto, porém, gostaríamos de esclarecer que alguns autores, segundo Leffa,[15] fazem distinção entre as expressões *língua estrangeira* e *segunda língua*. A

120 Aquisição da linguagem

primeira expressão, "língua estrangeira", é assim chamada quando a situação de ensino acontece no país da língua nativa do aluno, por exemplo, um aluno brasileiro que estuda italiano no Brasil. Paralelamente, temos também a expressão "segunda língua" no caso em que a língua estudada é usada também fora de sala de aula, por exemplo, a situação do aluno brasileiro que estuda italiano na Itália. Neste trabalho, serão desconsideradas tais diferenças e, para os dois casos, usa-se, como termo abrangente, a sigla L2.

Breve panorama do desenvolvimento teórico-linguístico

Seguindo o estudo de aquisição em L2, serão apresentados, brevemente, aspectos sobre as importantes teorias que foram e continuam sendo ponto de partida para reflexões sobre a aquisição de linguagem (as quais serão mais bem detalhadas em outro capítulo deste livro) e também, especificamente, sobre a aquisição de língua estrangeira.

Primeiramente, lembramos que a corrente behaviorista ou ambientalista defendia a aprendizagem da linguagem como fator de exposição ao meio e decorrente de mecanismos comportamentais. O modelo teórico de Skinner explicava a linguagem como um conjunto de hábitos que vão se formando durante a vida por ensaio e erro.

Nesse estudo, tornam-se fundamentais os estímulos externos para os quais o indivíduo, ou a criança, mais especificamente, pouco contribuía. A relevante importância à ação exterior, portanto, atribui um papel primordial na didática das línguas à ação do professor, e o ensinar-aprender são bastante valorizados nesse modelo.

Num caminho inverso, contrapondo-se à concepção de Skinner, Chomsky introduz a ideia do *inatismo*. No seu modelo teórico, o autor reconhece as capacidades inatas da espécie humana, dentre as quais a faculdade da linguagem é caracterizada como uma propriedade geneticamente determinada. Procura, assim, mostrar que um conjunto de regras, presentes na mente dos falantes, explicaria o fato de que mesmo com um *input* pobre uma criança aprende um sistema complexo de regras.

Essa teoria, retomada de maneira mais detalhada no capítulo "A pesquisa em Aquisição da Linguagem: teoria e prática" deste livro, postula a existência de um mecanismo ou dispositivo inato da aquisição da linguagem (em inglês, LAD, *Language Acquisition Device*), que elabora hipóteses linguísticas sobre dados linguísticos primários (aqueles a que a criança está exposta), gerando, então, uma gramática específica, que é a gramática da língua nativa da criança, de maneira relativamente fácil e de certo modo instantâneo. Isto é, esse mecanismo inato faz "desabrochar" o que "já está lá", através da projeção, nos dados do ambiente, de um conhecimento linguístico prévio, sintático por natureza.[16]

Esses dois blocos são percursos de teorias ambientalistas e teorias nativistas da aquisição de línguas. Para alguns autores, existe ainda um terceiro bloco chamado de teorias interacionais, que recorrem a fatores inatos e ambientais para explicar a aprendizagem da língua, razão pela qual teriam mais poder explicativo que as anteriores, pela quantidade de fatores, variáveis, causas e processos que incorporam.

Assim, como é característica de todo estudo teórico, as pesquisas em Aquisição de Linguagem formaram um corpo de dados que foram se unindo, complementando-se, contrapondo-se, como acontece em outras áreas do conhecimento, suscitando, portanto, estudos posteriores.

Dessa forma, enquanto as teorias nativistas ("inatismo" de Chomsky) defendem que a aquisição não depende de outros componentes cognitivos ou comportamentais nem da interação social, as teorias interacionais sustentam os fatores inatos e ambientais numa perspectiva de interação como construção do conhecimento.

Considerando, sob outro aspecto, o consenso entre a maioria dos estudiosos da linguagem no fato de haver muito mais dificuldade no domínio de uma segunda língua em idade adulta, principalmente em situação escolar, aproveitaremos para examinar um outro aspecto da polêmica *inato vs. adquirido*.

De acordo com interpretações inatistas, o que pode explicar a dificuldade de aquisição de segunda língua na idade adulta, em contraposição à facilidade e naturalidade do bilinguismo infantil ou o bilinguismo sucessivo na infância ou adolescência, seria o acesso – ou a falta dele – à Gramática Universal (GU) por parte do aprendiz.

Apesar de haver opiniões divergentes entre os próprios adeptos da teoria gerativista, uma explicação mais ou menos comum tem sido a de que a disponibilidade à GU não é tão óbvia em casos de aquisição de segunda língua por adultos. Ou seja, a aquisição de segunda língua depois da adolescência não é mais função da GU, *mas é um processo cognitivo, de aprendizagem de habilidades*. Daí explicam-se as fossilizações e julgamentos limitados de gramaticalidade.

No entanto, visões teóricas não-gerativistas, que defendem a dificuldade de aquisição de segunda língua depois da adolescência, têm sido revistas e relativizadas:

> Argumentos interacionistas são levantados com relação às diferenças entre a aquisição de LM e LE na infância e depois da adolescência. **Contemplam diferentes fatores interativos e socioculturais da aquisição** nas duas situações, o que explicaria a extrema diferença individual tanto no processo de aquisição de LE em idade adulta, quanto no alvo a ser atingido: o grau de domínio do alvo pretendido é muito variado.[17]

Mais recentemente, *as diferentes relações do sujeito com a língua* na aquisição da LM e na aquisição de LE também têm sido invocadas como explicação para os casos em questão.

Citar esse problema do aprendizado de LE depois da adolescência serve-nos também para mostrar que existe uma certa complexidade dos caminhos teóricos e teórico-práticos seguidos pelos estudos que se voltam para o fenômeno de como se aprendem/adquirem línguas estrangeiras, sobretudo quando nos referimos aos adultos que as aprendem em situações formais.

Assim, no vasto campo da linguagem, encontramos explicações de naturezas variadas para o fenômeno em observação, que vão buscar resposta na questão mais propriamente linguística na Psicologia, na Sociolinguística e, mais recentemente, na Análise do Discurso e na Psicanálise.

O que queremos dizer é que, embora se possam levar em consideração diferentes fatores interativos e socioculturais, bem como diferentes relações do sujeito com a língua que determinam o grau de aquisição de LE por adultos, também se pode considerar a aprendizagem adulta de habilidades e a aprendizagem de L2 como um processo cognitivo.

Parece-nos importante, neste momento, discutir um pouco mais o processo de inscrição do sujeito na enunciação, para que seja notada a construção da imagem que o aluno faz de si na produção da linguagem.

Para Serrani-Infante "a relação dialógica é uma relação em si, ao mesmo tempo em que é uma relação com os dizeres do outro e com seus próprios dizeres".[18] Também, segundo a autora, a troca feita de práticas de linguagem implica em um trabalho interpretativo e, ao mesmo tempo, de defesa e reconstrução da imagem de si. Focaliza-se aqui o funcionamento de fatores não cognitivos que a rigor situam-se antes do processo de aquisição de uma LE.

Como veremos mais adiante, a LM já constitutiva do sujeito falante é evocada no início da aprendizagem de uma L2. Nessa concepção, são pertinentes as afirmações de Revuz,[19] as quais esclarecem que, durante o desenvolvimento de uma LE, são solicitadas as bases da estruturação psíquica e, portanto, os indícios da primeira língua.

Apoiando-se, então, na noção de formação discursiva, podemos observar a relação da aprendizagem de língua estrangeira com a relação inconsciente que mantemos com a língua fundadora: "os modos diferentes de construir as significações em línguas distintas." "O que se pode explicar melhor é a preponderância de tal ou qual modo de construção do sentido, em relação a condições de produção discursiva determinadas."[20]

Pelos princípios da Análise do Discurso, procuramos discutir o encontro de um sujeito com a segunda língua, ou seja, a inscrição do sujeito de enunciação em discursividade com a língua-alvo: a relação do sujeito com o saber e a relação do sujeito com ele próprio.

Sobre isso, o que pode interessar também para uma avaliação, por exemplo, da produção oral, é a questão dos "insucessos" no ensino-aprendizagem de L2 relacionados ao desafio de lidar com o estranhamento e as novas possibilidades de significância.

Ainda seguindo as propostas de Revuz,[21] "as estratégias do aprendiz representam, no nível imaginário do intradiscurso, o jogo de identificações simbólicas determinantes do sujeito". Algumas das estratégias serão: imitar imediatamente, sem se preocupar em memorizar; repetir frases estereotipadas; dar um jeito em domínios tais como o vocabulário técnico, mas sem autorizar autonomia na compreensão ou na expressão... E tendo como condição para compreender um enunciado em língua estrangeira, é necessário que ele seja traduzido à língua materna e, para traduzir um enunciado, partir da tradução de um enunciado formulado antes em primeira língua.[22]

Neste ponto, podemos perceber a importância da preparação pelo professor da situação comunicativa de ensino, visando ao mais completo envolvimento possível do aluno com as propostas e temas a serem adquiridos, tornando, assim, o objeto estudado mais familiar ao aluno. Este, por sua vez, vai se firmando como sujeito da linguagem e como dono cada vez mais seguro do seu dizer.

Semelhanças e diferenças entre aquisição de língua materna e L2

Faz-se necessário, aqui, uma breve comparação sobre as semelhanças e diferenças entre a aquisição das primeiras línguas e a aprendizagem (sistemática) das segundas línguas. Assim, começaremos observando a situação em que ocorrem esses dois processos.

Podemos afirmar que uma das grandes diferenças entre a aquisição de língua materna em contexto natural e a aprendizagem de uma segunda língua em sala de aula reside no fato de que "na aprendizagem de sala de aula o aluno não se vê compelido a aprender a se comunicar por uma questão de sobrevivência".[23]

A questão das diferenças, portanto, decorre da necessidade da comunicação e da funcionalidade da linguagem envolvida. Na maior parte dos casos, a artificialidade do ambiente de sala de aula, suscitada por métodos também artificiais, denota as causas do insucesso da aprendizagem.

Mais um aspecto a ser considerado é que, uma vez dominada uma língua, o domínio de uma segunda e demais línguas, principalmente se o processo tiver início na idade adulta, estará "afetado por fatores como a semelhança e a dessemelhança entre a estrutura das mesmas e as culturas em jogo."[24]

Por outro lado, para produzir com fluência numa determinada língua é necessário o desenvolvimento de automatismos que se refletem, por exemplo, na realização adequada dos fonemas ou na entonação. A este respeito, Mackey[25] sustenta que, quanto mais velho o aprendiz, tanto menos flexibilidade existe para a aprendizagem de novos automatismos.

Pesquisas em Psicolinguística, no entanto, indicam que o fato de se possuir o domínio de uma língua já garante o funcionamento da linguagem, com todas as repercussões da posse de experiências estruturadas e inteligíveis, via linguagem.[26]

Percebe-se, porém, que os mais velhos possuem maior propensão ao desenvolvimento metalinguístico da língua, caracterizando, assim, maior facilidade de aprendizado de léxicos mais complexos e referentes a experiências mais vastas, de modo geral, bem como a utilização consciente de estratégias de aprendizagem. Tais estratégias diferem-se, portanto, daquelas adotadas pela criança quando aprende a primeira língua num contexto natural, espontâneo.

Podemos, assim, afirmar com Scliar-Cabral que a aquisição do léxico e a capacidade de planejar o discurso numa segunda língua podem ser facilitadas com a maturidade, através de estratégias metalinguísticas conscientes que se concentrem nos procedimentos depois transferidos para o uso da língua. Para essas habilidades, então, quanto maior for o domínio linguístico na língua nativa, tanto mais facilitado o caminho para a proficiência nas segundas línguas nessas habilidades.

O indivíduo adulto, em virtude de sua maturação cognitiva, pode se apoiar em estratégias metalinguísticas de processamento (como o uso explícito da gramática, por exemplo), enquanto a criança chega às generalizações por inferência.

O desenvolvimento cognitivo do adulto permite o entendimento e a comunicação de experiências ausentes no espaço e no tempo (o que a criança consegue no processo de sua maturação). Assim, os textos empregados em sala de aula, por exemplo, não podem ter as mesmas características que aqueles utilizados na interação mãe-infante que está adquirindo a LM.[27]

No que diz respeito a estes dois processos: tanto de aquisição de L1, como de L2, o que melhor os distingue é exatamente o fato de que contribuindo para a aquisição de L2, possui-se já uma língua, bem como a experiência de tê-la adquirido e a consciência de sua utilidade.

Exemplo de pesquisa em aquisição de língua estrangeira

Como exemplo de pesquisa, será mostrada uma parte da tese intitulada: *Aquisição de italiano L2: interferências relativas à similaridade lexical.* Podemos dizer que os estudos aqui apresentados procuram condizer com o sentido da pesquisa de natureza etnográfica em Linguística Aplicada, na medida em que se parte de uma preocupação real vivenciada em sala de aula.

Para ilustrar o que dissemos até o presente momento, mais especificamente no que se refere à aquisição lexical, selecionamos alguns dados da tese de doutorado,[28] que trata, fundamentalmente, da interferência da língua portuguesa na aquisição de língua italiana L2. Podemos dizer que os dados aqui apresentados podem ser considerados de natureza etnográfica, na medida em que se parte de uma preocupação real vivenciada em sala de aula.

O trabalho demonstra a preocupação com o estudo do processo e não com a descrição do produto linguístico. Considera, além disso, os aspectos pragmáticos e culturais para a observação da expressão linguística, num contexto determinado, e parte do fato de que o aprendiz aciona suas capacidades discursiva e linguística, bem como seu conhecimento prévio e de mundo, no processo de construção do conhecimento linguístico.

Como professora de italiano e também como observadora do desenvolvimento da fluência oral dos alunos de L2, pude observar que o aluno, uma vez superadas certas dificuldades no processo de aquisição, continua preferindo usar palavras sinônimas de tronco comum nas duas línguas (por exemplo, usar a palavra *"passata"* no lugar de seu sinônimo *"scorsa"*). Neste caso, não há diversidade na significação, mas o que preocupa de certa maneira é que, muitas vezes, o aluno usa uma palavra sinônima ou homógrafa em português cujo significado em italiano não é exatamente aquele esperado para um determinado contexto.

Se, por um lado, a proximidade das línguas facilita a aquisição da fluência, em que termos e estruturas de L1 são facilmente transferidos na produção de L2, percebemos certa inadequação lexical e uma espécie de "sotaque"[29] na produção oral dos alunos de italiano.

Para o desenvolvimento da pesquisa sobre a aquisição lexical em LE, selecionamos quatro alunos adultos, de faixas de idade diferentes, brasileiros, que já haviam estudado a língua italiana regularmente durante pelo menos três semestres e que, portanto, já apresentavam certo domínio da língua. A escolha dos sujeitos, podemos dizer, foi aleatória e dependeu da disponibilidade e facilidade de encontro entre os mesmos e a professora.

Os sujeitos (alunos) selecionados frequentavam o quarto semestre do curso de "Italiano para principiantes", ministrados por mim em Itapecerica da Serra, às quartas-feiras, das seis às oito horas da noite; o livro didático era o *Qui Italia*. Essas aulas foram baseadas no planejamento do curso de italiano para principiantes, também por mim, ministrado junto ao Departamento de Letras Modernas na FFLCH da USP, durante o primeiro semestre de 1999 até o primeiro semestre de 2000.

Foram selecionados outros três sujeitos nativos italianos, adultos, de diferentes idades (15, 36 e 40), para falarem sobre o mesmo assunto proposto.

O material produzido pelos alunos que nos propusemos a estudar é construído oralmente a partir de um livro de figuras que sugere uma sequência narrativa: *Gorduchito Gorduchão.*[30]

Este trabalho, como já dito, prioriza o estudo da aquisição do léxico. Embora saibamos que o texto escrito possui maior densidade lexical, optamos pela análise do texto oral pelo fato de ser a fala um *processo*, diferentemente da escrita, que é o *resultado de um processo*. Assim, o texto falado representa o próprio processo de construção. Em outras palavras, ao contrário do que acontece com o texto escrito, cuja elaboração dispõe de tempo maior para planejamento, rascunhos, revisões e correções, no texto falado, planejamento e verbalização ocorrem simultaneamente [...] ele é seu próprio rascunho.[31]

Inicialmente, cada uma das alunas juntamente com a professora, em sala separada, utilizou cerca de dez minutos para a construção de seu texto, cuja tarefa tinha sido explicada anteriormente com o grupo.

Ao pedir que os alunos construíssem oralmente uma narrativa em italiano a partir das figuras, deixávamos que eles manuseassem o livro antes de contar a história, a fim de que pudessem conhecer os personagens e acontecimentos, para, assim, construir uma história com base em seus conhecimentos.

Cada participante desenvolveu a atividade proposta sem a presença de outro, a fim de que este não fosse sugestionado a usar algumas das palavras ouvidas durante a atividade do outro. Somente a professora participou, ouvindo, na maior parte do tempo, e auxiliando esporadicamente quando solicitada.

O sujeito não sabia qual era o objetivo do trabalho, apenas era orientado a fazer um trabalho de linguagem coloquial, espontânea e sem obrigatoriedade. Tratava-se de uma atividade que tinha como proposta exercitar a linguagem oral.

Os sujeitos foram, então, solicitados a desenvolver uma narrativa oral, na qual deveriam contar o envolvimento da personagem em situações diversas (no caso, o relacionamento do menino com a mãe, com amigos e com pessoas estranhas). O intuito era fazer com que os narradores se conscientizassem da necessidade de representar estados de coisas complexas, ou seja, eles deviam proceder à tarefa de verbalizar a sequência de várias ações ou acontecimentos. Tais sequências de ações deveriam ser religadas entre si, constituindo um todo de significação a partir da continuidade temática. Os locutores teriam que reagrupar enunciados em uma hierarquia de unidades, construindo um discurso em que deveriam ser asseguradas a *coerência local* (entre duas orações sucessivas), a *coerência episódica* (reagrupamento de orações em parágrafos) e a *coerência global*.

Quanto aos procedimentos metodológicos, optamos pela divisão em 12 situações, de acordo com a sequência de figuras do livro utilizado no momento da coleta de dados: *Gorduchito Gorduchão*. Dessa forma, e considerando também a didática funcional no ensino comunicativo, procuramos recortar as situações de forma que, na medida do possível, o sujeito pudesse ter produzido uma sequência narrativa, descrito uma situação contextualizada.

Paralelamente, pedimos também a três falantes de italiano, de diferentes idades e grau de escolaridade, para fazerem a mesma narrativa. O objetivo era observar e comparar os *corpora* em italiano L2, com alunos adultos brasileiros, e em italiano L2, com nativos adultos, a fim de que pudéssemos melhor identificar e analisar

Aquisição de língua estrangeira numa perspectiva de estudos aplicados   127

as ocorrências de "inadequação linguística", como, por exemplo, a interferência de termos aparentemente semelhantes nas duas línguas, detectadas na produção oral dos alunos de italiano.

Considerando o léxico um elemento importante na veiculação do significado, a intenção era avaliar os aspectos linguísticos priorizando o vocabulário, sem perder de vista os aspectos discursivos, na medida em que os dados foram coletados em situação de narração. Para Binon e Verlinde,[32] "a coerência do discurso é normalmente dependente das próprias relações lexicais [...]; os diferentes substantivos evocam o mesmo conceito e produzem uma série de palavras (ou paradigmas de seleção) que propiciam uma interpretação específica do referido conceito".

Porém, levando-se em conta que os sujeitos concordaram em realizar a tarefa proposta desta narrativa oral (havendo, portanto, intencionalidade comunicativa) e baseada numa sequência sugestiva de figuras, isto já asseguraria, por si só, uma boa parte da tessitura textual. O aluno que já possui certo domínio da língua em questão, bem como os falantes nativos, quando procedem à construção linguística, garantem coerência ao enunciado, o que determina toda a textualidade desse mesmo enunciado.

Nessa perspectiva, propusemo-nos a observar os *corpora* em italiano L2, identificando o apoio na aparência da palavra que sugere um significado pela sua semelhança com uma palavra da língua do falante. Vale lembrar que a influência da língua materna ocorre do julgamento consciente ou inconsciente do aprendiz de que alguma coisa na língua materna (mais tipicamente) é semelhante ou exatamente idêntica à língua-alvo. A interferência é observada, principalmente, quando há a substituição ou a adaptação de uma palavra ou expressão da língua materna para a língua-alvo. Em alguns casos mais raros, há a transferência de uma outra língua estrangeira.

Para a observação das interferências na narrativa gravada, optamos por transcrevê-la integralmente, levando em conta, em cada situação, as construções que contivessem exemplos de transferência linguística.

Apesar de aparecerem, nos exemplos, transferências lexicais, morfológicas e sintáticas, nossa maior preocupação é com a interferência lexical, pois o léxico constitui um dos elementos mais importantes na descrição de uma língua, tornando-se, portanto, mais suscetível de influência por fatores intra ou extralinguísticos.

Quanto às interferências lexicais, dividimo-las em quatro tipos:

I) Interferências a partir da má aplicação de alguma regra de equivalência morfológica na passagem do português para o italiano, originando vocábulos que não existem em italiano.

II) Interferências que preservam o significado em português e, mesmo que a palavra esteja correta em italiano, seu significado não é compatível ao contexto em que está inserida.

128 Aquisição da linguagem

III) Interferências cujo significado, tanto em italiano quanto em português, não é compatível ao contexto em que estão inseridas.

IV) Interferências que preservam tanto o significado quanto o significante em português e são inseridas no italiano.

Para este estudo, consideramos, então, que o aluno, ao produzir uma narrativa oral, aciona não somente sua capacidade linguística, mas também seu conhecimento de mundo e sua capacidade discursiva, que se caracterizam como principais recursos na aproximação ao texto quando falta conhecimento linguístico.

Dessa forma, levando em conta o contexto das narrativas transcritas e a observação da utilização linguística adequada em língua italiana, serão identificados *aspectos pragmáticos e aspectos culturais da linguagem*, em que nos basearemos na transcrição da produção oral em italiano L1 dos sujeitos nativos. Assim, poderemos observar os *modos de falar*, de *se expressar*, mais pertinentes àquele contexto em língua italiana. Além disso, serão observadas situações linguísticas funcionais ou expressões idiomáticas extraídas destas narrativas específicas que poderão ser confrontadas e poderão consistir também na sugestão de construção de um exercício didático a ser utilizado em sala de aula, como conscientização pragmática dos alunos,[33] e na percepção das diferenças de natureza sociocultural.

Priorizaremos, assim, os casos de interferência lexical, o que inclui os falsos cognatos. Paralelamente, dentro de uma perspectiva pragmática, confrontaremos algumas ocorrências de expressões da língua italiana e seus usos correntes em textos de alunos de italiano com aquelas que aparecem em textos dos falantes nativos.

Situação I

(No hospital, a mãe e o recém-nascido, observados pelo pai e pela enfermeira)

Sujeito 1

C'è...C'era una volta una doppia che hanno avuto un bambino...un bel bambino, un tanto grasso ... ma un bel bambino....

Sujeito 2

Eh...Qui si vede la mamma e il babbo che sono in ospedale con l'infermièra quando è nato il figlio.

Sujeito 3

Questa è... maternità... e pappa e mamma molto felice perchè è nato un bambino... un bambino... eh... infermeira.... non so come dire... eh...

Sujeito 4

Un bambino ha nato in... in una maternità e il suo pappà suo padre... sua madre sono felice perchè lui... eh... è il loro primo... primo bambino.

Sujeito nativo 1

C'era una volta una signora che era incínta di un bambino. Quando nacque tutti gli stavano attorno perchè era molto simpatico.

Sujeito nativo 2

Marco nacque in ospedale una bella mattina di sole. Era un bimbo grosso grosso e la cui "levatrice" dopo il bagnetto lo portò ai genitori.

Sujeito nativo 3

Questa è la storia di una bella famigliola... marito e moglie che vivevano nelle campagna del Frenessi... che un giorno hanno dato alla luce un bel figliolo... Tutta salute... era proprio l'incarnazione della salute.

Aspectos linguísticos

Sujeito 1 – *"C'è...C'era una volta una doppia che hanno avuto um bambino."* Nesse início de narrativa, podemos perceber o uso de um falso cognato na utilização da palavra *"doppia"*, que em português é "duplo(a)", no lugar de *"coppia"*, mais adequada para dizer "casal", como pretendia o sujeito.

No entanto, a palavra "dupla" em português não é utilizada para expressar a ideia de um casal: marido e mulher. O sujeito faz a associação imediata de casal por dois, dupla, par, originando uma clara inadequação lexical. É o caso de interferência II, em que o significado em português é preservado e, mesmo que a palavra esteja correta em italiano, seu significado não é compatível ao contexto em que está inserida.

Podemos constatar, nesta primeira situação do sujeito 1, que o processo de inferência e de interferência varia conforme o sujeito estabelece equivalências com a língua materna. O ajustamento da mensagem foi realizado com a generalização da palavra "par/dupla" para significar "casal" (*"coppia"*, em italiano). Essa ocorrência nos leva a considerar que as palavras dotadas de uma significação central (mais pertinente ao contexto) e várias acepções periféricas podem ser sentidas como mais possíveis de ser transferidas.

Quanto ao sujeito 3, é possível observar que ele procedeu à transferência direta da palavra *"infermeira"*, acomodando somente a vogal inicial *"i"*. Em italiano, a palavra *"infermièra"* é muito semelhante à palavra *"enfermeira"* em português, o que nos leva a intuir que o sujeito ou não se lembrou mesmo, ou teve certeza de que estava pronunciando a palavra corretamente. Esse fato pode suscitar dúvida se o sujeito conhecia ou não a palavra em italiano, pois, além de haver muita semelhança linguística, esta não aparece com frequência nos textos vistos em classe pelos alunos, dificultando, assim, sua memorização.

130 Aquisição da linguagem

O mesmo sujeito utiliza "...*non so come dire*..." como recurso conversacional, buscando ganhar tempo para se lembrar da palavra adequada ou para dar continuidade à sua fala. Neste caso, o sujeito não se lembrou da palavra e, mesmo assim, prosseguiu sua narrativa sem pedir ajuda.

Já na construção da frase do sujeito 4 "...*un bambino ha nato*....", como constado em outros trechos do mesmo sujeito, como "...*il bambino ha entrato*...", verificamos a troca do auxiliar "*essere*" por "*avere*" ("*ha nato*", no lugar de "*è nato*"; "*ha entrato*", no lugar de "*è entrato*"), muito frequente entre alunos brasileiros que aprendem a língua italiana. Tais ocorrências podem ser explicadas pelo fato de haver, nos verbos em italiano, uma particularidade no uso do auxiliar *essere* (que geralmente acompanha os verbos principais que indicam movimento), que não permite ao aluno iniciante estabelecer equivalências com a lm, auxiliando-o no momento da construção de um enunciado.

Aspectos culturais e pragmáticos

Se compararmos a utilização das palavras *infermeira* do sujeito 3 e *infermièra* do sujeito 2 àquela usada pelo sujeito nativo 2 *levatrice*, ainda que não se tenha ouvido bem a palavra (problemas na gravação), podemos considerar que haja uma outra para significar o funcionário do hospital que se encarrega dos neonatos.

Embora não seja pertinente compararmos, por razões óbvias, o modo narrativo dos sujeitos, é interessante observar a contextualização que cada sujeito italiano cria para iniciar sua história:

C'era una volta una sugnora che era incinta di um bambino (sujeito nativo1)

Marco nacque in ospedale una bella mattina di sole (sujeito 2)

Questa è la storia di una bella famigliola (sujeito 3)

Os exemplos citados podem caracterizar o modo de se expressar em determinada situação (a entrada em uma narrativa livre, por exemplo), trazendo marcas da cultura italiana, baseada em narrativas escritas.

Com o estudo de 12 situações (das quais somente a primeira foi aqui apresentada), ficaram evidentes a grande influência e sustentação da língua materna no processo de aquisição de uma le. Pelo fato de L1 e L2 serem línguas aparentadas, consideramos que o apoio buscado em L1 e a influência da mesma foram comprovados com as diversas constatações de criação, adaptação ou transposição direta de palavras analisadas na produção dos sujeitos, possibilitadas pela similaridade entre as línguas portuguesa e italiana.

Dessa forma, o fato de o aprendiz de italiano, brasileiro, adulto, conseguir suficiente fluência no seu discurso na língua que está aprendendo, principalmente nas primeiras fases de estudo, deve-se basicamente à facilidade que ele encontra ao "acomodar" as palavras e conseguir fazer-se entender, agilizando, com isto, a continuidade de sua produção oral. Esclarecendo um pouco mais, ainda que tenham ocorrido pequenas pausas para pedido de auxílio para uma palavra ou outra, os sujeitos alunos não tiveram seu discurso bloqueado, truncado, ou se mostraram temerosos em relação à realização da tarefa por não se lembrarem ou não conhecerem determinadas palavras.

A suposição inicial de que ocorria uma certa "acomodação" linguística em relação à preferência de palavras sinônimas de tronco comum não ocorreu de forma significativa na produção oral dos sujeitos aprendizes de italiano, porém a adequação do português no discurso em italiano ocorreu na maior parte dos casos analisados.

Pudemos também avaliar que, mesmo conhecendo palavras comuns (como "falar" = "*parlare*") ou regras gramaticais básicas (como a formação do plural, por exemplo), os alunos, às vezes, não as constroem de maneira adequada em sua produção oral.

Essas avaliações nos levam novamente a refletir sobre a importância da motivação e da aquisição da fluência oral em L2. Vimos em trabalho anterior de mestrado[34] que é a verbalização que organiza o pensamento. Uma vez que a expressão materializada exerce um efeito reversivo na atividade mental no sentido de organizá-la e defini-la, o objetivo da prática oral é justamente melhor organizar e definir a língua no que diz respeito ao vocabulário, às concordâncias e estruturas linguísticas já estudadas pelos alunos.

Ainda que a semelhança entre L1 e L2 conduza a deslizes linguísticos, por outro lado ela possibilita a ativação, por parte dos alunos, de seus conhecimentos prévios (linguísticos, textuais e de mundo), a fim de que eles interajam diretamente e se tornem sujeitos de seu processo de aprendizagem.

Assim, no nosso ponto de vista, a questão da similaridade constitui um elemento importante na aquisição de LE e, conforme sugerimos inicialmente, deve representar um apoio e ser uma aliada no ensino comunicativo de L2.

Voltando à análise dos dados, além de nos servir de referência lexical na comparação do uso de determinadas palavras para as mesmas situações sugeridas pelas figuras do livro, a narrativa feita pelos locutores italianos auxiliou-nos a refletir, sobretudo, no nível pragmático da linguagem, na medida em que as situações propostas são as mesmas para alunos de italiano, o que nos permitiu comprovar maior adequação no uso linguístico.

O referido confronto nos permite também ponderar sobre as variações do uso da linguagem para descrever uma mesma situação e com sujeitos nativos de diferentes idades, sexo, nível socioeconômico e escolaridade. Esse fato nos possibilitou considerar a linguagem enquanto ação social, atividade humana, que depende do contexto, dos interlocutores e da forma como é usada, valorizando, assim, o ensino comunicativo.

Portanto, as situações de interação propostas, a seleção de material e a atenção aos aspectos culturais e pragmáticos, como vimos, podem determinar o êxito de um aprendizado na perspectiva comunicativa, na medida em que estimulam a expressão de opiniões, sugestões, situações funcionais, levando em conta os aspectos linguísticos, culturais e pragmáticos.

Porém, devemos ressaltar que a análise dos dados não se caracteriza apenas pela comprovação conclusiva da hipótese de influência de L1 na aquisição de L2, uma vez que acreditamos que novos estudos poderiam complementá-la, aprofundá-la e trazer à tona novos aspectos da mesma questão. Embora tenhamos constatações importantes para a proposição do que nos dispusemos a fazer sobre a aquisição de língua estrangeira próxima por alunos adultos, brasileiros e aprendizes de italiano, consideramos que a análise de dados com um maior número de sujeitos, brasileiros, adultos, aprendizes de italiano e sujeitos nativos italianos poderia suscitar e elucidar outras questões referentes à compreensão do processo de ensino-aprendizagem de L2.

Por outro lado, julgamos ter conseguido retomar e repensar diferentes abordagens e estratégias de ensino-aprendizagem em le para melhor compreender e analisar a produção oral de estudantes adultos e aprendizes de italiano. Lembramos que esta busca de orientação teórica diversificada, influenciada pela tendência transdisciplinar da área de pesquisa em Linguística Aplicada que nos foi despertada no decorrer da pesquisa, acabou conferindo, sem dúvida, um caráter mais teórico que empírico ao presente trabalho. Assim, nesta empreitada, postulamos uma visão de formação de professor que envolva, sobretudo, um conhecimento de natureza linguística, que focalize a linguagem do ponto de vista processual, ou seja, da perspectiva do uso/usuário, e que lhe forneça subsídios suficientes para uma reflexão crítica sobre a prática de ensino-aprendizagem de uma língua estrangeira em sala de aula.

Para finalizar, devemos colocar ainda que foram apresentados, até aqui, alguns elementos importantes para que o estudante-pesquisador possa iniciar suas reflexões sobre a aquisição de Língua Estrangeira, procurando atentar a uma preocupação com o social, com o ser humano, na busca do entendimento dos processos de aquisição e dos usos da linguagem em determinadas situações. O intuito deste artigo foi também o de despertar a percepção do caráter processual dos estudos teóricos em geral e apontar a necessidade da busca de mais de uma teoria ou área de estudo para entender e explicar a linguagem e seu processo de aquisição, como resultado de uma construção e adequação de significados linguísticos.

A exposição de parte da pesquisa de campo realizada com a língua italiana, utilizada como exemplo, pretendeu propor ideias para novos estudos sobre aquisição em le e em Linguística Aplicada, áreas em pleno desenvolvimento no Brasil.

Notas

[1] Moita Lopes, 2003.
[2] Corder, 1967.
[3] Moita Lopes, op. cit.
[4] Venturi, 2004.
[5] Kleiman, 1998, p. 55.
[6] Jupiassu, 1992, apud Moita Lopes, 1998, p. 87
[7] Moita Lopes, 1998.
[8] Portella, 1992.
[9] Signorini, 1998.
[10] Castro, 1996.
[11] Krashen, 1982.
[12] Castro, op. cit.
[13] Ellis, 1986.
[14] Castro, op. cit.
[15] Leffa, 1988.
[16] Scarpa, 2001.
[17] Scarpa, op. cit.
[18] Serrani-Infante, 1997.
[19] Revuz, 1991.
[20] Serrani-Infante, op. cit.
[21] Revuz, op. cit.
[22] Revuz, op. cit.
[23] Slama-Cazacu, 1983, apud Scliar-Cabral, 1988.
[24] Scliar-Cabral, op. cit.
[25] Mackey, 1983, apud Scliar-Cabral, op. cit.
[26] Scliar-Cabral, op. cit.
[27] Scliar-Cabral, op. cit.
[28] Venturi, 2004.
[29] Termo utilizado em González, 1994.
[30] Chueire, 2000.
[31] Koch, 2000.
[32] Apud Leffa, 2000.
[33] Busnardo Neto e El-Dash, 2000.
[34] Venturi, 1997.

Bibliografia

BUSNARDO NETO, J. M.; EL-DASH, L. G. Iniciação na pragmática: reflexões sobre a conscientização pragmática para professores e alunos de línguas. *Trabalhos em linguística aplicada*. Campinas: Unicamp, n. 36, pp 43-50, 2000.

CASTRO, S. T. R. de. As teorias de aquisição/aprendizagem de 2ª língua/língua estrangeira: implicações para a sala de aula. *Contexturas*. Universidade de Taubaté: APLIESP, n. 3, pp. 39-46, 1996.

CHOMSKY, N. *Aspects of the theory of syntax*. Cambridge: The MIT Press, 1965.

134 Aquisição da linguagem

CHUEIRE, C. *Gorduchito Gorduchão*. Curitiba: Luz e Vida, 2000.

CORDER, S. P. The Significance of Learner's Errors. *Iral*, n.4/5, pp. 161-70, 1967.

ELLIS, R. *Understanding Second Language Acquisition*. Oxford: Oxford University Press, 1986.

GONZÁLEZ, N. T. M. *Cadê o pronome? – O gato comeu*. Os pronomes pessoais na aquisição/ aprendizagem do espanhol por brasileiros adultos. São Paulo, 1994. Tese (Doutorado em Linguística) – Faculdade de Filosofia Letras e Ciências Humanas, Universidade de São Paulo.

KLEIMAN, A. B. O estatuto disciplinar da Linguística Aplicada: o traçado de um percurso, um rumo para o debate. In: SIGNORINI, I.; CAVALCANTI, M. C. (org.). *Linguística Aplicada e transdisciplinaridade*. São Paulo: Mercado das Letras, 1998.

_____. *Oficina de Leitura*: teoria e prática. Campinas: Pontes, 2002.

KRASHEN, S. D. *Principles and Practice in Second Language Acquisition*. Oxford: Pergamon Press, 1982.

LEFFA, V. J. M. (org.). *As palavras e sua companhia*. Pelotas: Educat, 2000.

_____. *Oficina de Linguística Aplicada*: a natureza social e educacional dos processos de ensino/aprendizagem de línguas: tendências atuais da pesquisa na área de ensino/ aprendizagem de línguas no Brasil. São Paulo: Mercado das Letras, 2003.

MACKEY, F. *Bilinguisme et contact des langues*. Paris: Klincksieck, 1983, pp. 308-9.

MOITA LOPES, L. P. da. A transdisciplinaridade é possível em Linguística Aplicada? In: SIGNORINI, I.; CAVALCANTI, M.C. (org.). *Linguística Aplicada e transdisciplinaridade*. São Paulo: Mercado das Letras, 1998, pp. 113-28.

REVUZ, C. *Apprentissage d'una langue étrangère et rélation à la langue maternelle*. Paris: Univ. Paris VII, 1987, mimeo.

SCARPA, E. M. Aquisição da linguagem. In: MUSSALIM, F.; BENTES, A. C. (org.). *Introdução à linguística 2*. São Paulo: Cortez, 2001, pp. 203-29.

SCLIAR-CABRAL, L. Semelhanças e diferenças entre a aquisição das primeiras línguas e a aprendizagem sistemática das segundas línguas. In: BOHN, H.; VANDRESEN, P. *Tópicos de Linguística Aplicada*. Florianópolis: UFSC, 1988, pp. 40-9.

SERRANI-INFANTE, S. Formações discursivas e processos identificatórios na aquisição de línguas. *DELTA*, [s. l.], v. 13, n. 1, p. 63-81, 1997.

SIGNORINI, I.; CAVALCANTI, M. C. (org.). *Linguística Aplicada e transdisciplinaridade*. Campinas: Mercado de Letras, 1998.

VENTURI, M. A. *A importância da conversação em cursos de italiano L2*. São Paulo, 1997. Dissertação (Mestrado em Letras) – Faculdade de Filosofia Letras e Ciências Humanas, Universidade de São Paulo.

_____. *A aquisição de italiano L2: interferências relativas à similaridade lexical*. São Paulo, 2004. Tese (Doutorado em Linguística) – Faculdade de Filosofia Letras e Ciências Humanas, Universidade de São Paulo.

VYGOTSKY, L. S. *Pensamento e linguagem*. Trad. Luiz Camargo. São Paulo: Martins Fontes, 1978.

Escrita e interação

Mônica de Araújo Fernbach

> Escrevo tão lentamente/ que tudo se encadeia e
> quando modifico uma palavra/
> é necessário às vezes que eu mexa em várias páginas.
> (Gustave Flaubert)

A diversidade de estudos realizados sobre a escrita nos últimos tempos revela o grande interesse que este assunto desperta em várias disciplinas. A análise de manuscritos de escritores e de rascunhos de estudantes, as descrições dos processos redacionais e as pesquisas pedagógicas refletem uma preocupação comum: o que acontece quando escrevemos? Nessa perspectiva, a atenção se dirige ao texto não como um dado definitivo, mas como um conjunto de atividades por meio das quais o texto se constrói. Focalizados na gênese do texto, esse estudos procuram compreender o trabalho enunciativo do sujeito que escreve e os diferentes procedimentos que ele efetua. A partir daí, a escrita não é mais vista como procedente do dom ou da inspiração, mas sim como uma prática transformadora do material *linguageiro*.

Esses trabalhos, emanantes de campos disciplinares diferentes, repercutiram na escola e promoveram a renovação da didática da escrita, tanto no que concerne à produção como à correção de textos. Assim, surge uma corrente que, através de dispositivos variados, encoraja o aluno a reexaminar o seu texto, a modificá-lo, enfim, a se empenhar em um verdadeiro trabalho de reescrita. Nesse sentido, interrogar-se sobre a produção de textos de escritores principiantes em situação escolar consiste em analisar não mais o produto final, mas a maneira como o texto se constrói em seus diferentes estados, e em estudar a dinâmica das interações cujo objeto é a reescrita.

Dessa forma, abordaremos no presente ensaio alguns dos diferentes procedimentos implicados no processo redacional em situação de produção em duplas de uma narrativa em que a interação se torna um meio de estudo da dinâmica da produção escrita. Para tanto, utilizaremos fragmentos do diálogo entre as duplas (uma de meninos e uma de meninas), formadas por crianças de 9 anos, que tiveram como instrução inicial o pedido para escreverem, em pares, uma história de terror, diretamente no computador, sem rascunho nem suporte de papel e lápis.

As gravações foram realizadas em dezembro de 1997, em três sessões (sessão de quarenta minutos a uma hora), em uma escola de informática da cidade de Tietê (SP). As crianças pertencem à classe média alta. Todas frequentam a mesma escola particular e têm em casa um computador.

Essa forma de estudo do texto escrito inverte as perspectivas habituais, visto que ela aborda a escrita a partir da sua fabricação oral. Nosso *corpus* oral fornece indícios significativos para que possamos estudar a dinâmica da produção escrita a partir das narrativas. As formulações sucessivas, a negociação dos problemas encontrados, o fato de oralizar o texto no momento do ditado, as correções e as avaliações fornecem indicações extremamente preciosas sobre o desenrolar do processo de produção do texto.

O procedimento utilizado é empírico e indutivo. Os métodos descritivos se inspiram na análise do diálogo e da conversação, na Linguística Discursiva, na gramática do texto e na psicolinguística dos formatos de aprendizagem. O objetivo é colocar em evidência o processo da escrita, destacando alguns dos procedimentos utilizados, bem como o raciocínio das crianças nas diferentes fases de elaboração da narrativa, graças à interação que as obriga a verbalizar e à análise dos diálogos.

Antes, porém, de entrar na análise desses fragmentos – que compreenderá, num primeiro momento, um breve estudo das operações que compõem o processo redacional, mostrando a diversidade dos movimentos dialógicos implicados na criação do texto e, em seguida, a análise dos comentários metarredacionais – citaremos alguns trabalhos importantes na área para uma melhor compreensão dos diferentes tipos possíveis de abordagens no estudo da produção escrita.

Aspectos teóricos

Tentar elaborar uma definição da escrita é ir de encontro ao aspecto multidimensional das competências que ela coloca em prática. Por essa razão, nós faremos referência a estudos que, apesar de abordarem problemáticas ou objetos tão diferentes, ajudam a esclarecer fenômenos que interagem no ato escritural.

É o caso das descrições dos processos redacionais propostas pelos psicolinguistas e psicólogos cognitivistas que, seguindo as experiências com escritores principiantes e com escritores experientes, apresentam um quadro de referência que permite uma melhor compreensão das dificuldades da criança que escreve.

O objeto de estudo dos especialistas em manuscritos é completamente diferente, posto que eles buscam, a partir das rasuras e variantes que apresentam os rascunhos de escritores, a "gênese do texto", o movimento próprio da escrita em suas diferentes etapas. É nessa problemática que se inscreve igualmente a análise que faz Fabre[1] dos rascunhos de estudantes.

Esses estudos sublinham a importância das atividades metalinguísticas do escritor quando este reexamina o seu texto. Numa ótica diferente, mas complementar, autores como Vygotsky[2] e Bakhtin[3] explicitam o papel fundamental que tem a escrita na interação social.

Os processos redacionais

O modelo psicocognitivo das atividades redacionais de Hayes e Flower,[4] apresentado por Garcia-Debanc,[5] permite distinguir as competências colocadas em prática no ato da escrita. Considerada por estes autores como uma situação de "resolução de problema", a produção do texto requer, segundo eles, três tipos de operações feitas pelo escritor:

- a *planificação*, que engloba as atividades de concepção (determinação dos objetivos atribuídos ao texto, bem como do tipo e do conteúdo do texto), de organização (escolha de uma ordem, seleção dos elementos a utilizar) e de remodelagem (adaptação do tipo de discurso ao público alvo);
- a *"microplanificação"* (segundo a terminologia de Fayol e Schneuwly),[6] que designa a atividade de redação propriamente dita: organização dos enunciados no respeito das regras globais (tipo de texto, coerência macroestrutural) ou locais (ortográficas, sintáxicas, lexicais);
- a *revisão*, que concerne à releitura (reconhecimento dos erros de ortografia, sintaxe e léxico; detecção de efeitos de incompreensão, contradições, inexatidões; conformidade do texto produzido com o texto esperado), ao remanejamento (os últimos retoques) e à reescrita.

Esse modelo tem o mérito de dissociar operações cuja execução efetua-se concomitantemente em alguns casos e, em outros, numa ordem que varia segundo quem escreve. O protocolo de experimentação de Hayes e Flower (verbalização dos sujeitos sobre o que eles estão fazendo durante suas produções) atesta a diversidade das estratégias empregadas, mas destaca que certas operações são dominantes em determinados momentos do processo (a planificação, por exemplo, efetua-se de preferência no início). Esses autores constatam igualmente que o escritor eficaz se caracteriza pelas idas e vindas entre os diferentes níveis.

As operações de revisão são constantes e intervêm, a cada momento, no processo da atividade da escrita, mesmo na criança, como testemunha o estudo de Fabre[7] sobre os rascunhos de estudantes. Nota-se, contudo, como afirmam Hayes e Flower, que se 30% dos bons escritores fazem suas correções após a releitura da primeira versão, 96% dos principiantes as fazem durante a redação (como veremos a seguir nos exemplos tirados do nosso *corpus*).

Segundo Bartlett,[8] a revisão comporta três componentes: a detecção, a identificação e a correção.

– A *detecção* das disfunções supõe, por um lado, um distanciamento do escritor em relação ao seu próprio texto, um tipo de desdobramento; de escritor, ele se torna leitor. Ele deve então fazer uma abstração dos "conhecimentos privilegiados" que ele tem enquanto escritor para construir a imagem do texto que teria um leitor externo, para julgar os efeitos de sentido ou de incompreensão que o texto provoca; por outro lado, ele deve fazer a relação entre o seu texto e o conjunto de objetos culturais no interior do qual este escrito se insere. Em outras palavras, deve comparar o estado de seu texto com o que Genette[9] chama de "hipertexto"[10] e avaliar, assim, sua congruência. A experiência realizada por Bartlett com crianças de 10 a 11 anos o conduz a concluir que é mais fácil para elas detectarem os problemas numa heteroavaliação que numa autoavaliação. Mas perceber a disfunção não é suficiente. É necessário, ainda, identificá-la.

– A *identificação* necessita mais que uma consciência implícita das normas de referência (sejam elas linguísticas, discursivas ou textuais); com efeito, é diferente dizer "não está bom" e esclarecer "por que não está bom". Essa identificação presume uma comparação entre o que está escrito e o que, em virtude de um projeto ou de uma norma, gostaríamos que emergisse. Trata-se, então, de uma atividade metadiscursiva que se baseia numa representação precisa do texto já existente e numa antecipação do texto futuro.

– A *correção* dos erros, além de implicar uma tomada de consciência dos problemas existentes, marca a passagem de uma competência declarativa "eu tenho que fazer" a uma competência processual "eu faço"; em outras palavras, a passagem de um "saber" a um "saber fazer". Ainda que pontual, essa atividade de reescrita coloca em prática as mesmas competências que qualquer atividade de escrita. Localizada num ponto do texto, ela implica, porém, uma visão da economia global e a organização das modificações em função do projeto de escrita e do destinatário. A inserção de novos elementos num texto é fonte de dificuldades na medida em que essas modificações repercutem em outros segmentos do texto.

Esses trabalhos de origem anglo-americana suscitaram nos últimos anos o interesse dos didatas da escrita. Com efeito, eles propõem aos docentes instrumentos de análise e modos de ação que permitem uma nova visão da pedagogia da escrita. Entretanto, a preocupação deles, sendo mais pedagógica que linguística, leva-os a modelar procedimentos que não consideram a diversidade das estratégias discursivas efetuadas pelos escritores.

A gênese do texto

As pesquisas realizadas sobre os manuscritos de escritores e rascunhos de estudantes situam-se numa problemática diferente. A intenção destas não é descrever procedimentos gerais, mas sim compreender, a partir das marcas visíveis que constituem os rascunhos, o percurso do escritor, da sua primeira versão ao texto definitivo.

Os manuscritos de escritores

Como escreve Fuchs:[11]

> Através de seus riscos, rasuras e outros esboços abortados, que traduzem as hesitações e os arrependimentos do autor, os rascunhos oferecem um precioso testemunho sobre o próprio processo de produção do texto definitivo: através da atividade de reformulação, cujas versões sucessivas constituem tantas marcas, delineiam-se as operações constitutivas desta produção.[12]

É claro que o caráter fragmentário das marcas submetidas à análise não dá conta completamente do processo de produção. O estudo dos documentos autográficos (que Bellemin-Noël[13] chama de "antetexto")[14] de Lautréamont,[15] de Heine[16] ou de Proust,[17] por exemplo, diz respeito somente aos aspectos específicos dos manuscritos e não serve para generalizações.

Lebrave[18] observa que "é impossível reconstruir o processo real de produção do rascunho pelo escritor. E mesmo se remediássemos esta lacuna, empreeendendo, por exemplo, experiências com escritores, mesmo assim não teríamos acesso ao conjunto dos processos cognitivos postos em prática durante a produção de um texto."

Entretanto, esses estudos sobre a gênese dos textos, além de um novo ponto de vista que dão às obras, abrem novas perspectivas sobre a criação e, como afirma Lebrave,[19] "ajudam a colocar em prática uma teoria da escrita". Designado por Grésillon e Lebrave[20] como "um local de conflitos discursivos", o manuscrito revela as hesitações, as escolhas incesssantes e instáveis realizadas pelo escritor numa "dupla locução", que o torna, ao mesmo tempo, o sujeito emissor e o primeiro leitor de seu texto. O manuscrito nos "dá acesso àquilo que antecede a palavra polida, lisa e linear do texto acabado" e torna perceptível o trabalho metalinguístico que, através de reformulações sucessivas, engendra o texto, desenhando assim "o percurso das possibilidades sucessivamente rejeitadas".[21]

O estudo das variantes permite, por outro lado, abordar de modo diferente (sem, portanto, resolvê-lo) o problema do projeto e do equilíbrio frágil que se instaura entre a intencionalidade do escritor e a realização do texto. Como nota Rey-Debove:[22]

140   Aquisição da linguagem

Se o projeto é inacessível no texto acabado, no texto corrigido, ele se deduz a partir do conjunto das modificações realizadas, na medida em que podemos organizá-las. Quanto mais as correções são numerosas numa parte do texto, mais facilmente conheceremos esse projeto pelo eixo que elas desenvolvem.

Assim, as rasuras e as modificações levam em conta o movimento do projeto que, no início, pelo menos nos textos literários, não é dado inteiramente, mas se determina progressivamente. "A partir de uma intenção de significação inicial, o autor tenta se aproximar da formulação mais adequada e forja, dessa forma, seu próprio pensamento."[23] Trata-se, então, para o autor de "otimizar" seu texto, de realizar algo no sentido daquilo que ele tinha em mente, de forma mais ou menos consciente.

As pesquisas sobre os manuscritos de escritores, embora ultrapassem amplamente a utilização restritiva que fizemos, permitem esclarecer de modo diferente os processos postos em prática em qualquer situação de escrita. Por essa razão, elas constituem uma das referências indispensáveis para aquele que se interroga sobre a produção de textos, mesmo de escritores principiantes.

Os rascunhos de estudantes

O estudo de Claudine Fabre[24] sobre os rascunhos de estudantes se inscreve no grupo de trabalho dos especialistas em manuscritos, aos quais ela se refere explicitamente ao adotar a mesma metodologia que eles. Ela analisa, através dos estágios sucessivos e das rasuras de rascunhos de estudantes (300 produções, cada uma com três versões) da 4ª a 8ª série, "o caminho particular que constitui a própria dinâmica da produção". "Marcas objetivas, lacunosas e problemáticas de operações que abordam a linguagem", as rasuras testemunham "a relação instável dos escritores com o sistema da língua e com a gênese do discurso".[25]

O estudo da tipologia e do funcionamento das variantes permite, apesar do aspecto intensamente idiossincrático das condutas de construção do texto, destacar as tendências gerais e constatar uma evolução entre as diferentes turmas escolares.

1. A ocorrência de rasura aumenta ao longo da escolaridade sem que seja realmente possível estabelecer uma correlação entre quantidade e qualidade. Esse aumento atesta, em todo caso, o desenvolvimento das atividades metalinguísticas dos escritores.

2. A natureza das variantes (substituição, acréscimo, supressão, deslocamento) evolui de uma série a outra. Se as substituições (45%) dominam todos os rascunhos e permanecem como "a variante por excelência nos textos estudantis", estas tendem, porém, a diminuir ao longo da escolaridade em benefício do acréscimo. Essa tendência confirma, por outro lado, as observações feitas pelos estudos anglo-saxônicos sobre os textos intermediários de adolescentes e adultos, nos quais a substituição é a variante mais representada. As supressões são majoritárias nos textos da 4ª série, enquanto o

acréscimo é inexistente. Essas duas variantes evoluem de forma inversa e, a partir da 6ª série, os acréscimos são mais frequentes que as supressões. Segundo Fabre, o acréscimo demonstra a competência do escritor, sendo a variante mais utilizada pelos escritores experientes. Efetuado essencialmente durante a releitura do texto, uma vez que uma primeira versão já foi produzida, o acréscimo afeta tanto o funcionamento da criação da referência quanto o da textualidade ou da subjetividade.

3. As modificações provocadas pelas variantes concernem, sobretudo, às unidades lexicais e são majoritariamente subordinadas às unidades ortográficas ou morfológicas. Fabre nota, porém, que as modificações gráficas diminuem na 5ª e 7ª séries.

Nos rascunhos de narrativas, o autor observa que as variantes aparecem essencialmente nas "três zonas de transição discursivas: nos enunciados de introdução, nas fronteiras dos discursos indiretos e na conclusão"; os acréscimos iniciais encontrados se justificam, assim, pelas orientações indispensáveis em qualquer narrativa, e o acréscimo final, pelo sentido que ele dá ao enunciado. A preocupação metadiscursiva da criança nesses momentos cruciais da narrativa é observada nas rasuras.

Como se produz o encadeamento das variantes, sobretudo, nos casos de solicitação de acréscimo? Fabre observa que as variantes interagem e que a modificação de um segmento desencadeia frequentemente várias outras alterações: "é a partir do jogo entre as variantes e da mistura entre elas que o texto em construção toma forma".[26] Nesse ponto, há convergência com as observações feitas pelos psicolinguistas.

Escrita e atividades metalinguísticas

Toda escrita que implica uma releitura do texto desperta uma reflexão sobre a linguagem. As modificações realizadas no texto pelo escritor, rasuras, reformulações e paráfrases, necessitam desta "capacidade da linguagem de proliferar-se dela mesmo",[27] o que caracteriza a função metalinguística tal como a define Jakobson:[28] "cada vez que o destinador e/ou destinatário julgam necessário verificar se eles utilizam realmente o mesmo código, o discurso é centrado no código: ele exerce uma função metalinguística (ou de glosa)".

Dada a importância dessa atividade na produção *linguageira* das crianças, apresentaremos aqui algumas das principais teorias, interrogando-nos sobre as formas particulares que ela reveste na situação singular de escrita coletiva.

A utilização do termo "metalinguístico" pelos linguistas torna-se efetiva somente após os anos 1960, portanto é relativamente recente. Em 1963, Jakobson situa, entre as seis funções da linguagem, a função metalinguísticam que "concerne à atividade linguística que considera a própria linguagem como objeto de estudo".[29]

Essa noção de *metalinguageiro* foi amplamente retomada pelos linguistas, mas a heterogeneidade dos fenômenos reunidos por esse conceito incitou alguns, dentre eles, a

142 Aquisição da linguagem

estabelecer, no campo designado, certas distinções. Rey-Debove,[30] por exemplo, propõe a distinção entre a metalinguagem científica, lógica e gramatical, e a metalinguagem natural, presente em todos os tipos de discurso, do familiar ao poético.

Gombert[31] diferencia as manifestações de uma atividade consciente sobre a linguagem "tratada como objeto do pensamento" e as manifestações que procedem de uma atividade "pré-consciente". Ele se alia a Culioli,[32] utilizando o termo "epilinguístico", "para designar as atividades metalinguísticas não conscientes", afirmando assim que o caráter reflexível é, por definição, inerente ao metalinguístico.

As experiências realizadas pelos psicolinguistas anglo-saxões (Hakes, Van Kleek etc.), aos quais Gombert faz alusão, fazem do caráter consciente dos comportamentos *linguageiros* o critério de reconhecimento das atividades metalinguísticas, sobretudo na criança. Eles observam que as produções epi e metalinguísticas não se manifestam no mesmo contexto enunciativo. A este propósito, Fabre[33] escreve:

> Supõe-se que as atividades epilinguísticas são geralmente concomitantes à enunciação de base, enquanto as metalinguísticas se situam após esta enunciação. De fato, visto que o caráter consciente se observa através do discurso, e que toda produção linguageira se desenrola no tempo, as reflexões sincronizadas com o discurso que as motiva não podem assumir outro estatuto que o epilinguístico; por exemplo, se há um duplo discurso, sendo um interno ao outro, somente o discurso veicular, articulado foneticamente, pode ser ouvido.

Nessa perspectiva, todas as modificações feitas no texto pelas crianças, reformulações, paráfrases, correções, enfim, toda atividade que envolve uma reflexão sobre a linguagem, implicaria uma atividade metalinguística. Por outro lado, a distinção entre esses dois tipos de atividade se revela sutil, visto que o retorno ao texto, que seria de ordem metalinguística, não é sempre acompanhado de um discurso explícito. Então como decidir o grau de conscientização das crianças quando elas remanejam seus textos?

Essa questão nos parece extremamente delicada, por isso, sem aprofundar esse debate, consideramos a atividade das crianças que modificam, corrigem e comentam seus textos como a manifestação de uma atividade metalinguística mais ou menos consciente – que, aliás, é mais interessante analisar que etiquetar.

Após essas considerações, é importante ressaltar que nos exemplos tirados da nossa análise sobre a redação cooperativa (que nós veremos mais adiante), empregaremos, de acordo com a terminologia de De Gaulmyn,[34] o termo "metarredacional" para designar o conjunto de atividades implicadas na construção das narrativas: de uma parte, as referências às regras gramaticais e às convenções de uso, assim como as escolhas lexicais – permutações mais centradas na língua que no código (o que pertence à esfera do metalinguístico); de outra, os comentários sobre o que foi dito ou feito, as justificativas, as refutações, as explicações – enfim, todas as trocas que dizem respeito à narrativa que está sendo construída (o que pertence mais à esfera do metadiscursivo).

Escrita, interação e dialogismo

Partindo do princípio, retomado por Kerbrat-Orecchioni,[35] de que "todo o discurso é uma construção coletiva" ou uma "realização interativa" (o que nos remete a Bakhtin, figura de maior destaque nessa matéria, mas também a Jakobson),[36] evocaremos, primeiramente, dois modelos gerais que abordam a interação nos eixos social e psicológico. Em seguida, citaremos Bakhtin, a quem devemos o conceito de "dialogismo", para aprofundar essa reflexão que concebe que todo discurso se inscreve em um processo dialógico.

Segundo certos sociolinguistas, em particular Goffman,[37] toda ação da sociedade remete a um fenômeno de interações sociais; crianças que trabalham juntas na escola ou num grupo exercem influências mútuas, trocando mensagens de uma maneira contínua. Nessa perspectiva, podemos considerar que a interação que ocorre numa situação de conversação implica uma determinação recíproca e contínua do comportamento dos parceiros presentes.

Goffman propõe uma visão bem realista da interação social, dizendo que a interação não se dá sempre num clima de harmonia. Ele leva em conta, assim, o desacordo – frequentemente camuflado pela indulgência – e o considera como parte integrante do modelo de análise da interação em situação de conversação e não como uma exceção a esse modelo. A manutenção do jogo social implica, então, um acordo "de aparência" entre os indivíduos em interação que, geralmente, evitam os longos conflitos em benefício do bom encaminhamento de seu trabalho.

Para Vygotsky,[38] a língua escrita, como todas as funções psíquicas superiores, constrói-se através da interação social. É na relação do indivíduo com o meio e graças à mediação do grupo social ao qual ele pertence que se elabora a aquisição das práticas *linguageiras*. No caso da língua falada, a dinâmica da situação provoca reações/ajustes em cadeia da parte dos locutores que administram juntos a situação de linguagem.

> Cada frase, cada conversa é precedida da aparição de um motivo, isto é, por qual razão eu falo, em que fonte de impulsões e de necessidades afetivas se alimenta essa atividade [...] No caso da linguagem oral, não se precisa criar uma motivação. É a dinâmica da situação que trata disso. O diálogo [...] é uma cadeia de reações.[39]

A situação de interlocução exerce esse controle sobre o sujeito falante, conduzindo-o a transformar constantemente sua atividade para torná-la mais eficaz. Esse controle é possível graças à copresença dos interlocutores e ao contexto no qual essa situação se atualiza.

Ora, essa interação que rege todo diálogo parece menos evidente quando se trata da escrita, que aparece mais como uma atividade solitária, mais monológica que dialógica. É o que constata Vygotsky:[40]

> Para a língua escrita, nós somos obrigados a criar nós mesmos a situação, mais precisamente, a representá-la em nosso pensamento. De uma certa maneira, a utilização da língua escrita supõe uma relação com a situação fundamentalmente diferente da que existe no caso da língua oral; ela exige uma relação mais independente, mais voluntária, mais livre.

A produção da escrita implica a representação abstrata de uma situação (objetivo, destinatário) e uma visão global do texto. Sob o "controle" de um único escritor, a organização do texto supõe, então, que sejam interiorizadas, ao mesmo tempo, uma ideia do texto a produzir (chamada também de "planificação") e uma representação do leitor ao qual o texto é destinado. Essa "linguagem interior", constituinte da escrita, segundo Vygotsky, e que "se autorregula de maneira voluntária e consciente", designa assim o texto como um local de atividades autorreflexivas que colocam em prática as competências metacognitivas do escritor. Esse funcionamento da "linguagem interior" é visto de uma forma diferente por Bakhtin, que o descreve em termos dialógicos.

De fato, é a Bakhtin, autor que muitos pragmáticos reivindicam, que devemos o conceito de "dialogismo". Sublinhando, como Vygotsky, que toda prática *linguageira* se efetua numa interação social,[41] ele estende o conceito de dialogismo a toda atividade do sujeito pensador. A escrita e, de forma geral, todo pensamento humano, se constitui, segundo esse autor, em um diálogo entre si e o outro que existe em si, entre o indivíduo e as diferentes instâncias sociais que o habitam. Por essa razão, a subjetividade só pode ser construída na intersubjetividade; e o monólogo, no diálogo. Como escreve Bakhtin:[42] "nós afirmamos sem hesitação que os discursos mais íntimos são também de ponta a ponta dialógicos; eles são marcados pelas avaliações de um ouvinte potencial".

O monólogo interior, constituinte da escrita, segundo Vygotsky, seria para Bakhtin essencialmente dialógico: "o autor é aquele capaz de falar para si na linguagem do outro, para o outro na sua própria linguagem".

Assim, o texto se analisa como um diálogo, como retomada-modificação dos textos anteriores, como antecipação da compreensão responsiva de outrem estruturado pelo dialogismo interior. Esse fenômeno de inter-relação dialógica, esse cruzamento de vozes, é um dos aspectos da intertextualidade, isto é, o diálogo que o texto produzido mantém com os textos anteriores.

De fato, é graças às indicações contidas no texto, relacionadas com as convenções implicitamente aceitas pela comunidade cultural ao qual ele pertence, que o leitor poderá identificar seu potencial pragmático e então reunir os cenários pré-fabricados úteis a sua interpretação.

Todo texto se inscreve assim numa prática social dominante (que a retórica clássica categoriza em "gêneros") que o obriga a administrar sua intertextualidade, a levar em conta implicitamente e, muitas vezes, inconscientemente, o conjunto das convenções do intertexto com o qual ele se associa, mesmo que seja somente para se distinguir deste.

O estudo do *corpus* que mostraremos a seguir se situa numa perspectiva ao mesmo tempo *dialógica* – no sentido que favorece um diálogo sobre os textos produzidos, colocando em relação os corredatores; *interativa* – na medida em que as observações de um produzem a reflexão e a correção de outro; e *intertextual* – porque ela associa texto produzido e escritos já existentes.

Análise da dinâmica do diálogo

Se isolarmos de forma precisa, no diálogo, as produções orais relativas à criação do texto, observamos que elas remetem a procedimentos diversos, isto é, referem-se a:

1. um conjunto de operações de formulação e reformulação[43] sucessivas que provocam reações de aceitação ou não, assim como de oposição de pontos de vista intra ou interparceiros e que, em relação aos interlocutores, se manifestam em heterocontinuidade ou em autocontinuidade, com ou sem incidência no texto escrito;

2. um conjunto de comentários "metarredacionais" sobre o trabalho realizado, isto é, avaliações, explicações, argumentos, escolhas lexicais ligadas a uma preocupação com o sentido, referências às regras gramaticais e à instrução inicial.

Tentaremos, então, compreender esses diferentes movimentos discursivos, insistindo na dinâmica inerente a esse trabalho.

Redação cooperativa: como cada elemento aparece no texto final?

Como nota De Gaulmyn, numa redação cooperativa a gravação das conversas das crianças permite a observação do processo redacional tal como ele se desenvolve ao longo da atividade de coconstrução. Temos assim acesso aos diversos movimentos dialógicos: proposições, negociação de versões, críticas, correções, explicações, argumentações etc., enfim, à maneira como elas mostram e problematizam seus conhecimentos sobre a atividade redacional, respeitando a instrução inicial, antes de colocá-los em prática.

Elas mostram os métodos que elas aplicam, a decomposição do trabalho delas, o tamanho das unidades tratadas e o encadeamento das unidades textuais, a natureza das dificuldades encontradas e as soluções prospostas, assim como a relação que cada escritor mantém com a escrita.[44]

Bouchard e De Gaulmyn[45] descreveram as operações que compõem o processo redacional, precisando que, além do fato de serem mutualmente dependentes umas das outras, frequentemente elas se sucedem, implicando-se logicamente, podendo se cruzar e admitindo idas e vindas. Eles distinguiram cinco fases no processo de redação:

– *elaboração conceitual ou pré-formulação*: os parceiros verbalizam o conteúdo importando-se com o sentido e não com a maneira de escrever. Eles exploram e negociam a importância e os limites das informações que devem ser transmitidas. Notamos expressões como: "o que você quer dizer? O que temos que colocar agora?";

– *elaboração redacional*: os parceiros fazem as suas formulações que, até o momento de serem aceitas, serão parafraseadas, repetidas, reajustadas, com mais ou menos entusiasmo. Os problemas ligados ao sentido (lexical ou global), observados aqui, são objeto de discussões durante as quais soluções são propostas e justificadas. A expressão de acordo ("isto está muito bom; é, isso, ótimo") lança a atividade de inscrição;

– *inscrição*: o segmento adotado é ditado ao escritor ou o escritor o oraliza no momento da escrita. Nessa operação, a unidade gráfica da palavra é levada em conta. Notamos expressões como: "Como isso se escreve? É com um "s" ou dois?";

– *leitura e encadeamento*: o segmento escrito é lido e encadeado aos precedentes;

– *reinscrição ou correção gráfica*:[46] feitas as correções ou modificações, a formulação da sequência pode começar.

Esses autores notam que cada problema de redação (quer seja de ordem gráfica ou uma interrupção na inscrição, por exemplo) pode pertubar o desenvolvimento da atividade e provocar uma reelaboração, uma sequência de reformulações. Eles afirmam que a dificuldade vem com frequência porque os corredatores organizam "unidades textuais de natureza distinta" que variam no decorrer do processo. Se, numa primeira fase, no momento da concepção, é o parágrafo e o texto inteiro que são o alvo da atenção, na formulação é a frase e, na inscrição, a unidade se reduz à grafia da palavra e mesmo à letra soletrada.

Mostraremos, agora, alguns exemplos tirados das duas sequências inicias e da sequência final da dupla de meninos que ilustram a relação entre a criação do texto e o diálogo de elaboração das crianças. Antes, porém, parece-nos importante precisar que essas fases não são lineares. Notamos, com frequência, o amálgama entre essas fases: conceitual e redacional, assim como redacional e de inscrição. Apesar disso, tentamos permanecer fiéis a certos princípios de base, tais como: 1) na fase conceitual, as crianças visam apenas ao conteúdo, ao sentido da sequência; 2) na fase redacional, elas constroem as frases a partir do conteúdo escolhido, voltando a atenção para a forma de escrever; 3) na inscrição, pequenas modificações e/ou correções se produzem.

A verdade é que, às vezes, o conteúdo já é verbalizado com a forma de escrever ou então a inscrição se faz ao mesmo tempo em que a criação e a construção da frase. É essa a dificuldade que nos impõe essa classificação.

Como cada elemento aparece no texto final?

Iniciativa	Reação
• **Diretamente o enunciado narrativo** ("numa bela manhã de primavera, Bela estava indo ao bosque") • **Enunciado narrativo com pedido de aprovação** ("e esse homem toda noite de lua cheia se transformava em lobisomem, tá bom? Você gostou?") • **Enunciado explícito de organização da narrativa** ("como vamos chamar os personagens? Agora temos que achar um fim") • **Proposição** - ordem ("tem que dizer...") - questão ("e se a gente matasse todo mundo?") - asserção ("eles vão matar todo mundo")	• **Aceitar** - inteiramente - parcialmente - com acréscimo - acréscimo - comutação - supressão - argumento - explicação - inversão • **Recusar** - inteiramente →propõe uma alternativa ou preserva sua versão - parcialmente →propõe uma correção e/ou modificação (formas sintáticas funcionalmente equivalentes; lexemas mais ou menos sinônimos) - comutação - acréscimo - supressão - inversão →conflito - justificar sua escolha (explicações)/recusar explicação - formular seus argumentos /recusar argumento • **Ignorar**

O lobisomem e sua tripulação – narrativa de R. e J.

Uma noite de lua cheia...

Três crianças foram fazer uma pesquisa num castelo horrivel.

Mas eles não sabiam que la existia um lobisomem e seus amigos zumbis que comiam carne humana.

Quando puxaram a campainha caiu uma caveira de gente morta.

O Caio que era o mais velho falou:

– Não vamos parar aqui so pôr causa de uma caveira.

A turma falou :

– Vamos entrar.

Todos entraram rapidamente.

Eles entraram numa cozinha repleta de sangue.

Eles estavam começando a se assustar.

Luiza avistou alguma coisa se mexer perto da escada.

Luiza foi ver o que era.

Quando ela foi ver o que era, apareceu um zumbi cortou o pescoço, rasgou a sua barriga e comeu tudo tinha dentro dela.

Quando Caio foi ver so tinha pedaços dela.

Caio ficou la em baixo em quanto Pedro subia a escada.

Quando Pedro chegou la em cima o lobisomem pulou em cima dele arrancou as duas orelhas, enfiou as unhas nos olhos e os arrancou e também abril a cabeça e tirou o celebro para comer.

O lobisomem desceu a escada rapidamente e quando Caio virou, o lobisomem cortou a sua garganta e comeu todo o seu corpo.

A professora perguntou para os melhores amigos que eles tinham, para saber alguma coisas deles.

No dia seguinte a professora soube que tinha o velorio deles mas não enterraram o corpo inteiro pois o lobisomem e o zumbi tinham comido os pedaços.

Fim

– *1ª sequência*: indicação/complicação: "Uma noite de lua cheia... Três crianças foram fazer uma pesquisa num castelo horrivel./Mas eles não sabiam que la existia um lobisomem e seus amigos zumbis que comiam carne humana." (§ 1 a 3)

Com a iniciativa e no papel de narrador, os meninos procedem de duas maneiras: ou apresentam diretamente o enunciado narrativo, ou dão a sua versão solicitando a aprovação do parceiro. O enunciado narrativo proposto diretamente é utilizado para introduzir novos elementos na história:

> JOA 9 - *§ um dia <2 s.> quatro crianças*
>
> ROD 78 – *mas tinha mas tinha uma coisa que eles não sabiam la existia um homem*

Enquanto o enunciado narrativo com pedido de aprovação, além do fato de introduzir outros elementos (1), é utilizado também para confirmar uma escolha feita antes (2):

> (1)ROD 9 – *pode fala assim erum assim*   (2)ROD 130 – *e :xis ::exis :ti a <2 s.> um*
>
> *vê se tá bom era um um + castelo muito*   *lobisomem <4 s.> pode um lobisomem ?*
>
> *+ fei'o*

Houve apenas uma proposição, feita em face de uma dificuldade ocasionada pela ortografia de uma palavra:

> JOA 76 – *então vamo pôr num castelo diferente Rodrigo + num castelo*
> *ho'rrivel*

Entre as modificações[47] realizadas nessa sequência, encontramos substituições e acréscimos. Comecemos pelas substituições: três são propostas e aceitas diretamente ou após uma explicação. A primeira, implicando a comutação do adjetivo "*feio*" com o adjetivo "*aterrorizante*", visa a uma especificação, uma valorização da dramatização através da constituição de uma rede lexical coorientada em torno do tema "terror" e, dessa forma, reforça a continuidade narrativa sem alterar a essência da sequência. Como a maioria das intervenções desse tipo, ela é imediatamente aceita. Entretanto, em face da dificuldade de escrever essa palavra, na fase de inscrição, R. aceitará rapidamente a comutação por um lexema sinônimo: "*horrível*", que preserva igualmente o caráter dramático da apresentação do cenário. Uma das substituições provoca um conflito que não dura muito tempo, visto que R. soube ser bem convincente na explicação da razão da sua escolha:

> ROD 11 - *<aumentando a voz> §num num dia de lua cheia°*
>
> ROD 12 - *<+forte> uma noite é uma noite°*
>
> JOA 15 - *um*
>
> ROD 21 - *não uma noite que dia não tem lua*
>
> JOA 21 - *é uma uma + uma espaço noite espaço*

Todos os acréscimos também são aceitos. Eles têm tamanhos variados e dizem respeito ao acréscimo de:

- uma circunstância:

> JOA 9 - *§ um dia <2 s.> quatro crianças*
>
> ROD 11 - *<aumentando a voz> §num num dia de lua cheia°*

- um segmento inteiro:

> JOA 29 - *três crianças*
>
> ROD 55 – *(...) três crianças foram num castelo aterrorizante fazer uma pesquisa*

R. retoma aqui, na fase de elaboração redacional, o segmento que ele tinha prosposto anteriormente na fase de elaboração conceitual ("*castelo muito aterrorizante*") e acrescenta uma nova informação ("*fazer uma pesquisa*") que não foi negociada antes, mas que agrada imediatamente seu parceiro.

- um personagem:

> ROD 79 - *<entusiasmado> existia um homem vírgula e esse homem toda toda + toda noite de lua cheia virava lobisomem <2 s.> pode? ++ gostou?*
>
> JOA 81 - *i os ajudantes deste monstro eram zumbis que comiam carne humana +++ come'ça <igualmente entusiasmado>*

Essa troca na fase de elaboração conceitual ilustra bem o estado de espírito das crianças durante a atividade, assim como a motivação delas e o prazer da escrita coletiva que se constrói na complementaridade dos parceiros.

Essas modificações contribuíram, de um lado, para a dramatização pelo reforço do tema do medo e, de outro, para a contituidade e o enriquecimento da história.

– *2ª sequência*: ação 1: as crianças chegam na entrada do castelo e, apesar de um primeiro contato com o "esqueleto de uma pessoa morta", elas decidem entrar. (§ 4 a 8).

O primeiro segmento é o mais discutido nessa sequência. Ele se constitui lentamente, por indas e vindas, por retomadas do desenvolvimento, passagens de uma criança a outra, repetições, modificações. Inicialmente, R. toma a iniciativa e apresenta diretamente o enunciado narrativo:

> ROD 152 - *quando eles estavam subindo a escada do castelo/ <elevando a voz> eles encontram um zumbi°*

É interessante observar, a partir daqui, as estratégias que as crianças colocam em prática para tentar validar suas versões. Por exemplo, J. recusa a formulação inicial de R., mas a recupera para compor a sua versão, a introdução do parceiro e o personagem "zumbi" (é dessa forma, através da retomada de ao menos um dos elementos do enunciado do parceiro, que eles tentam introduzir suas versões):

> JOA 154 – <u>*quando eles*</u> *puxaram a campainha caiu* <u>*um zumbi*</u> *em cima deles*

Em face da recusa de R., J. propõe a comutação do personagem "zumbi" pelo "esqueleto", que também não será aceita apesar da sua insistência:

> JOA 155 - *caiu uma caveira §*
>
> ROD 155 - *§ ah não*
>
> JOA 156 - *<insistente> é. caiu uma caveira em cima deles §*

R. tenta conseguir a aprovação de seu parceiro, fazendo uma proposição cuja introdução é modulada pelo verbo "*tinha*" ("haver" no pretérito imperfeito), mudando sua formulação inicial e recuperando o personagem "esqueleto", proposto por J.:

> ROD 156 - *§ ah não ah não caveira não + tinha que colocar assim + assim que eles colocam o pé dentro aparece uma caveira no chão*

Mas J. continua inflexível, mostrando claramente a sua posição: ele emprega o verbo "*ter*" no presente do indicativo. Assim ele mantém a sua versão, acrescentando, porém, o advérbio de lugar, "*no chão*", introduzido por R.:

> ROD 157 – *não tem que ser eles puxaram a campainha dai caiu uma caveira ++ <u>no</u> <u>chão</u>*

Desse modo, observamos que, mesmo se na maioria dos exemplos citados na nossa análise as modificações se situam num nível de metalinguagem implícito, visto que a criança não diz "eu não estou de acordo", "temos que fazer de outra forma", o fato de propor uma nova variante já traz essa informação. Nessa sequência, encontramos igualmente enunciados marcados por uma metalinguagem explícita; nesses casos o "não" e o verbo "haver" funcionam como uma "retórica de ênfase", segundo os termos de Rey-Debove,[48] que reforça a versão proposta.

R. aceita quase integralmente o enunciado de J., mas propõe sem sucesso, visto que ele não tem um argumento convincente para explicar sua escolha, a comutação do verbo "cair" por "sair". Por fim é a versão de J. que é adotada, e ele aproveita para fazer ainda um acréscimo:

> ROD 157 - *dai caiu + é quando eles puxam a campainha <u>sai</u> uma caveira*
>
> JOA 158 - *como sai ?*
>
> ROD 158 - *sai uma caveira do teto*
>
> JOA 159 – *ah não + cai uma caveira*
>
> ROD 159 - *§ ta bom §*
>
> JOA 159 – *morta de gente que morreu + caiu uma caveira de de gen'te*

Nessa sequência, todos os segmentos são introduzidos:

- diretamente, através de um enunciado narrativo, e aceitos imediatamente, sem alteração na fase de inscrição:

> ROD 229 - *§ a turma falou*
>
> JOA 231 - *a turma falou*
>
> ROD 230 – *(…) falou dois pontos*
>
> JOA 232 – *dois pontos*

> ROD 231 – *dois pontos falou dois pontos*
>
> JOA 233 -*vamos entrar na ca- vamos entrar na casa*
>
> ROD 232 - *é*

152 Aquisição da linguagem

- diretamente, através de um enunciado narrativo, e aceitos imediatamente, mas com modificações na fase de inscrição, na qual encontramos também proposições sob a forma de asserção:

ROD 178 – *o Caio disse não vamos para por ai vamos continuar nossa pesquisa*

JOA 179 – *o Caio que era o maior falou :*

ROD 184 - *o Caio que era o mais velho falou :*

JOA 194/204 – *não vamos parar aqui so pôr causa de uma caveira morta nos temos que continuar nossa pesquisa*

ROD 227/ 229 – *não vamos parar aqui so pôr causa de uma caveira / a turma falou :*

JOA 233 – *vamos entrar na casa*

ROD 234 – *vamos entrar*

JOA 237 – *vamos entrar no castelo*

ROD 236 – *vamos entrar*

As palavras e/ou segmentos riscados representam o que eles tinham elaborado na fase redacional e que será substituído na inscrição pelas palavras e/ou segmentos sublinhados.

O segmento definitvamente registrado na escrita é o resultado de um trabalho interativo, da complementaridade dos parceiros que participam ativamente na busca da melhor formulação. Todas as modificações feitas (acréscimos, comutações, supressões) são aceitas, com a exceção da supressão no final do advérbio de lugar "*no castelo*", que parece incomodar J., que pensa que, sem esse complemento, a frase não tem sentido. R., que está no controle do teclado nesse momento, não leva em conta a opinião do seu colega e passa para a formulação do segmento seguinte. J. não prolonga a discussão e se concentra na construção da sequência. Resumindo, não há conflito nessa passagem.

– *5ª sequência*: resolução: a professora, ao procurar saber notícias deles, fica sabendo do velório, "mas não enterraram o corpo inteiro pois o lobisomem e o zumbi tinham comido os pedaços." (§ 19 e 20).

Após uma troca marcada por conflitos, R. cederá diante da insistência e das explicações de J., aceitando a versão do colega para a conclusão da história.

Notamos que as crianças manifestam uma atenção diferente em relação à construção do enunciado nas fases de elaboração e inscrição. Na passagem à escrita, o léxico, assim como as construções verbais e a estruturação do segmento, aproximam-se mais das normas valorizadas pela escola:

Elaboração Redacional X	Inscrição
viu que ia ter (linguagem familiar)	*soube que tinha*
só que somente com os pedaços	*mas não enterraram o corpo inteiro pois o*
porque não acharam o resto	*lobisomem e o zumbi tinham*
	comido os pedaços

Esses exemplos ilustram o que foi uma constante na produção do texto desses meninos: a busca, os questionamentos, a capacidade de dar sentido e de participar de uma maneira diferente de um discurso comum. J. e R., cada um do seu jeito, mostraram essa capacidade de estar ao mesmo tempo em continuidade com o outro e consigo mesmo, participando ativamente da construção da narrativa, o que foi um fator importante para o êxito do seu trabalho.

Estruturação metarredacional

A elaboração progressiva do texto se faz através de movimentos contínuos de formulação e reformulação, que constituem "o núcleo da atividade dos corredatores empenhados na tarefa da escrita".[49] Ao redor deste núcleo se desenvolvem comentários "metarredacionais" sobre o trabalho em questão, isto é, explicações ou justificativas ditas pelas crianças para apoiar suas propostas de modificação, suas avaliações, suas referências às regras gramaticais e às exigências da instrução inicial.

Para estudar esses comentários "metarredacionais", vamos reagrupá-los por suas funções:[50] 1)*controle e regularização* – "abrangem as reações que acompanham as operações" (sinais de acordo e desacordo, pedidos de aprovação e pedidos de ajuda para realizar uma tarefa), assim como os enunciados que registram a alternância dos turnos de escrita e o controle do tempo da atividade; e 2) *planificação, avaliação e correção* – "enunciam as operações, introduzem as formulações, avaliam, justificam, corrigem, marcam uma preferência". Nesse ensaio, abordaremos somente este segundo grupo. Tentaremos mostrar, assim, através da observação dos diálogos das crianças durante a atividade de redação, como, sob aspectos bem variados, os comentários "metarredacionais" têm um papel importante na construção das narrativas e na apropriação da escrita, revelando momentos extremamente ricos de apoio mútuo, de aprendizagem e de avaliações cruzadas.

Comentários metarredacionais de planificação, avaliação e correção

A verdade é que o nível "meta" se manifesta mais facilmente nos casos como o do nosso *corpus*, em que os participantes, confrontados aos limites impostos por uma instrução inicial, devem concordar sobre o conteúdo e sobre a forma, justificar suas opiniões, argumentar, avaliar continuamente o seu trabalho, construindo um espaço discursivo comum. A análise desses comentários nos dá, assim, preciosas informações sobre as diferentes facetas do comportamento *metalinguageiro* das crianças no desenrolar dessa atividade.

A planificação

Os enunciados explícitos de organização da narrativa são extremamente raros. Entretanto, como a raridade faz a riqueza, temos aqui um dos mais belos exemplos de

154   Aquisição da linguagem

reflexão sobre o texto, que sai do nível local, isto é, do tratamento de pequenas unidades iguais ou internas à palavra ou de análise de relações que não ultrapassam o limite da proposição ou da frase, para se referir ao texto em seu conjunto, na sua estrutura global.

JOA 442 -*deixa eu ver que é- no dia que tinha escola no dia*

ROD 449 - *tem que colocar outra coisa*

JOA 443 -*não tem que colocar outra coisa nada*

ROD 450 - *vamo coloca o que aconteceu o resto senão não tá tendo meio nessa historia*

JOA 444 -*como o que aconteceu o resto não tem nada que acontecer já mato*

ROD 451 - *§ calminha §*

JOA 444 - *todo mundo*

ROD 452 - *§ ai depois§*

JOA 444 - *não tem nada que acontecê*

ROD 453 - *mas mas o nosso não tá tendo segmento não tá tendo meio ++ si se assim não vai ter meio*

JOA 445 - *como assim não vai ter meio?*

ROD 454 - *não vai ter meio se passar direto ai ja vai tá no final + tem que colocar assim é: + a professora viu que eles tavam faltando muito a aula e resolveu ver o que aconteceu*

JOA 446 - *então vai faltar aula igual eu + ia faltar aula e pra que ir la ver o que aconteceu daí ia ma'ta a professora também ?*

ROD 455 - *não ++ mas pé::ra ! você sabe o que é pra fazer?*

JOA 447 - *o quê?*

ROD 456 - *não ! vai escreve o que você quer depois eu falo vai*

JOA 448 -*a professora +++ a professora*

<4 s.>

ROD 457 - *so sei uma coisa não tá tendo meio*

JOA 449 -*a profe - como num tá tendo meio? o começo é que eles foram entrar na casa, o meio é essa parte que entrou no na casa e já tá matando todo mundo e o final é esse*

ROD 458 - *<sem estar convencido> tudo bem tá bom*

Esse exemplo questiona o conhecimento que eles partilham sobre o gênero da narrativa. Na verdade, R. retoma o modelo canônico ensinado na escola ("toda a narrativa tem uma introdução, um desenvolvimento e um fim") para argumentar que na história deles falta o "meio" (desenvolvimento), mas J. não está nada de acordo com ele, recusando de modo sistemático esse argumento. Entretanto, após os insistentes relances de R., J. pede para que ele explique o que quer dizer por "não ter meio", retomando em seguida os elementos dessa resposta para mostrar que a sua versão se enquadra perfeitamente no esquema geral evocado (JOA 449). A solução desse impasse não é o mais importante para nós, o que nos interessa aqui é a forma como eles questionam, raciocinam e argumentam antes de chegar a um acordo, revelando o potencial desse tipo de atividade interativa.

As correções

A maioria dos estudos relativos ao trabalho de composição de textos escritos por crianças enfatiza o fato de que, quanto mais jovens e/ou inexperientes são as crianças, mais conseguem mobilizar o conjunto dos componentes implicados numa tarefa.[51] Os dados analisados por David,[52] em seu estudo sobre a revisão e conhecimentos metalinguísticos em situação de reescrita de um texto numa turma de CEI,[53] confirmam esse fato. Ele constata que os alunos do CEI (aos quais ele pediu que reescrevessem um rascunho de um estudante da mesma idade, apresentado com a ortografia do texto original) se contentam, na maioria das vezes, em modificar o seu texto nos seus aspectos mais superficiais: arrumações ortográficas, substituições lexicais. Em vista disso, ele apresenta um texto cuja ortografia é perfeita, a fim de ajudar os alunos a evoluir em sua reflexão sobre a linguagem, planejando modificações na organização do texto. Ele obtém assim resultados muito satisfatórios.

No *corpus* dos meninos, observamos também uma predominância de correções dos erros ortográficos (40%). Parece-nos que isso se deve fundamentalmente ao fato de que eles trabalharam com computadores dotados de um programa de verificação ortográfica.[54] Assim, os erros eram sublinhados imediatamente pelo computador, e as crianças deviam corrigi-los (isto não era feito automaticamente). Se esse procedimento traz a vantagem de permitir à criança procurar e descobrir sozinha seu erro ortográfico, assim como de tirar uma dúvida quanto à ortografia de uma palavra (1), isso nos leva também a questionar se, sem essa ajuda, eles teriam se interrogado sobre esse tipo de problema (2).

(1) JOA 281 - *acho que é com dois s*	(2) ROD 71 - *num sei <3 s.> aterro:ri zan +++ ti*
ROD 282 - *porque tá certo*	JOA 72 - *ponto final né?*
JOA 282 - *quer vê*	ROD 72 - *ponto <3 s.> tá errado*
ROD 283 - *é*	JOA 73 - *mas por que tá errado?*
JOA 283 - *não e :ra*	ROD 73 - *porque tem essa linha <2 s.> ro:zan :*
ROD 284 - *se assus <2 s.> se assus <4 s.> tar*	JOA 74 - *§Rodrigo§*
JOA 284 - *não ala Rodrigo <3 s.> é com dois s*	ROD 73 - *te aterrorizante*
ROD 285 - *tar + se assustar <2 s.> se assustar*	JOA 75 - *agora apaga o resto*

156 Aquisição da linguagem

Nós encontramos assim, na dupla dos meninos, numerosas tentativas de correção cujo objetivo principal é o de oferecer uma tradução gráfica de uma palavra:

ROD 162 - *puxaram <3 s.> pu: :xa:* +++
ram ++ cadê o r? + puxaram

JOA 162 - *tá errado*

ROD 163 - *tá errado*

JOA 163 - *é com {X}*

ROD 164 - *puxa:*

JOA 164 - *não ! <2 s.> é aqui oh que tá
errado*

ROD 165 - *é com que?*

JOA 165 - *é com x*

ROD 166 - *ah é <6 s.> puxaram <3 s.> (...)*

JOA 461 - *tinham <4 s.> não é com til !*

ROD 471 - *não?*

JOA 462 - *não*

ROD 472 - *porque você não falou pra mim
antes*

JOA 463 - *(...) eles tinham*

Esses erros são exemplos típicos de dificuldades muito comuns na nossa língua: "*x*" ou "*ch*"?, "*tinham*" ou "*tinhão*"? (e não somente das crianças); *x* e *ch*, -*am* e -*ão* representam respectivamente os mesmos fonemas /S/ e /$\bar{a}$/. Trata-se de casos que não respondem sempre a aquisições estáveis.

Como vimos, na maior parte do tempo, as correções dos erros ortográficos são indicadas sob a forma de uma asserção, mais ou menos vigorosa e raramente seguida de uma explicação, exceto nos casos julgados por eles como uma aberração:

ROD 386 - *c::*

JOA 382 - *tá errado num é cum ç é so cum ++ onde já se viu por ç no começo !*

ROD 387 - *ah mas eu pus s tá errado ++ ah deixa prá lá*

JOA 383 - *Rodrigo você tinha posto s é c só*

ROD 388 - *em ci:: <2 s.> ma em cima*

De uma forma geral, as duas duplas estão atentas aos diferentes problemas que a construção de um texto escrito pode apresentar, seja no nível local, seja no nível da significação global. Observemos alguns exemplos :

• *acentuação* (13%: texto das meninas, 3,3%: texto dos meninos)

As meninas percebem rapidamente esse tipo de erro e o corrigem:

MAR 43 - *al :+guém*

STE 41 - *volta <3 s.> volta !*

MAR 44 - *o que foi ?*

STE 42 - *tem acento !*

MAR 45 - *ah é !*

Escrita e interação   157

- *pronomes pessoais do caso oblíquo*

Esse tipo de correção, implicando os pronomes pessoais do caso oblíquo, foi observado somente no *corpus* de S. e M. (22%). Nota-se cada vez mais na língua oral a substituição desse pronome pelo pronome pessoal do caso reto, o que se confirma no exemplo abaixo: no oral, elas utilizam o pronome pessoal do caso reto, mas na passagem à escrita substituem-no pelo pronome pessoal do caso oblíquo. Um outro problema se manifesta: onde colocar o pronome? Antes ou depois do verbo?

STE 92 - *ele a pegou a força e + trancou*
num terrivel calabouço

MAR 96 - *não*

STE 93 - *ELE a pegou + a força*

MAR 97 - *carregou*

STE 94 - *a pegou !*

MAR 98 - *a pegou a força e §*

STE 95 - *§ pegou ela a força e pegou §*

MAR 99 - *§ e levou ela para o ca- calabrio*

STE 96 - *cala'bouço !*

MAR 100 - *é + calabouço + eu esqueci como*
é que era

STE 97 - *vai*

(...)

MAR 102 - *ele pegou a*

STE 99 - *ele pegou a ?*

MAR 103 – *é*

STE 100 - *gou*

MAR 104 - *a +++ é com a + volta volta +++*
aí + tracinho + a

STE 101 - *(...) pegou a e a trancou (...)*

(...)

MAR 108 - *§ e trancou a ++ e a trancou*

STE 105 - *é + e <3 s.> a (...)*

MAR 110 - *a trancou ?*

STE 107 - *pera aí + deixa eu corrigir*

MAR 111 - *errei <2 s.> não mas mas §*

STE 108 - *§ é melhor assim*

MAR 112 - *tracinho ?*

STE 109 - *não : : + é atrancou tudo junto oh*
+++ oh pera ++ ok

MAR 113 –*pronto*

O exemplo acima nos mostra que certos conhecimentos gramaticais são aplicados por acaso, sem método, como a regra da colocação pronominal. A confusão reina. Colocá-lo antes ou após o verbo? Elas hesitam... Parece-nos que elas se guiam mais pela sonoridade, o que as faz colar o pronome ao verbo, constituindo uma outra palavra que o computador reconhece, a armadilha não é evitada. Podemos também nos questionar no que se refere às lições de gramática desconectadas do funcionamento da linguagem.

- *esquemas sintáticos próprios da escrita*

Esse tipo de correção (que representa 8,5% na dupla dos meninos e 12% na dupla das meninas) mostra que as crianças integram, de maneira precoce, certos esquemas próprios da escrita.

158 Aquisição da linguagem

– o segundo sujeito ausente em uma oração coordenada:

STE 240 - *§ Bela e seu pai com muito medo §*

MAR 245 - *saíram correndo e voltaram para sua ca'sa <3 s.> eles viveram muito felizes*

STE 241 - *e voltaram felizes para sua casa*

Se essa construção é bem recorrente na escrita (as crianças nos provaram isso), é relativamente rara nas produções orais. Não podemos, portanto, defender a ideia de que a criança escreve como fala. Ao contrário, deve-se levar em conta que ela é atenta às construções que descobre na língua escrita e que emprega adequadamente nos seus próprios textos.

– o sujeito posposto:

JOA 310 - *não quando ela foi ver o que era §*

ROD 312 - *§o zumbi §*

JOA 311 - *§o zumbi pulou um zumbi pulou no seu pescoço§*

(...)

ROD 314 - *tá vai + vai dita aí dita aí*

JOA 313 - *quando ela foi ver o que era +++ quando ela foi ver o que era aí apareceu um zumbi <2 s.> tira o ponto final*

(...)

ROD 319 - *um : vai pode dita*

• *pontuação*

Estima-se com frequência que os estudantes quase sempre pontuam sem pensar em regras. Sem nos aprofundarmos nessa questão, o que nos importa é mostrar que as correções concernentes à pontuação (12%: *corpus* das meninas, 3%: *corpus* dos meninos) revelam que, além de marcar as pausas (fixação de marcas no espaço da página), as crianças a experimentam com o objetivo de melhorar a legibilidade de seus textos.

STE 177 - *bem + vírgula*	MAR 232 - *um dia + um dia + Bela abriu a*
MAR 182 - *{mas XX}*	*janela e o sol bateu no Drácula e ele virou*
STE 178 - *não + vírgula*	*pó*
MAR 183 - *porque vírgula ?*	(...)
<6 s.>	STE 233 - *Drá + cula*
STE 179 - *vírgula + com uma condição*	MAR 238 - *Drá <2 s.> cu : :*
	STE 234 - *lá ++ ponto final ++ ele virou pó*
	MAR 239 - *não + vírgula*
	STE 235 - *vírgula*
	MAR 240 - *e ele*
	STE 236 - *e ele <3 s.> vi : : <3 s.> rou ++ virou ++ pó*
	<3 s.>
	MAR 241 -*ponto final*

- *organização e coerência* (14,5%: *corpus* dos meninos, 12%: *corpus* das meninas)

Esse tipo de preocupação manifesta-se, por exemplo:

– no acréscimo e/ou supressão de um conectivo:

JOA 419 - *e assim que e assim não+e o lobisomem desceu a escada + o não é !*

ROD 425 - *e o*

JOA 420 - *<bravo> não e o não*

ROD 426 - *ah deixa*

JOA 421 - *e o não tá bom você quer que fique chata ?*

ROD 427 - *não ficaria chata*

JOA 422 - *e o ? fica sem sentido +++ o lobisomem*

ROD 428 - *vai o lobisomem*

J. insiste nessa correção que implica a supressão da conjunção inicial "*e*" para preservar a coerência da narrativa. É verdade que a presença dessa conjunção não é pertinente, mas isso parece não incomodar R., talvez já um pouco cansado de escrever. É interessante o argumento que ele utiliza para convencer o seu parceiro: "*e o não tá bom você quer que fique chata?*", o que provoca uma reação em R., que, após uma reformulação de J., parafraseando o mesmo argumento com uma linguagem mais próxima à da escola, aceita corrigir esse erro.

MAR 54 - *de repente Drácula apareceu*	STE 54 - *é + ela muito assustada ficou*
<2 s.>	*quieta ficou quieta {XXX}*
STE 52 - *{incompreensível, 2 s.}*	MAR 57 - *não + quando de repente Drácula*
MAR 55 - *não*	*apareceu e falo- e falou o que você esta*
STE 53 - *não + assim + de §*	*fazendo aqui ?*
MAR 56 - *§ quando de repente o Drácula*	STE 55 - *é falou e falou*
apareceu	

Apesar da presença do advérbio de tempo "*de repente*", M. acrescenta outro advérbio, "*quando*", explicitando e reforçando a relação temporal.

– na modificação e/ou supressão de segmentos que parecem incoerentes:

JOA 10 - *um dia*	STE 84/87 - *eu me perdi nesse aterrorizante*
ROD 12 - *num um um dia de lua cheia*	MAR 91 - *mas porque ela ia ir no bosque se*
(...)	*era*
JOA 20 - *deixa eu ++ um*	*aterrorizante ? <ela ri> <3 s.> eu me perdi e*
ROD 21 - *não uma noite que dia não tem lua*	*vim parar aqui + pronto*
JOA 21 - *é uma uma (...)*	

Para terminar, podemos dizer que as correções feitas no texto pelas crianças nos permitem algumas considerações e confirmam resultados já observados por outros autores da área. Se, por um lado, as crianças efetuam retificações bem pontuais, elas se mostram igualmente capazes de abordar problemas ligados ao texto em sua totalidade, mesmo se mantêm, de uma forma geral, o centro da atenção nas relações internas à frase. Elas mostraram também a possibilidade de um distanciamento, permitindo uma visão global de sua produção. Mas, como ressalta David,[55]

> esse nível local, não é também o mais privilegiado pelos professores?; as atividades de escrita, mas também a leitura e a reflexão sobre a língua, limitam-se frequentemente ao tratamento de pequenas unidades iguais ou internas à palavra e à análise de relações que não ultrapassam os limites da proposição ou da frase.

Nesse sentido, parece-nos primordial uma reestruturação dos métodos de aprendizagem concernentes à atividade de escrita, sem esquecer que os novos meios tecnológicos ligados à informática e ao tratamento do texto podem, ao mesmo tempo, aliviá-los e otimizá-los. Certos autores que trabalham sobre as vantagens que o computador oferece nas atividades redacionais, como Cousin,[56] defendem a tese de que o tratamento de texto altera o estatuto do erro: este deixa de ser uma marca indelével, espelho dificilmente suportável da dificuldade de escrever, e integra-se à dinâmica de busca, de questionamentos. A tela torna-se um espaço de pesquisa, o local das interrogações.

Não nos aprofundaremos nessa questão, pois seria necessário pôr em funcionamento dispositivos de observação comparando grupos de estudantes trabalhando no computador ou com papel e lápis, a partir das mesmas instruções, para poder avaliar a diferença de comportamento entre os interlocutores. Mesmo assim, sabemos que os resultados não seriam talvez muito convincentes, visto que na Linguística, como em outras ciências humanas, é difícil comparar grupos ou indivíduos, pois os contextos de experimentação são sempre muito diversos. Entretanto, podemos afirmar que as situações observadas, graças à multiplicidade de interações e de trocas e ao distanciamento metalinguístico, possibilitam um grande número de aprendizagens mútuas, assim como uma dinamização dessa atividade, frequentemente penosa para as crianças.

As avaliações

Consideramos como avaliação todo comentário concernente a um julgamento de valor daquilo que foi dito ou feito. A análise desses comentários ilustra a variedade das condutas *linguageiras*, assim como a grande diversidade de funcionamento de uma dupla a outra.

Começando pela dupla dos meninos, observamos que, na construção da narrativa, esses comentários funcionam na maior parte do tempo como um real estímulo recíproco, traduzindo o prazer e a satisfação dessas crianças fascinadas pelo jogo da escrita e completamente submersas na riqueza do universo imaginário.

JOA 322 - *apareceu um zumbi cortou sua garganta e rasgou seu pulmão para comer §*

ROD 324 - *§ apareceu um zumbi pulando*

JOA 323 -*não apareceu um zumbi senão senão senão §*

ROD 325 - *§ calminha apareceu um zumbi vai pode i ++ dita que os seus é tudo bom*

JOA 324 - *cortou o seu pescoço <2 s.> essa parcê cê gosta das minhas coisas de de terror né Rodrigo ?*

ROD 326 - *co : :*

JOA 325 - *né Rodrigo ?*

ROD 327 - *cortou*

JOA 326 - *essa vai ser das hora §*

ROD 328 - *§ calminha cadê o o ? cortou : ++ cortou o pescoço*

(...)

JOA 329 - *e e e rasgou sua barriga*

ROD 331 - *e*

(...)

JOA 331 -*§ <excitado> nossa nossa vai ficar das hora §*

ROD 332 - *go : : <3 s.> gou : : a { 3 s.}*

(...)

JOA 335 - *ai nossa nossa vai ficar das hora !*

ROD 336 - *a sua*

JOA 336 - *barriga*

(...)

ROD 338 - *co :me :u +++ e comeu <2 s.> comeu ++ tudo ++ comeu tu :do ++ tudo*

JOA 338 - *que tinha dentro dela*

ROD 339 - *é essa daí é boa ++ tudo que tinha*

JOA 339 - *eu falei que eu que eu falei que eu sei pensar em coisa do terror*

ROD 340 - *tinha*

JOA 340 - *num falei Rodrigo ?*

ROD 341 - *vai tinha*

JOA 341 - *dentro dela*

Essa sequência inicia-se com um comentário de R. (ROD 325) que, aliás, ele renova em seguida (ROD 339), reconhecendo a boa ideia do parceiro. Essa manifestação de R. encoraja J. e o incentiva a se superar; ele fica satisfeito e manifesta o seu prazer (JOA 326, 331, 335). Efetivamente, J. parece necessitar desse reconhecimento e admiração do seu parceiro, o que lhe dá motivação suplementar, aumentando o nível de suas criações. Isso é bem explícito nas suas expressões fáticas – "não é, Rodrigo?" – que seguem sempre seus comentários autoavaliativos (JOA 324,340). Nesse sentido, Perret-Clermont[57] defende igualmente um ponto de vista otimista da interação social entre crianças, sublinhando que há uma interferência clara entre as dimensões socioemotiva (encorajamento, admiração) e sociocognitiva (impulso cognitivo no parceiro).

Mas as avaliações podem funcionar igualmente como um modulador sensível aos diferentes momentos da produção escrita:

162 Aquisição da linguagem

- *no início, em face das dificuldades de manipulação do computador*

ROD 19 - *ih tá fazendo coisa errada* ROD 177 - *não precisa colocar tanta coisa*
ROD 84 - *vamo fica atrasado*

- *na negociação das sequências e planificação*

JOA 247 - *ia comer os os os zumbis iam comer todo mundo tá ? senão não tem graça*
ROD 373 - *ah espera depois nos vemos isso + vai vai vamos fazer esse agora++ Ca Caio*

- *no fim, traduzindo o grau de implicação na história*

JOA 409 - *e e tirou o célebro para comer*   ROD 418 - *nossa ta embrulhando meu estômago*
(...)   JOA 414 - *ah que deli : :cia come célebro*
ROD 417 - *é + para comer*   ROD 419 - *já comeu?*
JOA 413 - *tirou para comer*   JOA 415 - *eu não, eu só falei que delícia comer*
<4 s.>   *célebro é prá embrulhar mas ainda*

Através desses comentários, as crianças ajustaram suas produções, levando em conta os diversos elementos que diziam respeito à instrução inicial. Esse forte empenho de ambas as partes confirma o sucesso desse trabalho, durante o qual as crianças se apoiam mutuamente, construindo juntas uma obra da qual elas se orgulham.

Os comentários avaliatórios[58] no diálogo das meninas se restringem aos julgamentos sobre a qualidade daquilo que elas estão elaborando:

MAR 169 - *disse prá ele <7 s.> Hen : : rique*   STE 166 - *não ++ disse a ele <2 s.> para +*
STE 165 - *disse*   *fica melhor <2 s.> para ele (...)*
<3 s.>   MAR 171 - *(...) vai*
MAR 170 - *a dois pontos*
STE 216 - *§ não ++ o o sol bateu no Drácula*   STE 218 - *e saíram correndo*
então morreu   MAR 224 - *e e saíram correndo ++ com*
<2 s.>   *muito medo*
MAR 221 - *virou pó*   STE 219 - *§ muito medo §*
STE 217 - *então virou pó*   MAR 224 - *então eles voltaram para casa*
<2 s.>   *felizes*
MAR 222 - *e e e o calabouço se abriu*   STE 220 - *para sempre ! <risos>*
sozinho e eles saíram correndo de medo !   MAR 225 - *felizes + pronto*
depois ia e- voltaram §   STE 221 - *vai + e + os tempos se passam*
                                                 <2 s.>
                                                 MAR 226 - *ficou ótimo !*

"Ficou ótimo!" – é por esta exclamação que escolhemos terminar este estudo sobre o processo de redação cooperativa, que se revela um processo simultâneo de criação e de busca da qualidade do texto.

Considerações finais

É principalmente com base na concepção de Vygotsky sobre a escrita e a aprendizagem que se fundamentam, nestes últimos anos, os trabalhos de pesquisa pedagógica e, mais precisamente, da didática da escrita. Para um escritor principiante, a complexidade das atividades, que devem ser realizadas conjuntamente para produzir um texto, cria uma verdadeira dificuldade que, às vezes, o conduz a um impasse; ele se encontra, de fato, segundo as palavras de Fayol,[59] em estado de "sobrecarga cognitiva", cujos efeitos inibidores são bem nefastos. Parece-nos fundamental, portanto, ressaltar a importância do contexto de comunicação na aquisição da escrita, através do qual se cria um espaço onde a criança pode se exprimir, criar, explorar, questionar e construir um texto do qual ela se orgulha.

A partir dos exemplos analisados, podemos dizer que a presença do outro funcionou como um real estímulo à criatividade da criança: cada uma delas faz o melhor possível, para si e para o outro, o que as conduz a um trabalho ativo, eficaz e permanente.

Esse trabalho interativo solicita também a busca de soluções partilhadas e leva as crianças a níveis mais elevados de funcionamento interpsíquico que, como salienta Vygotsky, podem se tornar patrimônio intrapsíquico de cada um dos parceiros. As crianças são, assim, constantemente chamadas a uma reflexão sobre o próprio discurso, seja no nível das coerências local e global, seja no nível de regras gramaticais.

Enfim, a produção, concebida em termos de um processo dinâmico, veicula a representação do escritor tomado por um movimento contínuo no tempo e na interação com os outros e com o objeto do discurso. Nada é fixado nem dado anteriormente. À medida que a atividade se desenvolve, o escritor muda de papel discursivo, ajudado pelas marcas implícitas ou explícitas que afetam a situação discursiva, e é ele mesmo modificado pela sua própria reflexão.

Nesse duplo movimento dialógico, consigo mesmo e com os outros, ele pode se deparar com o imprevisto. Cada criança pôde passar por essa experiência de ver o seu discurso tomar outro rumo, não previsto e não previsível. E isso para nós é extraordinário.

Notas

[1] Fabre, 1990.
[2] Vygotsky, 1985.
[3] Bakhtin, 1984.

[4] Hayes e Flower, 1980.

[5] Garcia-Debanc, 1986, pp. 23-51.

[6] Fayol e Schneuwly, 1987.

[7] Fabre, op. cit.

[8] Bartlett, 1982.

[9] Genette, 1982, p. 7.

[10] Genette define o hipertexto como "toda relação que une um texto B (que eu chamarei hipotexto) a um texto A (que eu chamarei hipertexto) ao qual ele se acrescenta".

[11] Fuchs et al., 1987, p. 74.

[12] Todas as citações que constam deste texto foram por mim traduzidas.

[13] Bellemin-Noël, 1977.

[14] Bellemin-Noël define o antetexto como "o conjunto constituído pelos rascunhos, manuscritos, ensaios e variantes, visto sob o ângulo daquilo que precede materialmente uma obra, quando esta é tratada como um texto e que pode construir um sistema com ele".

[15] Peytard, 1982.

[16] Grésillon e Lebrave, 1982.

[17] Fuchs, 1982.

[18] Lebrave, 1983, p. 18.

[19] Idem, 1987, p. 19.

[20] Grésillon e Lebrave, 1987, p. 129.

[21] Fuchs, 1982, p. 140.

[22] Rey-Debove, 1987, p. 107.

[23] Fuchs, 1987, p. 87.

[24] Fabre, op. cit.

[25] Idem, p. 211.

[26] Idem, p. 130.

[27] Rey-Debove, 1982.

[28] Jakobson, 1963, pp. 217-18.

[29] Gombert, 1986, p. 5.

[30] Rey-Debove, op. cit.

[31] Gombert, op. cit, p. 6.

[32] Culioli, "La formalisation en linguistique", em Cahiers pour l'analyse, n. 9, pp. 106-17, 1968.

[33] Fabre, op. cit., p. 44.

[34] De Gaulmyn, 1994.

[35] Kerbrat-Orecchioni, 1990, p. 13.

[36] Para Jakobson (1963, p. 32), "a realidade fundamental com a qual o linguista tem contas a ajustar é a interlocução – a troca de mensagens entre emissor e receptor, destinador e destinatário, codificador e decodificador". Ele acrescenta: "constatamos atualmente uma tendência a retornar a um estágio muito, muito arcaico [...] da nossa disciplina: eu falo da tendência a considerar o discurso individual como a única realidade. Entretanto, eu já disse, todo discurso individual supõe uma troca".

[37] Goffman, 1988.

[38] Vygotsky, op. cit.

[39] Idem, p. 261.

[40] Idem, p. 112.

[41] "De forma geral, nenhum enunciado [escreve Bakhtin (apud Todorov, 1981, p. 50)] pode ser atribuído a um único locutor, ele é o produto da interação dos interlocutores e, mais amplamente, o produto de toda essa situação social complexa na qual ele surgiu."

[42] Apud Todorov, 1981, p. 95.

Escrita e interação   165

[43] Adotaremos a definição de reformulação dada por Vion (1992, p. 219), que a considera como "uma retomada com modificação/modificações de proposições anteriormente sustentadas".

[44] De Gaulmyn, op. cit., p. 73.

[45] Bouchard e De Gaulmyn, 1997.

[46] No nosso caso, essa fase se situa logo depois ou ao mesmo tempo que a inscrição, devido ao fato de as crianças trabalharem com um computador munido de um programa de correção ortográfica. Assim que havia um erro, o computador sublinhava a palavra, obrigando-as ou a corrigi-la ou a modificá-la.

[47] Para designar as modificações que as crianças fizeram no seu texto, adotaremos a terminologia utilizada por Fabre (1990): acréscimo, substituição, supressão, às quais ela estabelece as seguintes definições: a) substituição (ou comutação): "operação através da qual um elemento da linguagem é suprimido enquanto outro elemento é adicionado para substituí-lo, de maneira que um e outro funcionam como equivalentes num certo contexto"; b) acréscimo: "operação através da qual um elemento aparece, numa variante, sem substituir outro elemento, de maneira que a sequência AB de um primeiro momento torna-se uma das sequências AXB, ABX ou XAB nas etapas seguintes"; c) supressão: "consiste em apagar um elemento presente numa variante, sem substituí-lo por outro elemento em uma variante posterior. Assim a sequência AXB se torna AB".

[48] Apud Fabre, op. cit.

[49] De Gaulmyn, op. cit., p. 77.

[50] Nós adaptamos aqui o modelo apresentado por De Gaulmyn, op. cit., p. 77.

[51] Cf. Fayol e Schneuwly, 1987.

[52] David, 1992.

[53] CE1 significa curso elementar 1, que equivale a nossa 4ª série.

[54] No que diz respeito à verificação ortográfica, a seguinte observação nos parece importante: só os erros lexicais são levados em conta e somente aqueles que dão pretexto a formas inexistentes na língua ou ausentes no dicionário considerado. Assim, a maioria dos erros de digitação são diagnosticados; em compensação, podem escapar todos os erros de uso provenientes da confusão entre duas formas corretas fora do contexto, como foi o caso em: a) narrativa das meninas – "*a alguém em casa?*" (§ 4), "*a*" (artigo definido feminino singular) em vez de "*há*" (verbo "haver" na 3ª pessoa singular); "*ele pegou-a a força e atrancou*" (§11), "*atrancou*" em vez de "*a trancou*" (pronome pessoal do caso oblíquo + verbo "trancar" no Pretérito Perfeito da 3ª pessoa do singular); b) narrativa dos meninos – "*só pôr causa de uma caveira*" (§ 6), "*pôr*" (verbo) em vez de "*por*" (preposição), "*em quanto Pedro subia a escada*" (§ 16), "*em quanto*" em vez de "*enquanto*", "*e também abril a cabeça*" (§17)), "*abril*" em vez de "*abriu*" (verbo "abrir" no Pretérito Perfeito da 3ª pessoa do singular), "*para saber alguma coisas deles*" («§ 19), "*coisas*" em vez de "*coisa*" (sing.), "*màs não enterraram o corpo inteiro*" (§ 20), "*màs*" em vez de "*mas*" (conjunção adversativa).

[55] David, op. cit., p. 28.

[56] Cousin, 1987.

[57] Perret-Clermont et al., 1996.

[58] S. e M. tinham também uma outra forma (extralinguística) de manifestar suas avaliações: o riso. Entretanto, parece-nos difícil analisar este dado levando em conta somente nossas gravações. Como poderíamos distinguir um riso avaliativo de um riso de conivência? De qualquer forma, parece-nos importante ao menos indicar esse procedimento.

[59] Fayol, 1987.

Bibliografia

BAKHTIN, M. *Le marxisme et la philosophie du langage*. Paris: Minuit, 1977.

_____. *Esthétique de la création verbale*. Paris: Gallimard, 1984.

BARTLLET, E. J. Learning to Revise: some component process. In: NYSTRAND, N. (ed.). *What writers know*. New York: New York Academy Press, 1982, pp. 345-65.

BELLEMIN-NOEL, J. La genèse du texte. *Littérature*, n. 28, 1977.

BOUCHARD, R. L'Interaction comme moyen d'étude didactique. Interaction et Processus de Production Ecrite: une étude de pragmatique impliquée. In: HALTE, J-F. (ed.). *Inter-Actions*. Metz: Centre d'analyse Syntaxique de l'Université de Metz, 1993.

_____; DE GAULMYN, M-M. Médiation verbale et processus rédactionnel: parler pour écrire ensemble. In: GROSSEN, M.; PY, B. (eds.). *Pratiques sociales et médiations symboliques*. Berne: Lang, 1993, pp. 153-173.

COUSIN, A. Le Traitement de texte dans une pédagogie de l'écrit au collège. *LINX*, n. 80, pp. 30-9, 1987.

DAVID, J. Procédés de révision et connaissance métalinguistique dans la réécriture d'un texte en CE1: études des interactions et visées didactiques. *CALAP*, n. 9, pp. 21-38, 1992.

DE GAULMYN, M-M. La Rédaction conversationnelle: parler pour écrire. *Le Français d'aujourd'hui*. Ecrire au brouillon, n. 108, pp. 73-81, 1994a.

_____. Conversations Rédactionnelles et Commentaires Métaredactionnels. *Cahiers du Centre Interdisciplinaire des Sciences du Langage*. Actes du Colloque 'Le Dialogue en Question'. Lagrasse, pp. 112-19, n. 1, 5-8 oct.), 1994b.

FABRE, C. *Les brouillons d'écoliers*. Grenoble: Ceditel Université de Grenoble/L'Atelier du texte, 1990.

_____.Variantes et réécriture, citations, discours rapportés à l'école élémentaire. *CALAP*, n. 9, pp. 9-20, 1992.

FAYOL, M. *Le Récit et sa construction, une approche de psychologie*. Paris: Delachaux et Niestlé, 1985.

_____; SCHEUWLY, B. La mise en texte et ses problèmes In: CHISS, J-L. et al. (eds.). *Apprendre/Enseigner à produire des textes écrits*. Bruxelles: De Boeck-Wesmael, 1987.

FERNBACH, M. L. de A. *Ecrire à deux une histoire d'horreur*: étude des stratégies d'écriture d'enfants de 9 ans. Paris, 1999. Tese (Doutorado) -- Université René Descartes, Paris V.

FRANÇOIS, F. L'Analyse sémantique et la mise en mot. *Linguistique*. Paris: PUF, 1980.

_____; HUDELOT, C.; SABEAU-JOUANNET, E. *Conduites Linguistiques chez le jeune enfant*. Paris: PUF, 1984.

_____; *Mise en mots et récits écrits*. Bruxelles: Centre bruxellois de Recherche et de Documentation pédagogiques, Service Enseignement, n. 48, 1988.

_____, *La communication inégale*: heurs et malheurs de l'interaction verbale. Paris: Delachaux et Niestlé, 1990.

FUCHS, C. *La paraphrase*. Paris: PUF, 1982a.

_____. Eléments pour une approche énonciative de la paraphrase dans les brouillons de manuscrits. *La Genèse du texte*: les modèles linguistiques. Paris: CNRS, 1982b, pp. 73-103.

_____. et al. *La genèse du texte*: les modèles linguistiques. Paris: CNRS, 1987.

GARCIA-DEBANC, C. Intérêt du processus rédactionnel pour une pédagogie de l'écriture. *Pratiques*, n. 49, 1986.

GENETTE, G. *Palimpseste*. Paris: Seuil, 1982.

GOFFMAN, E. *Les Moments et les hommes*. Textes recueillis et présentés par Y. Winkin. Paris: Seuil/Minuit, 1988.

GOMBERT, J.-E. Le développement des activités métalinguistiques chez l'enfant: Le point de la recherche. E. L. A.: *Activités Métalinguistiques et métadiscursives chez l'enfant de 6 à 11 ans*. Didier-Erudition, n. 62, avril-juin, pp. 5-25, 1986.

_____. *Le Développement métalinguistique*. Paris: PUF, 1990.

GRESILLON, A.; LEBRAVE, J. L. Les manuscrits comme lieu de conflits discursifs. *La genèse du texte*: les modèles linguistiques. Paris: CNRS, 1982, pp. 129-70.

_____. Avant-propos. *Langages*, n. 69, pp. 5-10, 1983.

HAYES, J.; FLOWER, L. Identifying the Organization of Writing Process. In: GREGG; STEINBERG (eds.). *Cognitive Processes in Writing*, 1980.

JAKOBSON, R. *Essais de linguistique générale*. Paris: Minuit, 1963.

KERBRAT-ORECCHIONI, C. *Les Interactions verbales*. Paris: Armand Colin, 1990, t. 1.

ORIOL-BOYER, C. La production du texte assistée par ordinateur: potentiel didactique de l'interactivité. *LINX*. n. 80, pp. 85-97, 1987.

_____. La Réécriture conversationnelle: champ de recherche et usages didactiques. *CALAP*, Réécriture et Interactivité, n. 9, pp. 39-47, 1992.

PERRET-CLERMONT, A. N. et al. *La Construction de l'intelligence dans l'interaction sociale*. Berne: Peter Lang, 1996.

PEYTARD, J. Les Variantes de la ponctuation dans le Chant Premier des chants de Maldoror. *La Genèse du texte*: les modèles linguistiques. Paris: CNRS, 1982, pp. 14-69.

REY-DEBOVE, J. Pour une lecture de la rature. *La Genèse du texte*: les modèles linguistiques. Paris: CNRS, 1982, pp. 103-27.

SALAZAR-ORVIG, A. *Les Mouvements du discours*: style, référence et dialogue dans des entretiens cliniques. Paris: L'Harmattan, 1999.

SCHEUWLY, B.; BRONKART, J. P. (dir.) *Vygotsky aujourd'hui*. Paris: Delachaux et Niestlé, 1985.

TODOROV, T. *Mikhaïl Bakhtine*: le principe dialogique. Paris: Seuil, 1981. Coll. 'Poétique'.

VION, R. *La Communication verbale*: analyse des interactions. Paris: Hachette, 1992.

VYGOTSKY, L. S. *Pensée et langage*. Paris: Editions Sociales, 1985.

O jogo das representações gráficas

Sílvia Dinucci Fernandes

> [...] saber e sabor têm, em latim, a mesma etimologia [...]
> É esse gosto das palavras que faz o saber profundo, fecundo.
> (R. Barthes)

A atividade linguística resulta da conjunção de várias capacidades do ser humano, desde a capacidade do pensamento e da percepção até a habilidade de mover os lábios ou redigir uma palavra. Quando se considera a complexidade das interações entre esses diferentes sistemas, torna-se evidente que não há um desenvolvimento evolutivo único em qualquer um deles que, sozinho, possa esclarecer o processo linguístico e comunicativo do ser humano.[1] Por essa razão, o estudo da linguagem humana não pode ser de domínio apenas linguístico, mas envolve o concurso de especialistas de várias áreas.

A pesquisa nesse campo requer tanto maior concentração sobre a descrição e classificação dos fenômenos puramente verbais como também uma atenção constante à totalidade da situação comunicativa. O que deve ser observado não é apenas a presença ou ausência de certas propriedades, mas, sobretudo, a diversidade entre os traços predominantes, uma vez que as propriedades são hierarquizadas diferentemente. As capacidades da mente humana geram um conjunto de operações e/ou relações que se pode interpretar como uma estrutura formal denominada espaço de relações. A língua, dessa maneira, é um sistema de relações, e saber uma língua é, de certo modo, relacionar formas e conceitos. A manifestação linguística jamais pode ser concebida apenas como um conjunto de respostas verbais, uma simples acumulação de itens ou, então, um armazenamento de palavras. As relações e regras da língua interatuam umas com as outras, formando um sistema que é mais do que a simples soma de seus elementos. Em outras palavras, a capacidade para a linguagem oral ou escrita significa, também, a capacidade para efetivar certas relações formais.

Chomsky[2] acredita que a linguagem pode funcionar como uma espécie de sonda para explorar a organização dos processos mentais. Segundo ele, o linguista deve conhecer a natureza do sistema cognitivo que é utilizado. Ele também ressalta a ideia de que os trabalhos realizados no campo da aquisição e dos distúrbios de linguagem se reforçam mutuamente. Nos próximos anos, esses estudos podem chegar a constituir uma das partes mais excitantes da ciência.

Trata-se, portanto, de uma questão teórica porque não se pode negar que a pesquisa empírica sobre a aquisição da linguagem acaba, sempre, por trazer à tona o problema da relação entre pensamento e linguagem, pois, a partir da observação da capacidade linguística e comunicativa da criança, pode-se detectar as consequências mais imediatas em sua emissão oral ou escrita. Acreditamos que o estudo de fatos particulares somente é digno de ser feito quando guiado por premissas gerais a respeito do sistema global de que tais fatos são extraídos.

O problema básico é saber até que ponto a linguagem reflete os processos mentais humanos, já que é tomada como uma particularidade importante da capacidade cognitiva do homem. As formas linguísticas retratam, essencialmente, as relações que sustentam a linguagem e permitem seu funcionamento. Mas é importante passar de uma teoria do manejo das formas a uma teoria da representação. Melhor dizendo, partir dos mecanismos do pensamento e estudar a representação pelas formas de expressão. Isso porque a estrutura formal comporta toda a significação da linguagem oral ou escrita, uma vez que os signos não existem e não têm caráter próprio sem o seu recurso. Além disso, o homem precisa de signos para marcar tudo o que se passa em sua mente.

Nessa perspectiva, a análise linguística não focaliza apenas a descrição e classificação de segmentos ou, talvez, o registro dos dados, mas busca os princípios explicativos, os mecanismos básicos do processamento da linguagem.

Todos esses conceitos – o enfoque da linguagem como um todo, como uma estrutura complexa – enfatizam a importância de uma análise funcional objetiva quando se trata de interpretar um fenômeno linguístico. O problema principal não se encontra, portanto, na base dos dados observáveis, mas em sua interpretação. Vale ressaltar a importância de se incorporar conceitos linguísticos, discursivos e pragmáticos, ou seja, de se atentar para a estrutura da língua e seus vários tipos de processamento da informação. A ideia é prover uma análise funcional da linguagem verbal por meio da observação dos padrões de comportamento.

É por meio da investigação detalhada de realizações concretas que há alguma esperança de avançar em direção a um melhor entendimento das estruturas abstratas subjacentes, necessárias para a produção e compreensão da língua. As diferenças de manifestação linguística não são facilmente interpretáveis, mas elas não podem ser ignoradas. Devem ser observados, portanto, todos os recursos comunicativos (verbais e não-verbais) utilizados pela criança nas diferentes situações comunicativas. E, nesse aspecto, é importante detectar os tipos de processamento de informação (nível cognitivo) necessários para determinada situação (nível pragmático).

A representação escrita da linguagem

Quando se trata da aquisição da língua escrita, é necessário enfatizar a especificidade da construção desse sistema como um processo cognitivo. Ao detectar as operações cognitivo-linguísticas aí envolvidas, pode-se, muitas vezes, chegar a respostas para problemas reais de alfabetização. Ferreiro[3], já há muito tempo, apontou uma questão fundamental:

> Tradicionalmente, a alfabetização inicial é considerada em função da relação entre o método utilizado e o estado de "maturidade" ou de "prontidão" da criança. Os dois pólos do processo de aprendizagem (quem ensina e quem aprende) têm sido caracterizados sem que se leve em conta o terceiro elemento da relação: a natureza do objeto de conhecimento envolvendo essa aprendizagem.

E é exatamente este o ponto de discussão: a natureza da representação escrita da língua, o caráter simbólico dos sinais materiais. O estudo desse processo possibilita a reflexão sobre suas etapas, bem como o esclarecimento de seus mecanismos subjacentes. Do ponto de vista teórico, os principais aspectos de tal discussão parecem ser a representação e os mecanismos representativos das marcas gráficas.

De acordo com Ferreiro,[4] no momento em que a criança percebe que, ao mudar a posição de cada letra ou pares de letras, consegue significados diferentes, ela apreende o princípio da combinatória, uma das aquisições que caracteriza o período das operações formais. Trata-se da relação entre o todo e as partes que o constituem: a função de cada elemento gráfico determina o significado. Não podemos expressar conceitos diferentes com segmentos idênticos de sinais gráficos. Devemos ressaltar, portanto, as etapas desse processo para que seja possível explicitar os mecanismos envolvidos e considerar a aprendizagem das regras de funcionamento da língua escrita não apenas uma reprodução no nível individual, mas sim algo que exige um esforço cognitivo considerável. Há uma construção efetiva de princípios organizadores. E a criança se constitui como sujeito ativo nessa trajetória: formula hipóteses, verifica se estão corretas e procura elaborar novas hipóteses ao constatar que as primeiras são insustentáveis. Tais mecanismos cognitivo-linguísticos podem ser de extrema importância para o entendimento da habilidade de lidar com a segmentação dos sons, pré-requisito para a aquisição da leitura e da escrita.

Teberosky,[5] de uma perspectiva psicopedagógica, também transmite uma visão da linguagem como atividade significativa e explicita a concepção de que adquirir a escrita não equivale apenas à construção de um sistema de representação gráfica. Durante o processo de aprendizagem, o modelo adotado para tal empreendimento dá à criança informação sobre o valor qualitativo das letras, ou seja, valor diferenciador e indicador da presença de uma palavra, dá informação da quantidade de letras necessárias para escrever o nome e, também, dá informação sobre a variedade, posição e ordem das letras em uma escrita convencional. Enfim, a criança toma consciência do valor distintivo dos sinais gráficos.

Tolchinsky[6] esclarece que, nesse procedimento, há conceitos linguísticos que podem explicar mecanismos fundamentais. Sem o enfoque da Linguística, muitas operações realizadas pela criança permanecerão sempre implícitas. A autora ressalta, ainda, a profunda mudança que a escrita introduz na representação da criança, reafirmando "que nossa orientação para a linguagem, nossa percepção da linguagem e, sem dúvida, nosso conhecimento metalinguístico são, em grande medida, produtos da escrita".

Nesse sentido, para Ferreiro,[7] a evolução das conceptualizações da criança a respeito do sistema alfabético da escrita exige ainda pesquisas aprofundadas sobre muitos detalhes. Isso porque o processo de aquisição da língua escrita não se refere apenas à transcrição de sons da fala, mas sim à tomada de consciência das estruturas fonológicas da linguagem e à compreensão do princípio alfabético. A criança deve perceber a segmentação da linguagem em unidades discretas e aprender a manipular tais segmentos.

Refletindo a respeito de todos esses itens teóricos, destaca-se a importância de noções linguísticas para que se possa avaliar a aquisição da língua escrita pela criança. A ideia de Jakobson[8] a respeito do valor distintivo dos fonemas, unidades estritamente funcionais, e os conceitos de dupla articulação da linguagem de Martinet[9] e de dupla significância da língua de Benveniste[10] são decisivos também para analisar a representação do fonema pelo sinal gráfico. A decomposição dos sons nas letras ocorre em um período posterior de amadurecimento cognitivo da criança. As palavras passam a ser decompostas e os sons de que são formadas passam a ser explicitados. Reafirma-se, assim, a importância da relação entre o conhecimento da estrutura fonológica da fala e a habilidade de escrever. Acreditamos que a aquisição da língua escrita intervém, de maneira determinante, no desenvolvimento cognitivo.

Vários estudiosos referem-se à importância de tais percepções na criança em fase de alfabetização inicial.

Mas de que modo se opera essa transformação de/em alguém que passa a ver o que não via e é assim capturado pela escrita enquanto funcionamento simbólico? Esta pergunta nos leva ao segundo ponto desta reflexão. [...] o pressuposto de não-continuidade "natural" entre linguagem oral e escrita leva, no mínimo, à indagação sobre o que é transmitido (e como).[11]

Abaurre[12] chama a atenção para o grande mistério que é a escrita, focalizando:

o estudo dos procedimentos utilizados pelas crianças para segmentar a escrita, tomada inicialmente como um conjunto de blocos ou porções não-analisadas, separadas por espaços em branco [...] e o problema enfrentado por numerosas crianças em seu trabalho de análise das estruturas silábicas para fins de escrita.

Reforça, ainda, a questão da opacidade desse processo.

Pode-se dizer que a consciência desse fato aumentou o interesse da Linguística pelos dados da aquisição da língua escrita, uma vez que eles passaram a ser vistos como preciosa fonte de indícios sobre a natureza do trabalho realizado pelas crianças com a linguagem.

É evidente que, do ponto de vista do próprio sistema de representação (de base alfabética), há uma relação entre a unidade mínima utilizada na escrita – a letra – e um elemento fonológico por ela representado, o fonema, entidade linguística abstrata menor do que uma outra entidade, a sílaba. Qualquer linguista tem a obrigação de identificar tais elementos e as relações entre eles, dada a linguagem oral e sua representação escrita de base alfabética.

Continuamos insistindo na importância do desenvolvimento de habilidades metalinguísticas durante a aquisição da escrita. A consciência metalinguística refere-se à capacidade de refletir e manipular conscientemente os elementos da língua. Por isso, durante a aprendizagem da escrita, deve-se considerar a relação entre a evolução da consciência metalinguística e a situação de interação social criada pelo trabalho de acompanhamento.

Somente quando existe uma nítida evidência de que as crianças desprezam o conteúdo e refletem a respeito, fazendo comentários explícitos sobre, ou manipulando conscientemente formas e características linguísticas, é que estamos autorizados a afirmar que são metalinguisticamente conscientes.[13]

Para que esse processo ocorra, torna-se imprescindível a capacidade de segmentação da fala, ou seja, a capacidade para categorizar e discriminar segmentos foneticamente semelhantes. A autora ainda ressalta a ideia da diferença entre língua falada e língua escrita, quando reforça a ideia de que o papel da consciência metalinguística no desenvolvimento da linguagem oral é bem menos evidente.

No processo de aprendizagem da escrita há vários procedimentos instrucionais que visam à estimulação e ao desenvolvimento cognitivo da criança:

- capacidade de categorização e descoberta de princípios na organização de elementos;
- capacidade de abstração e representação, por meio de atividades com marcas simbólicas;
- percepção da relação fonema-grafema a partir da combinação de vogais;
- apreensão da estruturação da escrita, no nível das habilidades de base, por meio da composição e recomposição das unidades mínimas.

As atividades realizadas com as crianças devem contribuir para que elas voltem o olhar para o suporte formal das palavras e compreendam o jogo das unidades mínimas distintivas, ou seja, a montagem e desmontagem de peças, procedimento fundamental da língua escrita. Para isso, é necessário desenvolver a capacidade metalinguística das crianças, esclarecendo o valor e o papel das marcas gráficas na representação das ideias. Quando a criança apreende tal princípio, ela entende que a fala é segmentável e que as palavras são construídas a partir de arranjos específicos de sons. Não basta que a criança pronuncie a palavra, ela deverá aprender a analisá-la nos sons que a compõem.

Trata-se de um salto qualitativo, uma vez que a aquisição da escrita implica uma mudança no nível de abstração das unidades de segmentação. Na fala, há uma certa linearidade e globalidade, um *continuum* – na escrita, há unidades discretas –, e as crianças devem aprender a articular essa linearidade em uma sequência de segmentos de abstração cada vez maior até chegar aos elementos mínimos, requisito fundamental para o processo de alfabetização em uma escrita alfabética.

Desenvolvimento metalinguístico e produção escrita

Gombert[14] esclarece a diferença entre a utilização espontânea da linguagem e a atividade metalinguística, que se define, fundamentalmente, por ser uma atividade autorreflexiva e consciente. Para ele, devemos distinguir as habilidades detectadas em comportamentos espontâneos das capacidades fundamentadas em conhecimentos sistematicamente representados e que podem ser deliberadamente aplicados. Não se trata apenas de uma questão de grau: aspectos cognitivos diferenciam esses dois tipos de comportamento.

De acordo com Morais,[15] a consciência fonológica e o conhecimento do código alfabético surgem simultaneamente, influenciam-se e se reforçam mutuamente, e juntos contribuem para o sucesso da aquisição da língua escrita. Para ele, a razão principal do fracasso escolar pode ser a dificuldade da criança na percepção das unidades mínimas, chave da compreensão do princípio alfabético.

O jogo das representações gráficas   175

> O que é leitura? Como se aprende a ler? Quais são as dificuldades que uma criança pode sentir nessa aprendizagem? O que se pode fazer para ajudá-la? Para responder a essas perguntas, é indispensável colocar em evidência os mecanismos cognitivos que sustentam a capacidade da leitura, assim como o processo de aprendizagem dessa capacidade. [...] cumpre-nos mostrar, previamente, que a chave da linguagem escrita se encontra na relação desta com a linguagem falada. [...] Um exame dos sistemas não alfabéticos permitirá perceber melhor a especificidade do sistema alfabético. O alfabeto é uma representação escrita da linguagem no nível do fonema. [...] O exame dessas questões fará aparecer uma ideia crucial, a importância da descoberta do fonema, condição de um bom ponto de partida.

Com isso, o autor ressalta a ideia de que, para ser capaz de analisar intencionalmente a fala em fonemas, há a necessidade de se aprender a ler em um sistema alfabético.

Em seu trabalho, Jaffré[16] escreve sobre a emergência de condutas nitidamente funcionais no processo de aquisição da escrita. O autor chama a atenção para as etapas intermediárias, fases transitórias, em que a criança utiliza parte de letras não-funcionais e parte de letras funcionais quando redige uma palavra. Ele insiste na importância da noção de competência alfabética, ou seja, a capacidade de associar elementos fônicos e elementos gráficos. Nesse enfoque, a produção gráfica da criança constitui uma preciosa fonte para o conhecimento da dinâmica do processo de aquisição da escrita. Trata-se de um produto visível que constitui apenas um traço parcial de saberes complexos e implícitos. A criança deve apreender o princípio alfabético, ou seja, passar de uma escrita construída com sucessão aleatória de letras não-funcionais para uma escrita com sucessão de letras funcionais.

Olson[17] reforça esse ponto: a história da escrita e da alfabetização não se refere apenas a aprender como transcrever sons da fala. Trata-se, na verdade, de aprender a escutar e pensar sobre a linguagem de um modo diferente. Nessa perspectiva, a alfabetização contribui para a articulação de estruturas conceptuais, e não apenas para reportá-las, ou seja, a escrita traz propriedades estruturais da linguagem para a consciência, tornando a criança capaz de entender o sistema e a articulação formal da língua.

Exatamente por isso, a noção de consciência metalinguística é fundamental para um melhor entendimento da construção da escrita pela criança. Em uma etapa posterior, o desenvolvimento dessa habilidade pode contribuir para o bom desempenho em atividades de ortografia e redação.

E Olson[18] estende a operacionalidade de suas reflexões:

> Porém, o conceito de conhecimento metalinguístico e sua relação com a leitura não estão restritos às relações entre sons e letras, mas também a unidades maiores de textos, incluindo palavras, frases e textos.

[...] os textos têm formas específicas e selecionam processos cognitivos peculiares devido a mudanças de nível de discurso, de um nível ligado ao mundo a outro ligado ao texto.

Com isso não se pretende dizer que esse conhecimento metalinguístico é uma precondição para a escrita, mas que, mais precisamente, é produto da escrita.

Minha visão acerca da escrita é ser ela, por sua própria natureza, uma atividade metalinguística. A escrita faz da língua um objeto.

Estamos nos referindo, basicamente, a dois momentos do processo de letramento: a alfabetização inicial e a aprendizagem da ortografia, refletindo a respeito de produções escritas de crianças que se encontram nesses estágios de aquisição da língua escrita. Como fios condutores, seguimos alguns princípios teóricos: a não-continuidade entre fala/escrita, o papel da consciência fonológica, da segmentação da fala e da manipulação de segmentos no processo de aquisição da escrita e a noção de princípio alfabético de Morais:[19]

Em contraste com essa força irresistível da linguagem, quantas crianças vivas e inteligentes fracassam lamentavelmente na aprendizagem da leitura e da escrita! Ao contrário da linguagem falada, para aprender a ler e a escrever são necessárias escolas, uma instrução, até mesmo um pequeno gênio! O reconhecimento desses paradoxos constitui o melhor ponto de partida de uma reflexão eficaz sobre os problemas da aprendizagem da leitura e da escrita.

De acordo com o autor, as crianças precisam entender os princípios e os mecanismos básicos da escrita em um sistema alfabético:

Crianças que só conhecem algumas correspondências entre letras e fonemas conhecem provavelmente o princípio alfabético tanto quanto as que conhecem todo o alfabeto. A única diferença entre elas é que as primeiras não saberão decodificar tantas palavras novas quanto as segundas. O princípio alfabético não deve ser aprendido a cada nova letra. A partir de alguns elementos e relações, ela extraiu uma regra de análise e de correspondência, regra que em nenhum momento foi explicitada de maneira geral. Dessa forma a criança realmente aprendeu um princípio abstrato.

Para que esse processo efetivamente aconteça, as crianças devem transferir sua atenção do significado das palavras para a sua forma estrutural, tornando-se metalinguisticamente conscientes. Por meio das tentativas das crianças é possível observar como se desenvolvem essas habilidades de consciência fonológica e como isso interfere na aquisição da escrita. Todo esse processo exige uma evolução cognitiva muito mais geral e que se refere à percepção de mecanismos funcionais. O mais importante é observar e analisar a evolução das competências alfabéticas, ou seja, o reconhecimento das propriedades formais das palavras. A maior dificuldade das crianças com déficits de aprendizagem (alfabetização inicial) reside exatamente na diferenciação e na articulação das unidades estritamente funcionais. A escrita, de certa forma, explicita concretamente a natureza semiótica da linguagem humana.

Gombert e Largy[20] reforçam ainda mais o papel da alfabetização no desenvolvimento da capacidade metalinguística quando refletem sobre o processo de aprendizagem da escrita e da leitura. Os autores avaliaram capacidades metalinguísticas em adultos analfabetos e chegaram a resultados bastante interessantes:

- a percepção da estrutura fonológica da linguagem oral e a capacidade de análise segmental da fala constituem elementos essenciais para a aquisição da leitura e da escrita;

- a análise qualitativa dos erros contribui para um melhor conhecimento dos mecanismos desse processo;

- há uma hierarquia de dificuldades em tarefas que focalizam habilidades metalinguísticas – da mais simples (julgamento da extensão fonológica) até a mais difícil (segmentação lexical).

Um exame mais cuidadoso do desempenho dos adultos analfabetos mostrou que a capacidade de focalizar a atenção na dimensão fonológica da linguagem (medida pela tarefa de julgamento da extensão fonológica da palavra) pode ser um pré-requisito da capacidade de suprimir fonemas. Entretanto, há uma diferença essencial no que se refere à tarefa de segmentação lexical. Para os autores, trata-se mais de uma questão de consciência morfossintática do que de consciência fonológica, ou seja, o desenvolvimento dessas capacidades ocorre em paralelo e aponta natureza diversa. Para perceber e segmentar adequadamente as unidades linguísticas em uma frase, a criança precisa de outros conhecimentos linguísticos.

Para dar continuidade a tal discussão, vale resgatar a abordagem de Danon-Boileau[21] a respeito da "mecânica da linguagem", uma dimensão do funcionamento linguístico diferente das operações simbólicas e enunciativas. Nessa perspectiva, os dados constituem conteúdos de representação e registros de operações mecânicas. A história da escrita, como teoria da mecânica da linguagem, indica todas as articulações e as relações de unidades discretas e, por essa razão, constitui fonte preciosa de ensinamentos e informações. Para o autor, a sílaba, além de evocar o som dessa marca gráfica, evoca também o encadeamento dos movimentos que permitem sua pronúncia.

Na produção da linguagem (incluindo a escrita), há três etapas:

- o significado de uma palavra surge quando a pensamos;

- essa ativação coloca em tensão o programa que permite a pronúncia do significante correspondente;

178 Aquisição da linguagem

- o programa desencadeia a sucessão de movimentos que permitem pronunciar a palavra.

Na compreensão da linguagem (incluindo a leitura), há, também, três etapas:

- registramos a sequência sonora que escutamos;
- reproduzimos interiormente cada elemento da referida sequência;
- por meio de nosso léxico mental, temos acesso ao significado.

Para compreender uma palavra que escutamos, nós a "dizemos" novamente. A diferença de estatuto entre palavras lexicais e gramaticais, ou melhor, a diferença entre a capacidade de ler palavras lexicais e a incapacidade de ler palavras gramaticais (presente em alguns tipos de distúrbios de linguagem), invalida a hipótese de que a leitura constitui apenas um procedimento de "decifração" silábica.

Ao menos no que se refere à escrita, parece que temos duas vias distintas que permitem a interpretação da sequência: uma que procede de modo global e outra de modo analógico, por decifração. Há, portanto, duas maneiras de "tratar" a palavra em sua produção, tanto oral quanto escrita: pela *via lexical*, baseada no significado, e pela *via analítica*, que se fundamenta na memória do traço sonoro da palavra. Entretanto, a boa leitura resulta de uma colaboração entre esses dois procedimentos. Além disso, vale ressaltar a importância do "esqueleto consonântico" da palavra, o qual assegura sua identidade e permite reconhecer uma sequência de sílabas que podem formar uma palavra do léxico de uma determinada língua, mesmo sem saber o que quer dizer. Efetuar esse reconhecimento significa "sentir" que seu significante se relaciona com toda uma rede de significantes, formando um conjunto específico. É esse sentimento que sinaliza para um leitor a percepção da palavra como parte do léxico de uma determinada língua. Tal procedimento desempenha um papel primordial: permite ao sujeito identificar uma palavra de sua língua em uma sequência de sílabas que acabou de ouvir ou de ler.

A partir dessa ideia, surge uma outra discussão: o que realmente significa o processo de decifração?[22]

O ato de ler e escrever implica um processo de decifração e, também, de apropriação pela criança da natureza do sistema da escrita. Para entendermos essa questão, precisamos discernir entre o sentido e a globalidade da palavra e as unidades discretas, ou seja, os elementos que compõem a palavra. Para aprender a ler e escrever, a criança deve ficar atenta e perceber esses dois procedimentos: instalação de uma consciência fonológica da sílaba e do fonema, para ser capaz de decifrar, e, por outro lado, decifração do sistema da escrita, com suas relações e combinações específicas de unidades discretas. Além disso, é necessário que ela saiba para que isso serve. Torna-se essencial, portanto, que a criança compreenda verdadeiramente as funções essenciais da escrita e, com isso, possa entender que ela permite comunicar-se com alguém que não está próximo. Enfim, precisa tomar consciência de que, em nosso sistema de escrita de base alfabética, cada mensagem possibilita apenas uma leitura.

Assim como Olson,[23] referido anteriormente, Danon-Boileau[24] enfatiza a escrita como teoria da linguagem e como revelação efetiva da economia e complexidade do sistema alfabético: "Todo sistema de escrita é uma teoria da linguagem na qual ele nasce".[25] A escrita alfabética constitui uma solução ao problema de heterogeneidade dos signos que são as palavras de uma língua como a nossa. Para isso, torna-se importante a fragmentação da sílaba em associação com as consoantes e vogais. As consoantes não têm existência independente, elas só podem constituir uma sílaba com o apoio das vogais.

Esclarecer para a criança a ligação entre escrita e ausência, escrita e linguagem oral, escrita e jogo de representações gráficas representa algo decisivo para que a aquisição da decifração não seja inútil e tome, por sua vez, seu lugar efetivo no processo de aquisição da escrita.

Voltamos a um ponto já discutido: a escrita como atividade metalinguística.[26] De acordo com Danon-Boileau,[27] precisamos distinguir dois tipos de "meta": os mecanismos (os procedimentos) metalinguísticos, de um lado, e as representações (as teorias) "meta", de outro. No processo de aquisição da escrita, é necessário investir no desenvolvimento da capacidade de construir palavras não apenas pelo sentido, mas de acordo com o número e valor das sílabas. Para que isso aconteça, a criança deve demonstrar uma certa capacidade metalinguística, sabendo distinguir forma linguística e objeto designado e classificar a palavra de acordo com o número de sílabas, ou seja, implica que ela saiba manipular propriedades formais do sistema da escrita, propriedades estas que não estão ligadas diretamente ao que designam. Esses procedimentos constituem índices de um saber linguístico que funciona bem quando a criança aprende a dissociação entre a forma linguística e o objeto do mundo exterior, entende que não há ligação direta entre nome-objeto, mas, sim, representação e marcas simbólicas, ou seja, sinais gráficos no lugar de ideias. Deve detectar, ainda, os intervalos entre palavra, objeto e pensamento e, a partir disso, construir uma teoria do sistema, das unidades, das relações, das combinações.

O jogo essencial é constituído pelo suporte da representação/comunicação gráfica. A reflexão sobre a forma e a materialidade dos instrumentos de trocas e combinações permite a retomada de mecanismos fundamentais, acompanhada de um ganho implícito da percepção da natureza desse tipo de representação.

Danon-Boileau[28] insiste na ideia de que a reflexão "meta" não significa apenas um comentário pedagógico sobre um mecanismo que funciona. Pelo contrário, o foco em atividades metalinguísticas nas interações com a criança permite a consolidação de mecanismos ainda frágeis. Fundamentalmente, trata-se de uma maneira de articular as descontinuidades sem as anular.

Notas

[1] Bever, 1973.
[2] Chomsky, 1980.
[3] Ferreiro, 1985, p. 8.
[4] Ferreiro, 1989.
[5] Teberosky, 1990.
[6] Tolchinsky, 1996, p. 58.
[7] Ferreiro, 1990.
[8] Jakobson, 1977.
[9] Martinet, 1971.
[10] Benveniste, 1989.
[11] Lemos, 1998, p.19.
[12] Abaurre, 1998, p. 208.
[13] Magnusson, 1989, p. 114.
[14] Gombert, 1990.
[15] Morais, 1995, p. 39.
[16] Jaffré, 1990.
[17] Olson, 1996.
[18] Olson, 1995, pp. 275-7.
[19] Morais, 1995, p. 44.
[20] Gombert e Largy, 1995.
[21] Danon-Boileau, 1993.
[22] Danon-Boileau, 1998.
[23] Olson, 1996.
[24] Danon-Boileau, 1998, p. 207.
[25] "Tout système d'écriture est une théorie du langage où il naît."
[26] Olson, 1995.
[27] Danon-Boileau, 1994.
[28] Danon-Boileau, op. cit.

Bibliografia

ABAURRE, M. B. M. Posfácio: A aquisição da escrita do português – considerações sobre diferentes perspectivas de análise. In: ROJO, R. (org.). *Alfabetização e letramento*. Campinas: Mercado de Letras, 1998.

BENVENISTE, É. Semiologia da língua. *Problemas de Linguística geral II*. Campinas: Papirus, 1989.

BEVER, T.G. Language and Perception. In: MILLER, G. A. (ed.). *Communication, Language and Meaning*. New York: Basic Books, 1973.

BLANCHE-BENVENISTE, C. The Construct of Oral and Written Language. In: VERHOEVEN, L. (ed.). *Functional Literacy: theoretical issues and educational implications*. Amsterdam: Benjamins, 1994.

CHOMSKY, N. *Reflexões sobre a linguagem*. São Paulo: Cultrix, 1980.

DANON-BOILEAU, L. Mécanique du langage. *Par l'écriture*. Paris: Presses de la Sorbonne Nouvelle, 1993, pp.51-82.

_____. Le Méta comme faculté de détour. *CALaP*, n. 12, pp. 71-7, 1994.

_____. Pour que le déchiffrage ne reste pas lettre morte. *Repères*. À la conquête de l'écrit. Paris: INPP, n. 18, pp. 205-9, 1998.

DAVID, J. Linguistique génétique et acquisition de l'écriture. *Faits de Langues*. Paris: Ophrys, n. 22, pp. 37-45, 2003.

_____.; FAYOL, M. (orgs.) Comment étudier l'écriture et son acquisition? Revue de Didactologie des Langues-Cultures, n. 101. Paris: Didier Érudition, 1996.

FAYOL, M.; JAFFRÉ, J-P. L'Orthographe: perspectives linguistiques et psycholinguistiques. *Langue Française*, n. 95, Paris: Larousse, 1992.

_____. *Orthographes*: des systèmes aux usages. Paris: Flammarion, 1997.

FERNANDES, S. D. L'Apprentissage de l'orthographe en portugais: les signes et les représentations graphiques. *Faits de Langues*. Paris: Ophrys, n. 22, pp.109-16, 2003.

FERREIRO, E. A representação da linguagem e o processo de alfabetização. *Cadernos de Pesquisa*. Revista de Estudos e Pesquisas em Educação (52).

_____. Os problemas cognitivos envolvidos na construção da representação escrita da linguagem. *Alfabetização em processo*. São Paulo: Cortez, 1989.

_____. A escrita ... antes das letras. In: SINCLAIR, H. (org.). *A produção de notações na criança*: linguagem, número, ritmos e melodias. São Paulo: Cortez, 1990.

GOMBERT, J-É. *Le Développement métalinguistique*. Paris: PUF, 1990.

_____.; LARGY, F. Acquisitions métalinguistiques chez les analphabètes. *CALaP*, n. 13, pp. 123-43, 1995.

JAFFRÉ, J-P. Explications métagraphiques et compétences alphabétiques. *CALaP*, n. 7/8, 1990.

_____. Les Commentaires métagraphiques. *Faits de Langues*. Paris: Ophrys, n. 22, pp.67-76, 2003.

_____.; FAYOL, M. *Orthographes*: des systèmes aux usages. Paris: Flammarion, 1997.

JAKOBSON, R. *Seis lições sobre o som e o sentido*. Lisboa: Moraes, 1977.

KATO, M. A. *No mundo da escrita*: uma perspectiva psicolinguística. São Paulo: Ática, 1985.

_____. *A concepção da escrita pela criança*. Campinas: Pontes, 1988.

LEMLE, M. *Guia teórico do alfabetizador*. São Paulo: Ática, 1995.

LEMOS, C. T. de. Sobre a aquisição da escrita: algumas questões. In: ROJO, R. (org.). *Alfabetização e letramento*. Campinas: Mercado de Letras, 1998.

MAGNUSSON, E. Consciência metalinguística em crianças com desvios fonológicos. In: YAVAS, M. S. (org.). *Desvios fonológicos em crianças*. Porto Alegre: Mercado Aberto, 1989.

MARTINET, A. A dupla articulação da linguagem. *Linguística sincrônica*. Rio de Janeiro: Tempo Brasileiro, 1971.

MORAIS, J. Literacy Training and Speech Segmentation. *Cognition*, n. 24, 1986.

_____. *A arte de ler*. São Paulo: EDUNESP, 1995.

OLSON, D. (org.) *Literacy, language and learning*. Cambridge: Cambridge University Press, 1988.

_____. A escrita como atividade metalinguística. In: TORRANCE, N. (orgs.). *Cultura escrita e oralidade*. São Paulo: Ática, 1995.

_____. Towards a Psychology of Literacy: on the relations between speech and writing. *Cognition*, n. 60, pp. 83-104, 1996.

_____. A escrita sem mitos. In: OLSON, D. *O mundo do papel*. São Paulo: Ática, 1997.

SAUSSURE, F. *Curso de Linguística geral*. São Paulo: Cultrix, 1970.

182 Aquisição da linguagem

SCLIAR-CABRAL, L. Da oralidade ao letramento: continuidades e descontinuidades. *Letras de Hoje*. Porto Alegre, 1995, v. 30, n. 2.

TEBEROSKY, A. *Psicopedagogia da linguagem escrita*. Campinas: Trajetória Cultural, 1990.

TOLCHINSKY, L. Aprender sons ou escrever palavras. In: TEBEROSKY, A. (org.). *Além da alfabetização*. São Paulo: Ática, 1996.

O que nos indica a "linguagem da criança": algumas considerações sobre a "linguagem"

Frédéric François

Algumas dificuldades iniciais

Apesar da restrição do título "algumas considerações...", que permite entender o que é evidente – aquilo que se refere à linguagem não pode ser resolvido apenas pelo acesso à fundamentação teórica –, esse título poderia parecer, de um modo geral, um pouco pretensioso. Espero que o verdadeiro conteúdo contradiga tal aparência. Gostaríamos de nos opor à frequente imagem de que há algo relativamente bem conhecido – o que é a "língua" e "a maneira de usá-la". A partir disso, seria possível propormos um objetivo pedagógico claro: fazer com que as "produções linguísticas" da criança sejam cada vez mais semelhantes àquelas que são – ou deveriam ser – as do adulto. Seria o caso, então, de fazer a criança passar do estatuto de *infans* prematuro ao estatuto de pré-adulto e, em seguida, ao de adulto.

Esse modelo não é infundado: é verdade que, no que concerne especificamente "à língua", a criança tem "algo a aprender". No entanto, nos deparamos com um primeiro problema: será que nossas gramáticas e dicionários descrevem corretamente aquilo que a criança deve adquirir? A simples variação desses objetos teóricos já traz a dúvida. Além disso, mesmo se a formulação é um pouco simplista, qual é a relação entre "a língua" e "a maneira de usá-la"? Essa descrição da aquisição centrada no léxico e na gramática nada revela sobre a maneira pela qual identificamos "linguagem" e cultura, nem como ela nos modifica e nos permite chegar àquilo que está ausente:

passado, futuro, hipóteses, noções transmitidas etc. Afinal, é algo semelhante a isso que falta àquelas crianças cuja linguagem se desenvolve mal. E é necessário, pelo menos, substituir uma teoria da aquisição da língua por uma teoria dos "modos de funcionamento da linguagem". Não se trata de dizer com isso que tudo está errado nessa apresentação da "progressão da criança para o adulto", mas dizer que há "alguma coisa assim como" não é dizer que "é inteiramente assim".

Para começar, será que conhecemos de fato – tanto em nós como nas crianças – o que são as relações entre "a língua" e "a linguagem" (em resumo, os modos de funcionamento da língua)? E, depois disso, há somente crescimento ou também, eventualmente, perda? Percebe-se o que é "progresso" quando é preciso construir enunciados cada vez mais próximos da norma. Mas há progresso quando a relação do dito com o não dito é evidente, ao invés de ser objeto de brincadeira, de espanto? Ou, ainda, outra questão: todas as crianças entram na linguagem "do mesmo modo"? Parece que não. Esse fato sugere que pôr em palavras pode equivaler a acentuar aspectos diferentes, como, por exemplo, designar, repetir, brincar etc. Algo que a presença de formas marcadas (palavras, regras sintáticas etc.) pode nos fazer esquecer.

Ou, então, o que significa haver crianças que falam pouco ou nada e, no entanto, manifestam uma forte capacidade de compreensão? Ou, ainda, o que significa o fato de uma aquisição imperfeita da língua ser compatível, por exemplo, com uma manipulação da linguagem, uma capacidade para contar, que são habilidades tão complexas?

E há, ainda, outras questões. A aquisição feita pela criança não é um processo evidente. Pode-se dizer que é inato? Que ligação tem o inato com aquilo que a criança deve adquirir? E esse resto não-inato, a criança o adquire por imitação? Ou se deve, ao contrário, falar de construção da linguagem pela criança que aprende?

Ou, ainda, que relação existe entre "a linguagem" e o objeto ainda mais indeterminado que é possível chamar de "pensamento"? Ou, mais precisamente, entre a gramática e o léxico dessa língua e a possibilidade ou não de nela desenvolver esse ou aquele tipo de pensamento? Basta pensar em tudo o que foi escrito sobre as relações do "pensamento grego" com a "língua grega".

A quantidade de questões sobre isso é imensa, assim como a quantidade do que foi escrito e a multiplicidade das escolas. Além disso, a linguagem não é propriedade privada dos linguistas. Mas podemos nos perguntar se todas as disciplinas que têm ligação com a linguagem também não são tão babélicas quanto a Linguística, sem nos esquecermos de que aquilo que se esforça para ser "ciência" funciona sempre, ao mesmo tempo, como "visão do mundo", com os riscos, os modos, o *wishful thinking*, os pontos obscuros que isso supõe.

Além disso, parece-me desejável não apenas tentar uma orientação no emaranhado de teorias, mas, também, dar alguns exemplos, o que permite, talvez, o leitor observar o "ponto de vista" do autor e em que ele diverge ou não daquele que ele, leitor, teria espontaneamente em relação a esses textos. Mas, primeiramente, de que falamos?

"Língua" e "linguagem"

É duvidoso que essas palavras remetam a noções unívocas. Assim, "linguagem" pode servir para designar uma *capacidade*, como quando se diz que "o homem é dotado de linguagem". Pode designar, também, *traços comuns* a toda língua. Pode ser, ao contrário, a *relação* da "língua" com sua utilização, como quando se fala de "ato de linguagem". Não podemos nos esquecer, ainda, que muitas línguas não fazem distinção entre "língua" e "linguagem".

Ficaria mais claro se introduzíssemos aqui um terceiro termo, a "fala"? Sabe-se que Saussure opunha, na totalidade do que ele denominava "linguagem", a "língua" do lado da instituição e a "fala" como utilização individual da língua (observando, ao mesmo tempo, que não há nada na língua que não tenha estado na fala).

Paralelamente, "fala" remete com frequência à faculdade de produzir sons articulados e às dificuldades próprias dessa articulação. Esse segundo sentido não é problema. Em compensação, como se deve representar o primeiro? Saussure falava de uso "individual" da língua. Mas, em primeiro lugar, a criança não utiliza "a língua": ela é confrontada com o uso desse ou daquele adulto ou interlocutor, uso que retoma parcialmente e parcialmente modifica, mesmo porque a reutilização não se fará nas condições da primeira recepção. E, nessa retomada, os limites do que é "língua" são incessantemente transgredidos – voltaremos a essa questão: um dos traços da língua que permite sua aquisição é o fato de que ela se deixa amplamente modificar em sua forma e, ainda mais, em seu sentido (evidentemente, pode-se dizer que tudo o que é produzido e recebido pertence à esfera da "língua", distinguindo-se, em seguida, o que é mais ou menos normatizado, mas mudam-se então as implicações ordinárias da palavra "língua"). Em seguida, há uma dupla objeção a essa utilização de "fala" para designar aquilo que é individual na retomada da língua: essa retomada ocorre tanto ou mais na recepção do que na produção. Uma criança ou um adulto que não fala (ou fala pouco), se eles compreendem, é "por meio da linguagem", sem nos esquecermos de que pode se tratar (mais tarde) tanto do escrito quanto do lido.

Nessas condições, parece-me preferível conservar "fala" para o aspecto fônico específico e considerar que "linguagem" pode ser utilizada em dois grandes sentidos. De um lado, há a "linguagem" como equivalente de tudo aquilo que pode ter signo e sentido, como quando se fala de "linguagem do corpo" ou de "linguagem das imagens". Em um segundo sentido, será "linguagem" aquilo que passa pelo objeto específico "língua". E isso é o que vai colocar a questão sobre a maneira pela qual a linguagem dos gestos ou dos olhares constitui o quadro no qual a linguagem das palavras se coloca.

Mas, sobretudo, recorrer ao termo "linguagem" indica, em oposição ao aspecto imanente da língua, que se pode tentar descrever, "nela própria e por ela própria", uma relação diferenciada com o que está fora da linguagem, algo que não nos é dado de maneira homogênea. Há os objetos que nos cercam, aqueles que podem ser percebidos, aqueles que somente são oferecidos a nosso "sentido interior", aqueles que só foram dados aos outros. Mas em que medida as mensagens manifestam a especificidade de sua maneira de significar? Quando uma criança diz "*estou com fome*" ou "*mamãe, eu te amo*", em um certo sentido, essas mensagens são claras; em outro, são objetos de interpretação. A criança está "realmente" com fome? Ela está entediada? O apelo funciona por si só? Do mesmo modo, há uma "significação frontal" do segundo segmento, o que não exclui a questão de saber a quem remete particularmente "*ama*" nesse contexto. Até onde é possível decidir? Em todo caso, não é exatamente o que "*eu te amo*" significa quando dito pela mãe à criança. Mas isso não nos dá a possibilidade de isolar, como se faz com a forma significante, uma realidade discreta que seria o significado. Isso significa que "linguagem" comporta uma zona de sentido partilhado, uma zona de conflito ou, em todo caso, de diferença, uma zona de indecisão.

Mesmo se – o que é mais frequente – fazemos como se fosse possível responder a um enunciado eliminando a zona de interpretação, a inquietação pode sempre voltar. Do mesmo modo, está sempre presente o risco de uma repetição vazia. Daí a pergunta: qualquer que seja o papel atribuído à imitação, quando uma criança repete um enunciado do adulto (ou de outra criança), o que acontece? Quer se trate de "abracadabra", de uma ofensa de caráter sexual ou qualquer expressão que seja, o que é compartilhado ou não permanece sempre mais ou menos opaco. Diante de todos aqueles que consideram a imitação a própria natureza da aquisição, é preciso acrescentar que não se pode retomar sem modificar, modificação esta que, por sua vez, atingirá o adulto receptor e será eventualmente causa de um prazer específico.

Assim, o que a relação da criança com a linguagem ilustra é o fato de que cada um dos participantes do diálogo (tanto os interlocutores presentes como também os terceiros que, por exemplo, somos nós, enquanto observadores) recebe "mensagens" que não teria podido emitir, mesmo sendo formalmente equivalentes. Isso fica evidente no caso daquilo que os pais dizem às crianças. E mesmo se os pais podem "falar imitando bebê", eles não podem efetivamente falar "como crianças". A diferença é tão constitutiva quanto o parentesco. Se falar tem uma significação, não é somente porque recebemos e emitimos mensagens a partir de um código comum, mas também porque o outro nos diz algo que não teríamos dito e que, justamente por isso, age em nós. Quando Saussure separou e ligou "significante" e "significado", ele colocava a questão da identificação dos signos em um *continuum*. Isso não nos diz nada sobre o modo pelo qual os signos agem sobre aqueles que os recebem (os outros ou nós mesmos), a força, a irrupção, a lassitude, a opacidade, as interrogações: tudo isso deriva mais do desnivelamento que há entre nós do que da "língua como sistema de signos".

Para dizer de outra forma, poderíamos propor que, quando a criança "entra na linguagem", ela refaz o trabalho de relacionar aquilo que chega a ela por caminhos diferentes: o campo da percepção, da ação, do sentido, do poder e da impotência e o campo das palavras. É em relação a isso que se pode falar de "ingenuidade". A criança prova incessantemente a dupla relação de afinidade e de não-correspondência entre linguagem e não-linguagem (particularmente, palavras dos pais, significações trazidas por seus corpos e o "resto"). Sem ter certeza do que essa expressão significava para Lacan, é preciso que haja "pontos de intersecção" entre dito e não-dito e, ao mesmo tempo, a possibilidade permanente, seja de um real que resiste seja de uma linguagem que funciona por si só.

Tudo isso tendo em vista que a criança não tem relação com uma realidade unívoca que seria "a língua". Essa palavra pode designar, em resumo, aquilo que faz com que reconheçamos um francófono ou um germanófono. Ou, então, aquilo que um indivíduo recebe em seu grupo: por exemplo, quando opomos a língua da família à língua da escola. Enfim, há língua na medida em que o indivíduo recebe e emite, com variações eventuais em função do interlocutor, dos temas, do que produz apoiado pelo discurso do outro ou sozinho (sem que nos esqueçamos da especificidade da língua da "linguagem interior"). E, também, a diferença permanente entre o que cada um pode retraduzir, mais ou menos, e aquilo que resiste a essa retradução; a diferença, também, entre a linguagem séria e o que acontece no espaço de suspensão, no qual se fala mais "por prazer". De qualquer modo, nós sempre podemos nos perguntar, tanto no caso da criança como no nosso, o que são essas palavras ou essas frases que saem de nossa boca sem que se saiba muito bem "de onde isso vem", em que medida a linguagem é "nossa" ou é expressa "por meio de nós".

Além disso, falar de "língua" é um risco que sempre nos faz esquecer que a "língua", como capacidade, não pode ser identificada com as representações dadas pelas gramáticas, por dicionários ou linguistas. Em todo caso, por oposição a um saber, digamos, a Geografia, em que é fácil distinguir a disciplina das aproximações sucessivas daquele que a aprende, aqui, não se pode separar o "servir-se da língua" do "aprender a servir-se dela". O uso da linguagem compreende correções, retificações implícitas ou explícitas (implícitas quando o interlocutor retoma, de um modo um pouco diferente, nossa maneira de falar). Mas o próprio uso é a aquisição.

Gostaria de apresentar alguns aspectos daquilo que faz com que, a meu ver, a entrada da criança na linguagem manifeste, frequentemente, mais do que o discurso

188 Aquisição da linguagem

elaborado do adulto: os poderes e, ao mesmo tempo, os riscos da linguagem. Sem dúvida, cada um desses pontos poderia ser bem mais desenvolvido.

Sentido, corpo e linguagem

Levar em conta o "sentido corporal" introduz uma mudança de paradigma amplamente admitida, nesse momento, em relação a uma imagem mais antiga para quem "entrada na linguagem" e "entrada no sentido" eram noções recíprocas. A criança não entra na questão do sentido quando começa a falar. Ao contrário, é porque ela já fala que pode desenvolver a linguagem. Ela procura orientar-se, encontra-se, explora, quer encontrar aquilo que ela conhece ou ir a outro lugar, funciona por modos alternados de aceitação e de recusa (Spitz analisou há muito tempo as origens corporais do "*sim*" e do "*não*"), mas também de continuidade e de deslocamento, por modos previsíveis ou não.

Observaremos aqui, inicialmente, que muitas atitudes significativas encontram suas raízes nas atitudes corporais: a abertura ou o retraimento, a orientação para outro lugar, a tentativa de dominar, a alternância, também, do sério e da brincadeira ou a possibilidade da atitude "meta": ironia ou comentário. Mas, de maneira geral, se é possível dizer que "pensar" é "tentar se orientar", pode-se dizer que, diante dos primeiros esforços de orientação do *infans*, a linguagem *obriga-nos* (*permite-nos*, é uma outra questão) a nos orientar em um outro espaço (no sentido amplo) que não aquele que é esboçado pelos movimentos de nosso corpo: o tempo (a lembrança ou a inquietação pelo futuro), o que dizem os outros, a inquietação em relação a si mesmo.

O fato de a linguagem abrir um outro espaço de sentido não contradiz o fato de que o "sentido" verbal seja também tomado, no início, em articulações do sentido corporal. E, sobretudo, é preciso que esse laço nunca deixe de existir, na medida em que uma presença corporal no mundo subjaz à linguagem; uma ligação com o corpo que, sem dúvida, faz com que pensar com palavras seja algo mais do que calcular com algoritmos.

Essa ligação é múltipla. Primeiramente, se a criança compreende o que lhe dizem é porque as palavras nunca são utilizadas em um vazio absoluto. Elas são acompanhadas de gestos e entoações entre corpo e língua: o "*tiens*" (olha!) de surpresa é pronunciado com outra entoação e em outro contexto que o "*tiens!*" (toma!) do objeto que oferecemos.

É possível também observar, com Bruner, que o desenvolvimento da "linguagem" tem ainda outras relações com o sentido corporal. De início, isso acontece pelo fato de as ações de referência, sejam elas do adulto que se dirige à criança ou da criança, colocarem-se naquilo que se poderia chamar de um mundo de forte pregnância, no qual a referência comum tem grandes chances de se fixar. Mostram-se objetos fáceis de serem identificados – um rosto, uma pessoa conhecida – acompanhados de um comentário sobre ações familiares bem conhecidas, cenas que vão marcar o tempo, permitir que se situe nele. Ao mesmo tempo, funcionam de maneiras aproximadas, ao menos parcialmente, o "sentido verbal" e o "sentido corporal".

Tomo aqui de Astrid Van der Straten[1] o exemplo de um diálogo entre Mathilde (21 meses) e sua irmã mais velha:

Irmã (tom bem suave): *ponha suas sandálias*	*mets tes sandales*
Mathilde: não	*Non*
Irmã: ponha sim, você vai ficar com frio nos pés	*mais si tu vas avoir froid aux pieds.*
Mathilde: (olhar e gesto decidido de mostrar os pés descalços da irmã)	(regard et geste décidé de montrer les pieds non chaussés de la soeur)
Irmã: *sim, mas eu estou de meias*	*Oui, mais moi j'ai des chaussettes*

Vemos aqui de que maneira "o sentido" não está em um enunciado, mas no conjunto das trocas linguísticas e no modo como ela modifica a situação. Na linguagem da irmã mais velha aparece bem o início da situação concreta pelas significações gerais: "é preciso pôr meias para não sentir frio nos pés", assim como pela relação de força que a argumentação implica. No caso de Mathilde, tem-se a possibilidade de participar de um assunto, recusando a posição proposta, mas, sobretudo, a possibilidade de utilizar um olhar e um gesto como argumentos no interior de um mundo de troca linguística, deslocando a atenção dos pés de uma para os pés da outra. De maneira um pouco grosseira, seria possível dizer que o olhar e o gesto funcionam como comentário, metadiscurso em relação à posição dominante da irmã mais velha. Vemos também de que maneira a troca linguística está, ao mesmo tempo, ligada a uma situação concreta e constitui, no discurso verbal ou não de cada uma, um movimento de deslocamento no que se refere a essa situação. Tomamos esse exemplo para insistir na articulação palavras-gestos, no estabelecimento de um espaço discursivo complexo de acordo e de desacordo. Certamente, esse espaço é, de maneira evidente, frágil: pode passar ao mal-entendido, à cólera, aos gestos violentos ou ao choro. Isso é quase sempre uma possibilidade. O que subsiste é o fato de que a articulação do sentido corporal com o sentido verbal torna a aquisição deste último compreensível, ao mesmo tempo que ela modifica a própria ideia que fazemos do "sentido". Isso nos leva a propor que, quando se quer falar do problema *da* linguagem no singular, perde-se toda a esperança de clareza. A multiplicidade dos caminhos de entrada na linguagem ilumina a heterogeneidade constitutiva da mesma.

O desenvolvimento e o uso da linguagem como junção: uma mudança de paradigma

Gostaríamos inicialmente de afastar um problema "não tão importante": aquilo que é inato. Passar do modelo da criança tábula rasa ao modelo da criança que só aproveita a experiência para poder atualizar um saber que só quer se manifestar faz com que se substitua uma má abstração por outra ou, ainda, Bruner citando Miller:[2] uma explicação empírica impossível por uma explicação inata miraculosa. Aliás, pode-se notar que, em regra geral, os geneticistas não identificam "inato" e "sistemas inteiramente construídos". O argumento da rapidez também é discutível: é verdade que uma primeira aquisição do léxico e das primeiras formas de enunciados é muito rápida, mas é preciso, também, dizer que nossa linguagem se modifica a vida toda. Além disso, se há efetivamente condutas, maneiras de fazer ou de ser que os animais não podem desenvolver (quem nega isso? Mesmo que as fronteiras variem à medida que a observação melhore), resta a questão de saber se se trata de "módulos específicos" ou de uma capacidade geral a ser adquirida.

Isso vai colocar concretamente o problema da homologia entre a aquisição-desenvolvimento da linguagem e aquilo que acontece em outros domínios. Assim, ainda segundo Bruner, pode-se observar que a criança tem à sua disposição um conjunto de condutas: jogar, agitar, levar à boca etc.; e um conjunto de objetos manipuláveis: pente, lápis, colher etc. A criança articulará objetos e ações usando o mesmo modelo com que articula nomes e verbos. Diante daquilo que viu ser feito, a criança supergeneralizará, combinará à vontade. É preciso, sem dúvida, ter visto ser feito uma vez, da mesma forma que as palavras devem ter sido ouvidas. Mas o segundo momento, o da generalização, é fundamental. O adulto tem então, antes de tudo, o papel de conter a utilização do pente na sopa ou da colher nos cabelos. Há ainda duas diferenças: primeiro, o fato de que a língua se presta mais à simplificação do que à ação física e, em segundo, o de que as palavras são mais facilmente combináveis do que as ações e as coisas. É menos perigoso e pode produzir um número infinito de efeitos que vão além, evidentemente, das supostas intenções do locutor: não há, somente, "palavras de criança"; a criança sempre produz misturas, irrupções que só podem funcionar como estranhamento.

Tudo isso em um "espaço de sentido" complexo, difícil de ser analisado em fatores. É o que Bruner tentou conceitualizar quando opôs a necessidade de um *Language Acquisition Support System* (L.A.S.S.) à suposta máquina chomskiana de desenvolvimento da língua, o *Language Acquisition Device* (L.A.D.).

Mas esse sistema que "torna possível" o desenvolvimento da linguagem é heterogêneo como o é o circuito geral que permite o sentido. Apenas algumas ressalvas:

– É preciso um espaço de brincadeira, espaço este já existente no animal que, em uma visão darwiniana, não imita por necessidade, mas para ele mesmo, em função de seu próprio prazer. Esse ponto é fundamental. A linguagem não se desenvolve sob o peso da necessidade.

– Bruner (como, aliás, Stern) insiste no fato de que aquilo que carrega sentido são *sainetes*,* "estruturas" do tipo "achou",** nas quais o adulto e a criança adotam alternadamente as mesmas posições. As *sainetes* afastam os dois modelos opostos, da repetição apenas ou da regra. Assim como a longa tradição que fez do julgamento o espaço do sentido, sem se preocupar em saber de onde vem esse julgamento (questão do outro, de si ou...), para onde vai (aquilo que vai produzir), baseado em que (o mundo no qual ele se coloca).

– Deve-se observar que, nesses *sainetes*, o adulto (mãe ou babá) anuncia, comenta, questiona a criança, não se trata de algo que seria um "banho de linguagem", no qual uma criança linguista deveria isolar monemas em uma sequência verbal. O modo pelo qual a criança acrescenta, modifica ou toma a iniciativa foi particularmente bem estudado por Bruner.[3] Nos *sainetes* a mãe faz a criança participar da apresentação, do desaparecimento, do reaparecimento de um objeto, no caso, de um palhaço; há modificação progressiva daquilo que a criança faz, daquilo que a mãe comenta em seu discurso e sons ou pré-mensagens produzidas pela criança. Um mesmo roteiro global produzirá "jogos de sentidos" diferentes de acordo com as idades, mas também de acordo com as crianças. Assim, diante do que diz Jonathan[4] – entre o 5º e o 9º mês da criança –, a mãe retoma 43 vezes "*Onde ele foi*". Aos 8 meses, a mãe acrescenta "*ele está aqui? Você está vendo ele?*"; aos 9 meses, "*Onde está o palhaço?*" (acrescentando o nome). Desse modo, a mãe faz a criança participar verbalmente do sentido compartilhado (em outras palavras, a interpela diferentemente como sujeito) de maneiras diferentes. Ao mesmo tempo, a criança participa diferentemente do *sainete*.

> Aos cinco meses, o que predominava na situação era o esforço para pegar o palhaço. Aos seis meses, ela acompanhava com sons indiferenciados seus esforços para pegar o palhaço... Em seguida, aos sete meses, ela estava menos preocupada em pegar e reagia, agora em momentos apropriados, sorrindo e rindo.[5]

Depois,

> após o desaparecimento, seus sorrisos e articulações sonoras são "compartilhadas" pela mãe enquanto os dois estabelecem um contato com os olhos e a mãe provoca o reaparecimento do palhaço por meio de palavras.[6]

---

* N.T.: Comédia curta, de duas ou três personagens.

** N.T.: Interjeição, grito das crianças que brincam de esconde-esconde, de alguém que anuncia sua chegada inesperada.

192 Aquisição da linguagem

E então, pouco a pouco (lá pelos 9 meses), o interesse pelo desaparecimento acabou-se... para reaparecer, em seguida, por volta de 1 ano, quando a criança tem um papel mais ativo e retoma as palavras da mãe: o que, nos *sainetes* homólogos em francês seria o "*ati*" (partido) ou o "*coucou*" (cuco).*

Seria preciso relatar aqui o conjunto do texto de Bruner para mostrar: a) como o sentido, compartilhado ou não, se desloca (particularmente da presença à ausência) e se manifesta diferentemente; e, também, b) como a escansão verbal vem se colocar no sentido compartilhado da atividade comum.

É preciso, no entanto, acrescentar que a outra criança estudada segue uma evolução diferente. Sem dúvida, devido ao fato de a mãe ter recorrido a mais jogos desse mesmo tipo, a participação ativa da criança é mais precoce.

Isso não quer dizer que haja tais jogos em todas as sociedades nem que a criança só entre na linguagem por meio deles, mas sim que a linguagem (verbal) retoma duas características já presentes no diálogo corporal: a comunidade e a diferença dos interlocutores; a mistura de rotinas e de novidades.

– Sobre isso seria possível acrescentar que há continuidade e não ruptura entre natureza e cultura. Afinal, a abertura e o fechamento da boca produzem uma alternância consoante-vogal, consoante-vogal. O "*a*" como vogal mais aberta tem razão de ser produzida pela abertura da boca, o "*p*" é produzido pelo fechamento do canal expiratório, o "*m*" pelo mesmo fechamento quando, além disso, o ar deve sair pelo nariz. Decorre daí a explicação bem conhecida que dá Jakobson da quase universalidade de algo como "*papai*" e "*mamãe*", as formas mais simples da sequência obtida abrindo-se e fechando-se a boca, mas, no caso de "*mamãe*", o ar sai pelo nariz porque a boca está cheia (gênese ideal não garantida).

Em um outro nível, a criança não aplica regras gramaticais, mas combina os lexemas segundo as implicações deles: "*comer bala*" e "*comer bebê*" não necessitam de marca gramatical para significar outras relações. Mas, bem mais tarde, "*Pedro empurra um carrinho de mão*" continua mais fácil de se compreender que "*a verdade seduz as mentes*". Ou, ainda, antes de adquirir uma sintaxe e um sistema temporal é mais fácil a criança contar uma história fundamentada na permanência do herói: vai-se mais da semântica à sintaxe do que o inverso. É o que se vai encontrar mais tarde na sintaxe dos telegramas ou dos títulos de jornais. Não podemos nos esquecer também que o adulto, assim como a criança, pratica em suas trocas linguísticas a simplificação morfológica e que, mais frequentemente, os adultos acompanham o discurso da criança, mesmo se eles não o compreendem totalmente.

Vê-se, aqui, o papel do adulto benevolente, tanto na simplificação que traz à sua própria língua, em seu esforço para compreender a criança, eventualmente imitando-a,

---

* N.T.: Em português, a criança falaria, correspondentemente, "*oi*" (foi) – de "foi embora", "sumiu" – e "*voltou*" ou "*apareceu*".

bem como criando esse espaço de jogo. E é preciso acrescentar que, tanto por parte do adulto como da criança, "compreensão" não significa "compreensão completa": o que importa é que o interlocutor possa "orientar-se". Poder responder é bem anterior a "poder parafrasear". Essa será a lei do diálogo.

Ao contrário daqueles que insistem sobre o parentesco entre falar e pensar, podemos voltar aqui ao modelo proposto por Vygotsky, para quem linguagem e pensamento seguem inicialmente caminhos diferentes: a criança orienta-se no mundo sem falar, ela fala mais pelo prazer da comunicação ou do apelo do que "para representar". É apenas na sequência que um "mundo falado" vem abrir, corrigir, entrar em conflito com o protomundo.

Mas esse modelo "vygotskiano" é, sem dúvida, um pouco grosseiro. Não há, de um lado, "relação com as coisas" e, de outro, "relação com os outros". As coisas não são puramente manipuláveis, e a relação com os outros não visa essencialmente a conhecer intenções. Seguiremos de preferência Vygotsky quando este observa que há inicialmente copensamento, pensamento de vários antes que haja pensamento solitário. E se as palavras são sempre, ao mesmo tempo, compartilhadas e de cada um, isso manifesta a dificuldade para fixar o "lugar" desse copensamento. Como a de tornar preciso se o pensamento "em mim" é "de mim" ou "não de mim". Da mesma forma como, formalmente, algumas crianças vão retomar antes os modelos entoativos; outras, as palavras; outras, ainda, inventarão suas próprias palavras; vai acontecer o mesmo com as maneiras de significar. Tal fato nos distancia da consideração apenas de uma língua composta de palavras e de regras, negligenciando as maneiras de retomá-las. Na verdade, a língua, objeto teórico fictício, não se pode separar do estilo, como modo de retomá-la, tanto nos enunciados como nas formas de recepção.

Isso exclui a imagem de *um* sentido ou, ainda mais, de *uma* função da linguagem, como de um gesto significante. Assim, Laurent Danon-Boileau[7] observa:

> Desse modo, designando com o dedo um carrinho que ele jogou para o adulto, o bebê manifesta várias coisas: mostra inicialmente que ele quer que o devolvam e exprime um pedido para que o atendam. Mas ele quer exprimir também seu prazer em interagir com o adulto, pois apontar o dedo também faz parte de um jogo de alternância. Enfim, fazendo o gesto, ele toma consciência de que lhe falta alguma coisa: esse carrinho que está diante dele, mas fora de seu alcance. O dedo estendido permite-lhe também deixar mais claro o que ele quer.[8]

E Danon-Boileau detalha seu pensamento observando que o gesto não tem toda essa significação para as crianças que apresentam alguma dificuldade.

O que se pode dizer? Talvez se perguntar por que uma criança que entra na linguagem não pode ter uma resposta "funcional" unívoca. De um lado, isso acontece nela quer ela queira ou não; ela manifesta, em certos períodos, um interesse específico pela linguagem; há capacidades; imitar a põe em movimento; ela participa de um *sainete* comum. De outro lado, ela será ou não solitariamente "levada à linguagem". Talvez para compensar sua fraqueza. Em vez de esperar uma resposta total, talvez fosse melhor dizer que a questão de saber "por que uma criança entra na linguagem" é muito ampla para ter um sentido. A maioria das crianças não fala nem dos mesmos objetos nem da mesma maneira com diferentes interlocutores, assim como os modelos de *sainetes*, evocados anteriormente, são característicos dessa ou daquela cultura. Da mesma forma, cada um de nós fala ou não de certos temas, gosta ou não de contá-los, e retoma mais ou menos os discursos dos outros. Se quisermos estudar gêneros de discurso, temos que lidar com as diferentes maneiras de a linguagem funcionar, e não com a linguagem ou, ainda menos, com "a língua". É isso que a linguagem da criança, menos normativa que as práticas sociais adultas, sem dúvida ilustra melhor.

Linguagem, tipos, gêneros e movimentos

De maneira muito breve, poderíamos distinguir aqui:

– Os tipos de condutas discursivas: falar sozinho ou com os outros, publicamente ou consigo mesmo, limitar-se a responder ou tomar a iniciativa, depender mais ou menos do discurso do outro, falar "como" esse ou aquele, ter um discurso autoritário ou acanhado, falar desse ou daquele objeto, presente ou ausente, procurar utilidade naquilo que diz ou falar por prazer, na violência, no conflito ou na concordância, é o que poderíamos chamar de "maneiras de estar na linguagem".

– Aquilo que combina com as relações diversificadas no conteúdo e nos discursos já prontos que são: descrever, contar, explicar, argumentar, portanto, os grandes gêneros, eles próprios diversificados: quantas maneiras de contar? E cada subgênero, conto ou argumentação diversifica-se por sua vez.

– Esses dois níveis realizam-se especificamente naquilo que chamamos aqui de "movimentos", as maneiras particulares de encadear em si e em outrem.

A articulação desses três aspectos varia amplamente de acordo com a inclusão em grupos, bem como com o grau de continuidade ou de ruptura entre a linguagem da escola, a da televisão e/ou a da família.

Passa-se, de modo contínuo, das grandes variedades sociais aos estilos particulares, estilos estes que não marcam unicamente diferenças individuais, mas, igualmente e bem mais, modos de ser, com a diferença entre aquilo que se deixa resumir, dizer novamente, e aquilo que impressiona por seu andamento em um determinado discurso.

Esses estilos podem ser rituais. Caracterizam, igualmente, as maneiras de receber e as maneiras de dizer; eles podem causar irrupções, espantar aquele mesmo que os

O que nos indica a "linguagem da criança"   195

manifesta. Eles agem sobre nós, seduzem-nos, fascinam, sem que se possa separar neles "sentido" e "força". Isso, de acordo com modalidades opostas, mais ou menos como o menininho que deseja, alternadamente, proximidade e solidão, familiaridade e estranheza. Pode-se dizer que não há sentido sem "horizonte de sentido", ao passo que o computador que aprende a compor enunciados corretos não parece preocupado por sua morte inelutável e cada vez mais programada.

É essa ligação múltipla com um espaço de suspensão, com uma comunidade e com uma diferença, com movimentos imprevistos, que gostaríamos de ilustrar com dois exemplos extraídos de diálogos na última série da escola maternal. Neles, a preocupação com a seriedade (pedagógica ou outra) traz o risco de ocultar, no que acontece a seguir, esse duplo aspecto de acontecimento e de atmosfera que caracteriza aquilo que pode ser o "sentido linguageiro".[9]

A professora do último ano da escola maternal lê:

"Era uma vez um lobo branco. Antes de seu nascimento seus pais pensavam que ele seria pardo e cinza como eles. Mas ele saiu inteiramente branco do ventre de sua mamãe; branco como o leite, branco como a lua. Eles não quiseram um lobo claro assim. Decidiram abandoná-lo."*

Vemos aqui nesse texto "para crianças" que muitas "maneiras de dizer" estão distantes de seu uso ativo mais familiar.

Primeira reação, comentário avaliador que poderíamos chamar de ligado, previsível:

Carla: sim	Carla: *oui*
Guillaume: coitado!	Guillaume: *le pauvre*!
Professora: coitado!	Maîtresse: *le pauvre*!

Mas há deslocamento para outro "subgênero" explicativo:

Paula: o que é abandonar?	Paula: *qu'est-ce que c'est abandonner?*
Camille: abandonar, abandonar	Cami: *abandonner, abandonner*
Guillaume: abandonar, abandonar, deixar sozinho.	Guillaume: *abandonner, abandonner, laisser tout seul.*
Professora: O que eles fizeram? Eles o abandonaram?	Maîtresse: *Qu'est-ce qu'ils ont fait? Ils l'ont abandonné?*
Camille: Eles o deixaram na floresta	Camille: *Ils l'ont laissé dans la forêt.*
Professora: Camila, diga. Eles o deixaram...	Maîtresse: *Camille, dis-le. Ils l'ont laissé...*
Camille: Eles o abandonaram e depois foram embora o papai e a mamãe.	Camille: *ils l'ont laissé et après ils sont allés aut' part le papa et la maman.*

---

* N.A.: Não procuro transcrever a entoação.

Camille faz uma micronarrativa que funciona, ao mesmo tempo, como comentário explicativo. Essa narrativa-comentário está próxima do texto de partida, não repetido. Ela resvala, parece-me, na evocação dos "pais em geral" e não dos pais-lobos. O que Guillaume retoma, desenvolvendo-a:

Guillaume: *sim e deixaram o filhinho e o filhinho vai sempre andar e não vai nunca reencontrar seus pais! Porque eles vão embora para bem longe dele.*

Guillaume: *oui et ils ont laissé le petit et le petit il va toujours marcher et il va jamais rencontrer ses parents! Parce qu'ils vont partir trop loin de lui.*

À professora, que pergunta se o lobinho vai rever seus pais, todos respondem: "*não*". E Guillaume comenta:

não, porque eles vão sair de férias.

Non parce qu'ils vont partir en /en vacances.

A narrativa permite, se não me engano, a expressão daquilo que Bakhtin chama de *a emoção sobre a emoção*. Na narrativa, o abandono do lobinho evoca algo como um terror divertido.

Parece-me que nessa breve troca linguística manifesta-se uma grande parte dos efeitos variados possíveis da verbalização. Primeiramente, mesmo se a professora faz perguntas, o essencial é que a linguagem das crianças não está lá para "trazer informações". Por outro lado, todas as proposições se unem em um domínio comum, ao mesmo tempo em que cada um participa diferentemente desse "sentido comum". Alguns movimentos são bastante previsíveis (como as primeiras avaliações), outros constituem, ao contrário, irrupções. Particularmente, poder-se-ia dizer que é da incompetência das crianças (em princípio, as férias não têm nada a ver com a história) que surge, justamente, o sentido, aquele que aproxima – sem de fato dizê-lo – o que acontece com esse lobinho com o que pode acontecer com as crianças.

Tudo isso acontece no prazer compartilhado do discurso comum, com modos de participação, subgêneros variáveis, com gêneros diferentes, sem que se possa sensatamente fazer a pergunta para saber "de onde tiram isso". E, também, em uma "significação atmosférica" é difícil de se delimitar: a possibilidade de levar a sério, mas não demais, o problema do abandono, a proximidade e a distância não de fato assinaláveis entre as crianças e o lobo, o surgimento das férias. Em todo caso, as crianças dizem algo que faz sentido para nós, mas que nós não poderíamos ter dito. Pode-se dizer que o acontecimento e a atmosfera ganharam da "estrutura".

Mais uma vez, não se trata de inverter posições, de dizer que a criança está mais na linguagem que o adulto, embora..., mas observar que a situação da criança esclarece, para além do estrito problema da linguagem, aquilo que é pensar como inquietação,

O que nos indica a "linguagem da criança"   197

como brincadeira, de acordo com a metáfora de nascer no mundo. Poder-se-ia dizer que esse lobo funciona de alguma forma como um "mito local", do qual as crianças sabem manter uma "boa distância", mais ou menos como os ogros, que não estão nem fora deles nem neles, nem realidade nem ficção, nem surrealidade arquetípica, em um lugar indefinido, entre eles, os adultos que contam e ouvem, o que transmitem e o que fazem. Será esse o espaço incerto da cultura?

Mais um breve exemplo para ilustrar outro possível "organizador dominante". Uma professora pergunta às crianças da última série da escola maternal: *o pensamento, o que é?*

Marc: para pensar é preciso pegar um livro.	Marc: *pour penser, il faut prendre un libre.*
Tristan: meu pensamento está em meu cérebro.	Tristan: *ma pensée, elle est dans mon cerveau.*
Alexis: o pensamento serve para fazer coisas.	Aléxis: *la pensée, elle sert à faire des choses.*
Tristan: o pensamento funciona quando se reflete.	Tristan: *la pensée, ça marche en réfléchissant.*
Marc: para aprender a pensar é preciso ouvir bem a professora.	Marc: *pour apprendre à penser, il faut bien écouter la maîtresse.*
Alexis: para pensar é preciso dormir, depois a gente sabe muitas coisas.	Aléxis: *pour penser, il faut dormir, après on sait beaucoup de choses.*
Jihane: quando a gente dorme, a gente reflete.	Jihane: *en dormant, on réfléchit.*
Fathy: a gente pensa ao sonhar.	Fathy: *on pense en faisant des rêves.*
Rayan: O cérebro controla tudo, é ele que faz andar e falar. Quando o cérebro liga, ele gira depressa e nós, depois, aprendemos a escrever e a ler.	Rayan: *Le cerveau contrôle tout, c´est lui qui fait marcher et parler. Quand le cerveau s´allume, il tourne vite et nous, après, on apprend à écrire et à lire.*

Ainda mais do que no texto precedente, há um tema comum (com as variantes: *pensar, para pensar, o pensamento, meu pensamento*, e a possibilidade de Jihane e Rayan falarem do pensamento sem utilizar a palavra). Cada um obedece à "ordem implícita": dizer algo diferente do outro e, ao mesmo tempo, relacioná-lo a si próprio. Assim, o "*pathos* intelectual" de Marc gira em torno da dependência em relação aos livros ou à professora; Tristan insiste, de certa forma, sobre a interioridade. Fathy e Jihane, ao contrário, ligam-se ao sono e aos sonhos. E Rayan atribui uma "visão de domínio", seguramente vinda de outro lugar, mesmo sem saber de onde (algo que acontece habitualmente com o discurso vindo de outro lugar). Ao mesmo tempo, produz-se um "efeito global" ligado ao "agrupamento" de enunciados que não estavam certamente destinados a estarem reunidos, da mesma forma que eles não existiam anteriormente a essa troca linguística, sem dúvida, em algum local cerebral. E, além disso, como procurar saber de que forma isso chegou às crianças, perguntar-nos se elas "acreditam realmente nisso" nos faz, sem dúvida, propor perguntas absurdas. Do mesmo modo que o ogro não é ficção ou realidade, dizer alguma coisa sobre o que é o pensamento é, ao mesmo tempo, sério e não sério, falar-pensar à sua maneira, mas com os outros. Aliás, eu me pergunto se adultos fariam isso muito melhor. Será que eles sabem que uma mistura de brincadeira e de sério acontece quando eles discutem? De onde vem o que pensam e de onde vem sua paixão?

Observação conclusiva: ciência ou...?

Para resumir: duvidamos que seja possível partir de uma teoria da linguagem para estudar em seguida a maneira pela qual ela é adquirida e se desenvolve na criança. Pelo menos parcialmente acontece o inverso. A criança entra na linguagem de maneiras diferentes, e isso nos mostra a dificuldade para se falar *da* linguagem. Assim, ela nos faz compreender como a troca de palavras é, ao mesmo tempo, próxima e diferente da troca de sinais corporais. Do mesmo modo, as crianças nos ensinam, contrariamente ao modelo dos locutores ideais unidos por um mesmo código, que a troca de sinais supõe igualmente comunidade e distância, assim como a distância entre a capacidade para receber, dizer, explicitar. O "modelo" não é a intercambiabilidade, mas sim a "comunicação desigual".

Uma última observação para concluir. Sobre aquilo que é da linguagem e da não-linguagem, podemos desenvolver à vontade conhecimentos sérios. Podemos analisar o detalhe da entoação, da voz, dos gestos. Tentar explicar tudo o que ocorre conosco quando falamos ou compreendemos.

Da mesma forma, é possível estudar *corpora* extensos, que põem em evidência, por exemplo, as variações daquilo que se diz segundo os grupos sociais, as idades, os sexos etc. É um primeiro sentido de "ciência", na qual as "ciências do homem" não são fundamentalmente diferentes das "ciências naturais".

Em um outro sentido, é possível voltar repetidamente às constâncias e às variações que existem tanto entre o que os homens podem dizer ou escrever como entre suas maneiras de compreender; pode-se retornar ao que parece constante, ao que apareceu em determinada época, ao que pode ter desaparecido, à variedade histórica, em particular, dos gêneros dominantes, quaisquer que sejam as invariantes que possam também ser encontradas. De qualquer forma, a questão é um tipo de discurso tão velho quanto a linguagem. Recolocar esta última na história é, então, a primeira barreira no que se refere ao domínio da solitária ciência objetivante, sem nos esquecermos de que faz muito pouco tempo que existe real interesse pela linguagem da criança. Por isso, a questão de se saber por que aparece, nesse momento da história, esse novo objeto?

Mas de que forma podemos ter consciência do acordo-desacordo entre o sentido percebido e o sentido dito, reconhecer como um discurso diz algo e também manifesta outra coisa, uma atitude, uma maneira de ser? Não se trata, exatamente, de um objeto de "ciência". Trata-se apenas de especificar em quê o outro age em mim justamente porque ele diz aquilo que eu não poderia dizer, seja porque ele o diga melhor que eu ou, ao contrário, de modo a insistir justamente porque não tenho certeza de compreendê-lo. Isso faz parte, sobretudo, do próprio uso da linguagem.

Ou, ainda, para voltar à criança, pergunto se fazemos "ciência" quando reconhecemos a mistura instável daquilo que a aproxima do adulto ou dele a afasta, daquilo que faz com que suas lacunas sejam apenas lacunas ou a fazem pensar melhor que nós ou de maneira diferente?

Voltar ao aspecto frágil do sentido, à possibilidade perpétua do acontecimento, como de sua transformação em rotina, isso faz parte, parece-me, do movimento obrigatório que cada pessoa que se relaciona com crianças faz necessariamente, sem que isso tenha um nome particular. No entanto, chamar a isso "descrição" seria esquecer que não há "ponto de vista de Sirius",* que a descrição nunca é descrição do próprio objeto. Que tal, então, "interpretação"? Mas a palavra já é utilizada! Daí decorre, uma última questão: há *uma* disciplina que tem o direito de se colocar essas questões e de tratar delas legitimamente? Certamente não. A questão permanece aberta.

(Tradução: Guacira Marcondes Machado Leite)

Notas

[1] Straten A., *Premiers gestes: premiers mots. Formes précoces de la communication*, Paris, Païdos/Centurion, 1991, p. 145.

[2] Bruner J. *Comment les enfants apprennent à parler*, Paris, Retz, 1987 (1. ed. 1983), p. 28.

[3] Bruner, op. cit., cap. 3, *"Les activités ludiques, les jeux et le langage"*.

[4] Bruner, op. cit., p. 46.

[5] "A cinq mois, c'était l'effort pour saisir le clown qui dominait la scène. A six mois, il accompagnait ses efforts pour saisir le clown de sons indifférenciés... Ensuite à sept mois, il était moins préoccupé de saisir et il réagissait maintenant à des moments appropriés par le sourire et le rire." (idem, p. 47).

[6] "Après la disparition, ses sourires et ses gazouillis sont alors "partagés" par la mère tandis qu'ils établissaient tous les deux un contact par les yeux et qu'elle même provoquait la réapparition du clown par des paroles."

[7] Danon-boileau, *Des enfants sans langage*, Paris, Odile Jacob, 2002, pp. 50-1.

[8] "Ainsi en désignant du doigt une petite voiture qu'il a lancée à l'adulte, le bébé manifeste tout un ensemble de choses: il montre d'abord qu'il veut qu'on la lui rende, et exprime une demande pour qu'on l'exauce. Mais il signifie aussi son plaisir à échanger avec l'adulte, car tendre le doigt fait aussi partie d'un jeu d'alternance. Enfin,

---

* N.T.: Considerando que "Sirius" é uma estrela distante, um "ponto de vista de Sirius" significa ter um ponto de vista objetivo graças à distância que se obtém do objeto. De qualquer modo, neste texto, o autor parece duvidar da existência de tal ponto de vista.

en faisant le geste, il prend conscience qu'il lui manque quelque chose: cette petite voiture, là devant lui mais hors de sa portée. Le doigt tendu lui permet aussi d'y voir plus clair en lui."

[9] Esse exemplo, extraído da tese que ela acaba de redigir sob a orientação de Laurent Danon-Boileau, foi amavelmente colocado à minha disposição por Véronique Boiron – e agradecemos a ela por isso.

Bibliografia

BRUNER, J. *Comment les enfants apprennent à parler*. Paris, Retz: 1987 (1. ed. 1983).

DANON-BOILEAU, L. *Des Enfants sans langage*. Paris: Odile Jacob, 2002.

STRATEN, A. *Premiers gestes, premiers mots*: Formes précoces de la communication. Paris: Païdos/Centurion, 1991.

A organizadora

Alessandra Del Ré – Professora de Linguística da FCL/Unesp-Assis, atua também na pós-graduação da mesma universidade, no *campus* de Araraquara. Mestre e doutora em Linguística pela USP, realizou parte de seu doutoramento na França, na Universidade René Descartes (Sorbonne/Paris v). Tem várias publicações na área de Aquisição da Linguagem e atualmente desenvolve um projeto de pesquisa conjunto com as professoras Sílvia D. Fernandes, Marie-Thérèse Vasseur e Christiane Préneron.

Os autores

Christiane Préneron – Doutora em Linguística Geral e Pesquisadora-Responsável do Laboratório de Estudos sobre Aquisição e Patologia da Linguagem na Criança (Leaple-cnrs/ Paris-Descartes). É autora de diversas obras na área de Patologia da Linguagem.

Frédéric François – Professor titular em Filosofia e Linguística, lecionou Ciências da Linguagem na Universidade Réné Descartes (Sorbonne-Paris v), criou e dirigiu o Laboratório de Estudos sobre Aquisição e Patologia da Linguagem na Criança (Leaple-cnrs) e, atualmente, é professor aposentado pela mesma universidade. É autor de várias obras sobre o diálogo e a narrativa na criança.

Luci Banks-Leite – Licenciada em Pedagogia pela usp e em Psicologia pela Universidade de Genebra-Suíça, tem doutorado em Linguística pela Unicamp. É professora do Departamento de Psicologia Educacional da Faculdade de Educação da Unicamp.

Maria Alice Venturi – Graduada em Letras, mestre em Língua Italiana e doutora em Linguística pela fflch/usp. Atualmente leciona Língua Portuguesa na rede particular de ensino superior.

Marie-Thérèse Vasseur – Professora na Université du Maine (França) e pesquisadora do Laboratório de Estudos sobre Aquisição e Patologia da Linguagem na Criança (Leaple-cnrs). Seus estudos tratam da aquisição de língua materna e língua estrangeira no âmbito da interação. Mais recentemente, tem investigado a concepção de aquisição enquanto socialização.

Mônica de Araújo Fernbach – Graduada em Letras (usp), mestre em Ciências da Linguagem e doutora em Linguística, títulos obtidos pela Universidade de Paris v – Sorbonne. É membro do Instituto de Linguística e Fonética Geral e Aplicada (ilpga) na Universidade Sorbonne-Nouvelle – Paris iii. Seus trabalhos abordam o estudo das interações discursivas e do desenvolvimento da aprendizagem da escrita de crianças do ensino fundamental.

Selma Leitão – Professora do Departamento de Psicologia da ufpe. Suas pesquisas focalizam relações entre cognição, linguagem e cultura com ênfase na mediação da argumentação no desenvolvimento cognitivo.

Sílvia Dinucci Fernandes – Docente do Departamento de Linguística da fcl/Unesp, *campus* de Araraquara, realizou pós-doutorado no Laboratório de Estudos sobre Aquisição e Patologia da Linguagem na Criança (Leaple–cnrs), na Universidade René Descartes (Sorbonne-Paris v). Atualmente desenvolve pesquisas na área de Aquisição e Patologia da Linguagem.

LEIA TAMBÉM

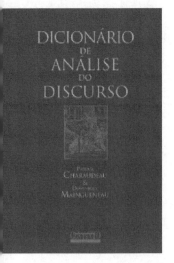

DICIONÁRIO DE ANÁLISE DO DISCURSO
Dominique Maingueneau e Patrick Charaudeau

As palavras não servem apenas para expressar ideias e pensamentos, mas também para ocultá-los ou dissimulá-los. Aprender a decifrar as intenções do discurso – os enunciados e os silêncios – é uma técnica que interessa não só a especialistas da linguagem, mas também a jornalistas, historiadores, sociólogos, juristas etc. Assim, não é à toa que a Análise de Discurso apresenta-se hoje como uma disciplina emergente e um campo de pesquisas cada vez mais presente no cenário das Ciências Humanas. Neste livro, Charaudeau e Maingueneau, duas das maiores autoridades mundiais no assunto, fazem um mapeamento completo dos principais conceitos da Análise do Discurso, por meio de mais de quatrocentos verbetes, escritos com a colaboração de cerca de trinta dos mais conceituados especialistas internacionais da área. A edição brasileira – fruto de uma caprichada e criteriosa tradução, confiada a um seleto grupo de estudiosos e pesquisadores do assunto no Brasil – é uma obra de referência pioneira, até aqui única no gênero. E, por isso mesmo, indispensável a todos os que se dedicam a analisar a construção e a desconstrução de sentidos presentes na fala e no texto.

DICIONÁRIO DE LINGUAGEM E LINGUÍSTICA
R. L. Trask (Tradução e adaptação de Rodolfo Ilari)

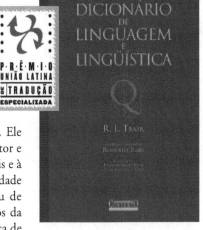

Qual o sentido, para o leitor brasileiro, de um *Dicionário de linguagem e linguística* escrito por um especialista em língua inglesa? O que poderia soar como um aparente contrassenso revela-se, neste livro, uma preciosa contribuição aos estudos linguísticos no país. Isso porque, mais do que uma simples tradução, Rodolfo Ilari nos oferece aqui uma rigorosa e criativa adaptação da obra original escrita por R. L. Trask. Ele adequou o universo de referência tipicamente britânico do autor e as construções próprias da língua inglesa às referências culturais e à estrutura do português falado no Brasil. Assim, com a autoridade de um dos nossos mais respeitados linguistas, Ilari cuidou de recriar os exemplos, dando-lhe colorido e tons mais próximos da fala nacional. Ao final do volume, incluiu anexos que dão conta de fenômenos linguísticos típicos do português, sem esquecer de listar uma alentada e sólida bibliografia disponível sobre o assunto em nosso idioma. Por seu trabalho cuidadoso em *Dicionário de linguagem e linguística*, ganhou o Prêmio União Latina de Tradução Especializada. O competente texto final de Ilari passou ainda pela atenta e criteriosa revisão técnica de Ingedore Villaça Koch e Thaïs Christófaro Silva, outras duas autoridades nacionais em Linguística. Tudo isso faz deste livro uma obra indispensável para compor a biblioteca básica tanto de estudantes quanto de professores, de graduação e pós-graduação, dos cursos de Letras e áreas afins.

CADASTRE-SE
EM NOSSO SITE,
FIQUE POR DENTRO DAS NOVIDADES
E APROVEITE OS MELHORES DESCONTOS

LIVROS NAS ÁREAS DE:

História | Língua Portuguesa | Educação
Geografia | Comunicação | Relações Internacionais
Ciências Sociais | Formação de professor
Interesse geral | Romance histórico

ou
editoracontexto.com.br/newscontexto

Siga a Contexto
nas Redes Sociais:
@editoracontexto